JN175612

石塔造立

山川均

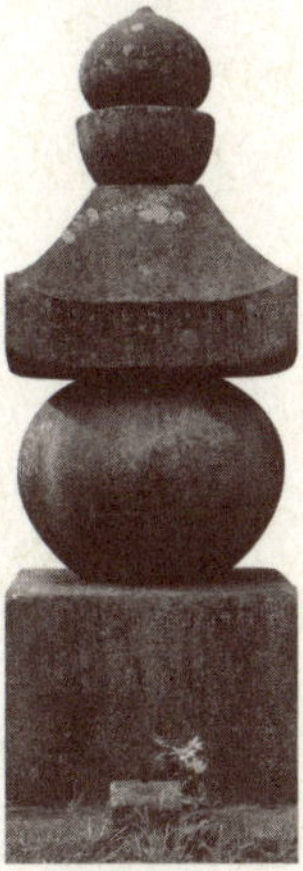

法藏館

石塔造立◎目次

第Ⅰ章　塔形各論

第Ⅱ章　伊派石工とその作品

第Ⅲ章 大蔵派石工とその作品

第Ⅳ章 京都の石造物

第Ⅴ章　近江の石塔をめぐって

第Ⅵ章　野間周辺石塔群と凝然

石塔造立

第Ⅰ章　塔形各論

本章においては、中世石塔の代表的な形式についてその概要を述べるとともに、具体的な事例に即してその造立背景や目的について考察を加え、塔種ごとの性格を明瞭にする。もとより一般的な概説ではなく、筆者がこれらの石塔に対して抱く独自の見解を論じたという色彩も強い。

なお、それぞれの塔形については、本章以降でも必要に応じて詳しく関説している部分もある。その場合、本書内での重複した記述はなるべく避けた。

伴墓三角五輪塔

1　五輪塔

五輪塔は宝篋印塔と並び、わが国の中世石塔の中でも最もポピュラーな存在である。文字通り五つの部材からできており、下から「地輪（方形）」、「水輪（球形）」、「火輪（三角形）」、「風輪（半球形）」、「空輪（団円形もしくは宝珠）」といい、地・水・火・風・空という密教の五大思想を表している（図Ⅰ-1）。ちなみに五大思想とは、これらの要素で宇宙が形成されているという考え方なので、五輪塔は密教の宇宙観を表しているものと言い換えることもできる。

(1)　五輪塔の成立

a　五輪観の造形

西暦七二四〜七二五年にかけて、善無畏というインド人僧侶が中国長安で漢訳した『大日経』には、すでに五輪観が示されている。それは日本の五輪塔とはまだ少し異なるものであったが、遅くとも九世紀末頃の中国では、日本の五輪塔に近いイメージがすでにできていたようである（内藤二〇一〇）。しかし、日本以外の国で五輪塔が立体的に造形化されることはなかった。

五輪塔が日本で初めて造形化されるのは、現存する例では兵庫県姫路市の常福寺裏山経塚から出土した瓦製の五

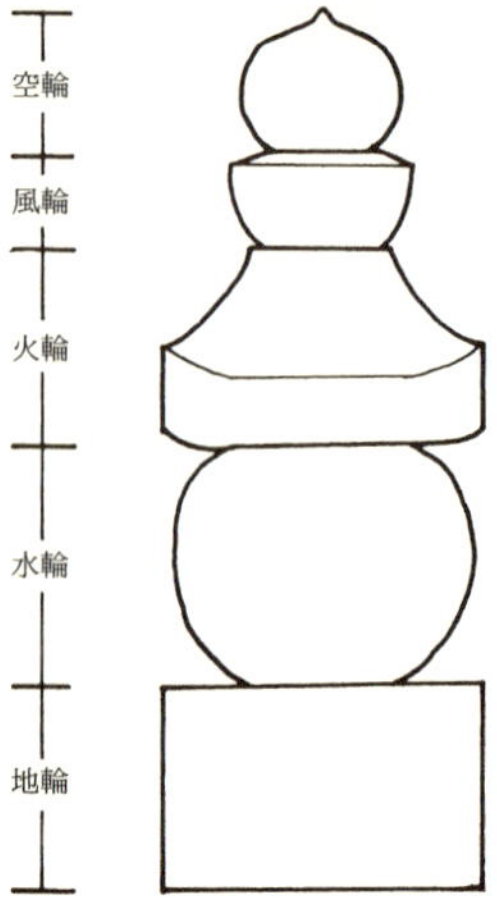

図I－1　五輪塔概要図

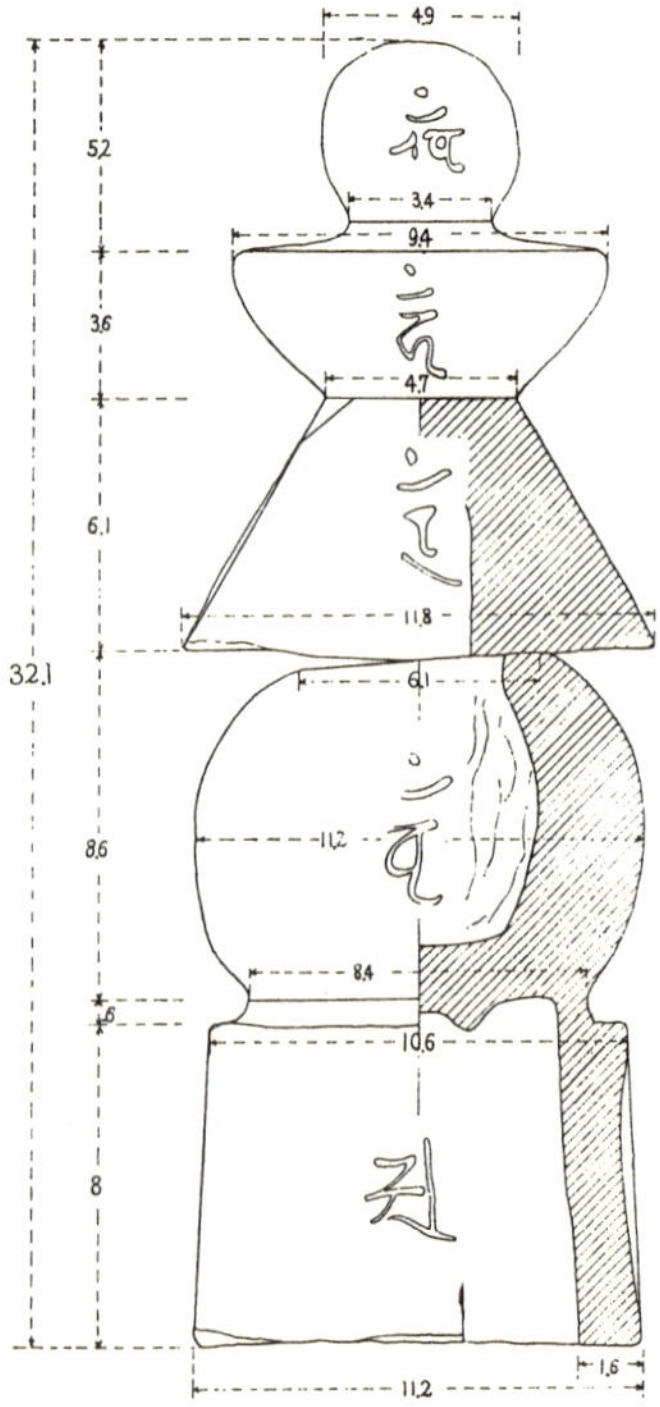

図I－2　常福寺裏山経塚出土瓦製五輪塔実測図（田岡1966より）

輪塔で、一緒に出土した遺物から、その年代は天養元年（一一四四）と判明している（図I-2）。石造五輪塔としては、岩手県の中尊寺五輪塔（平泉町）が仁安四年（一一六九）銘で最古となる。次いで、大分県の中尾五輪塔（臼杵市）には嘉応二年（一一七〇）銘のものと、承安二年（一一七二）銘のものがある（田岡一九六六）。

b　造形化の背景

このように五輪塔が石造物などの立体的な造形物として作られるようになる背景として、和歌山県根来寺（岩出市）開山の覚鑁（一〇九五～一一四三）の影響が大きいとされている。覚鑁には晩年の永治元年（一一四一）から康治二年（一一四三）の間に書かれた『五輪九字明秘密釈』という著作があるが、この書の中で覚鑁は、胎蔵界大日を表す五大種子を、阿弥陀如来九字真言と同体と見なした。ここから演繹して、大日は阿弥陀、大日浄土の密厳浄土は阿弥陀浄土の極楽浄土、そして真言と念仏はそれぞれ同体であるとしたのである。この覚鑁の五輪九字同体説により、五輪塔は当時興隆していた浄土教と、それを信奉する階層によって取り入れられるようになった（和田一九七七）。なお、密教では宇宙の存在は全て大日如来の顕現と見なすが、そのうち理性やマクロコスモス（普通の意味の宇宙）や母性を表すのが胎蔵界である。これに対し、知恵やミクロコスモス（それぞれの内にある宇宙）や父性を表すのが金剛界である（松長一九九一）。五輪の思想が説かれている『大日経』は胎蔵界の根本経典なので、五輪塔が示す宇宙は金剛界ではなく胎蔵界ということになる。すなわち、本来は胎蔵界の宇宙観を示す五輪塔は、覚鑁というフィルターを経ることにより、墓塔という形で造形化されたのである。反面、このような思想のない中国においては、五輪塔は造形化されることはなかった。

(2) 三角五輪塔

a 伴墓五輪塔

五輪塔が墓塔として用いられている例として、ここでは重源の墓とされる伴墓三角五輪塔を見てみることにしよう。平安時代末期、平家の軍勢によって焼失した東大寺を復興したことで知られる俊乗房重源は、建永元年（一二〇六）六月五日（一説に六日）、東大寺浄土堂において八十六歳の生涯を閉じる。浄土堂は、東大寺復興に際して重源が拠点とした東大寺別所の中核施設であり、大仏殿東側の丘陵上に存在した（太田編一九七〇）。

江戸時代前期の東大寺周辺を描いた『東大寺中寺外惣絵図』には、この浄土堂跡基壇の南側に「俊乗石廟」という一基の石塔が描かれている（**図Ⅰ-3**）「俊乗」とは重源の法諱だから、少なくとも江戸時代の初めには、この石塔を重源の墓とする伝承があったことがわかる。

この石塔は元禄十六年（一七〇三）、東大寺末寺の伴寺に移された。現在、伴寺は廃絶しているが、同地は「伴

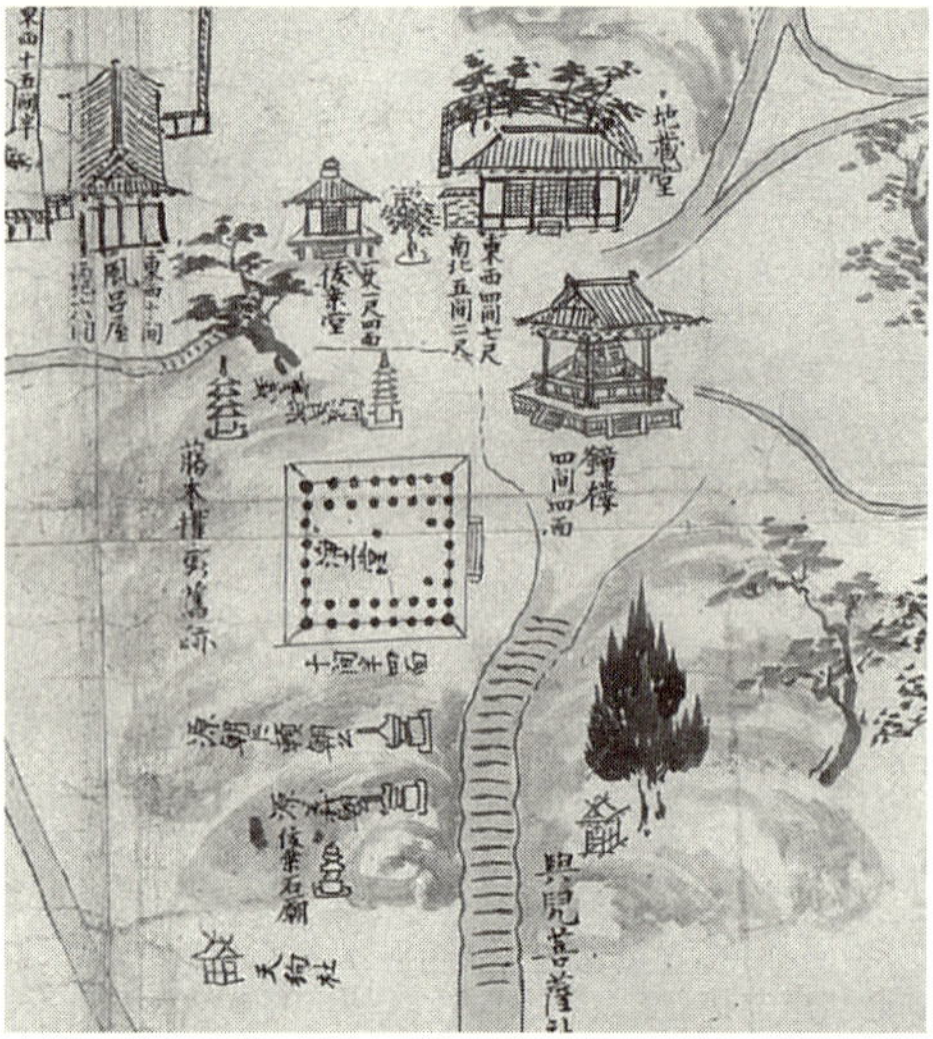

図I－3　『東大寺寺中寺外惣絵図』に描かれた俊乗石塔（『東大寺』一、奈良六大寺大観第九巻、岩波書店、1970より）

墓」と呼ばれ、三笠霊園という巨大な墓地の一角で東大寺関係者の墓域となっている。

さて、この石塔（**写真I－1**）は、高さ一七三・一センチを測る五輪塔である。石材は花崗岩で、各輪各面には大日法身真言の種子が刻まれている。形態的には地輪高が低く、水輪が棗状（楕円形）を呈するなど古相を呈し、本石塔の制作年代が鎌倉時代中期以前であることを示している。

しかし、この五輪塔の特徴を最もよく表しているのは、何といっても火輪の形状である。通常であれば、五輪塔の火輪は四角錐なのだが、本石塔ではそれを三角錐としているのだ。こうした特徴的な火輪を持つ五輪塔を「三角五輪塔」と呼ぶが、この五輪塔はその所在地から「伴墓三角五輪塔」と呼ばれている。

様式的に整った五輪塔の典型的な作例である額安寺忍性五輪塔（一三〇三頃／**写真I－2**）とこの伴墓三角五輪塔を比較すると、後者の形態的な特異性は明らかである。

b　三角五輪塔の特徴

五輪塔は、前節で述べたように密教（胎蔵界）の宇宙観を表したものである。『大日経』では火輪は「三角」と

写真Ⅰ－2　額安寺忍性五輪塔

写真Ⅰ－1　伴墓三角五輪塔

写真Ⅰ－4　播磨浄土寺金銅三角五輪塔
（奈良国立博物館2006より）

写真Ⅰ－3　周防阿弥陀寺水晶三角五輪塔
（奈良国立博物館2006より）

写真Ⅰ－5　文殊三角五輪塔

規定されているが、写真Ⅰ-2のような通常の五輪塔では火輪は四角錐であり、側面から見れば三角であるものの、底面は四角となる。

これに対して三角五輪塔の場合、全ての面が三角となるので、その意味で儀軌には忠実な造形といえよう。しかしながら、通常の五輪塔のように火輪が四角錐であれば、そこは宝形造建物の屋根に似た形状となり、立体の造形物として落ち着きを見せるが（写真Ⅰ-2）、三角錐だと少々安定に欠ける印象がある（写真Ⅰ-1）。

このように儀軌には忠実なものの、やや不安定な造形物である三角五輪塔は、鎌倉時代の作例としては山口県周防阿弥陀寺水晶三角五輪塔（写真Ⅰ-3）、滋賀県胡宮神社金銅三角五輪塔、兵庫県播磨浄土寺金銅三角五輪塔（写真Ⅰ-4）、三重県伊賀新大仏寺水晶三角五輪塔、京都府丹後文殊石造三角五輪塔（写真Ⅰ-5）、高野山奥院石造三角五輪塔、京都東福寺竜吟庵無関普門（大明国師）像納入木造三角五輪塔が挙げられる。

このうち、文殊石造三角五輪塔以下の三例を除く前半四例については、いずれも重源が東大寺復興に際して各地に設けた「別所」に施入したものである。すなわち、三角五輪塔と重源の関係はきわめて深いものといえよう。

一方、重源が残した三角五輪塔（写真Ⅰ-3・4）は空輪が団円形であるが、伴墓五輪塔は宝珠形である。また、前者では火輪の稜線に沿った部分が風輪の下端部を覆う「噛合式」だが、後者の火輪上面は平坦である。[1]

このように若干の留保条件はあるものの、重源と三角五輪塔の密接な関係、さらに伴墓三角五輪塔は本来、重源が東大寺復興の拠点とし、またその終焉の地でもある東大寺浄土堂の横に立てられていたということを考え合わせると、この五輪塔が伝承通り重源の墓、もしくは供養塔である可能性は高い。

c　三角五輪塔の起源

ところで、先述のように現存する三角五輪塔は重源関係のものが過半であることから、三角五輪塔は重源の発案であるとする説がこれまで常識となっていた。しかし、京都醍醐寺円光院跡から慶長十一年（一六〇六）に出土した石櫃中より銅製の五輪塔が発見されており、現物は遺存しないものの、記録によれば、それは火輪が三角錐となる三角五輪塔であった（高さ四寸一分）。この石櫃は、銘文によれば重源の時代よりおよそ一世紀遡る応徳二年（一〇八五）に作られたもので、三角五輪塔は、その前年に死去した円光院本願・白河上皇中宮賢子の蔵骨器として用いられていた。

三角五輪塔を重源の発案とする従来の説にとっては、この応徳二年銘の石櫃に入っていた三角五輪塔の存在がネックであった。この弱点を説明する理由として、本塔は重源が賢子の遺骨をその没後百年以上経ってから譲り受け（もしくは発掘し）、それを納めるために新たに制作したもの、という説明がなされていた。

一方、最近の内藤栄氏の研究によれば、醍醐寺円光院と近い流儀であった同寺遍智院灌頂堂内には三角五輪塔（高さ一尺七寸）が据えられていたという。重源は醍醐寺で修行した僧侶であり、東大寺大勧進拝命後も醍醐寺僧の勝賢とは親交が厚かった。元暦二年（一一八五）、勝賢は大仏胎内に納める舎利を、醍醐寺（上醍醐）において百日間祈請した。重源は大仏胎内にこの五輪塔を奉納したが、その際、重源は勝賢から伝授された醍醐寺の作法に基づき、初めて三角五輪塔を使用したのではないかと内藤氏は推定している（内藤二〇一〇）。この場合、三角五輪塔は重

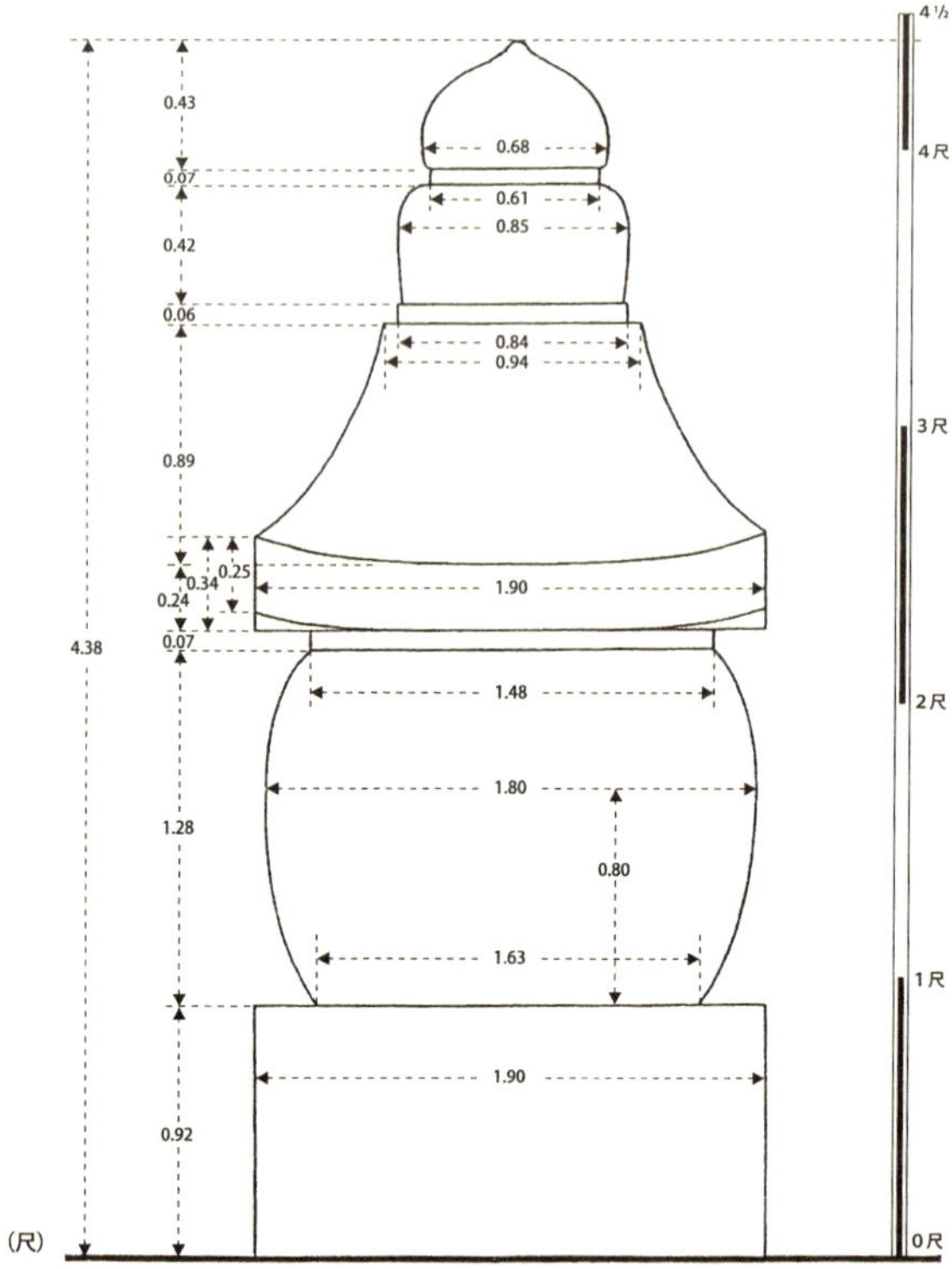

図Ⅰ－4　千光寺五輪塔実測図（『奈良県史蹟勝地調査会報告書第三回』奈良県史蹟勝地調査会1916より。一部改変）

源のオリジナルではなく、醍醐寺伝統の造形であったということになる。

内藤氏によるこの学説は説得力に富み、また魅力的であるが、実物を重視する考古学の立場からすれば、現時点で石造・金属製を問わず、重源以前に遡る三角五輪塔の実例がないという点には十分な注意が必要だと考える。また、応徳二年に五輪塔が造形化されていたとすれば、それは現存最古の極楽寺経塚出土瓦製五輪塔より六十年近く遡ることとなり、もちろん覚鑁の『五輪九字明秘密釈』成立以前のこととなる。さらに、重源以前の立体造形物としての五輪塔（前節参照）はいずれも三角五輪塔ではない。醍醐寺のみが突出してこの形式を採用したとするには、今後さらなる検証が必要となるであろう。

⑶　小　結

以上、本項では近年公表された学説をなぞった部分が大半ではあるが、石造五輪塔の成立について概観した。ところで、石造五輪塔の初期の作例には、宝塔と区別がつきにくいものが存在する。たとえば図Ⅰ-4に示した千光寺五輪塔の形状は、宝塔に非常に近いものである。筆者は、この種の石塔に対して検討を加えることにより、石造五輪塔成立の実相に迫ることができると考えている。今後の課題としたい。

2　宝篋印塔

宝篋印塔（図Ⅰ-5）は、基礎・塔身・屋根・相輪から成る中国起源の塔形で、屋根の四隅に付く耳状の隅飾が特徴である。石塔以外にも、金属塔や木製塔がある。名称の由来は、塔身の中に宝篋印陀羅尼を納めたことによる。

(1)　出現期宝篋印塔

a　旧妙真寺宝篋印塔

京都市上京区の北村美術館に隣接する四君子苑は、実業家で茶人でもあった北村謹次郎氏の旧宅であるが、その庭園には北村氏が収集した数多くの優れた石造物が展示されている。本項で紹介する旧妙真寺宝篋印塔（以下「旧妙真寺塔」と省略する）もそのうちの一つであるが、本塔はその名の示すように、元は京都市伏見区久我の妙真寺にあったものである（写真Ⅰ-6）。

『山城名勝志』という近世の文献によれば、この塔は真福寺（妙真寺の前身）にある前は、仏光寺という廃寺にあったものだという(2)。また、同書では本塔を久我内大臣源雅通（一一七五年没）の墓とも伝え、「鶴ノ塔」という地元の通称も記している。

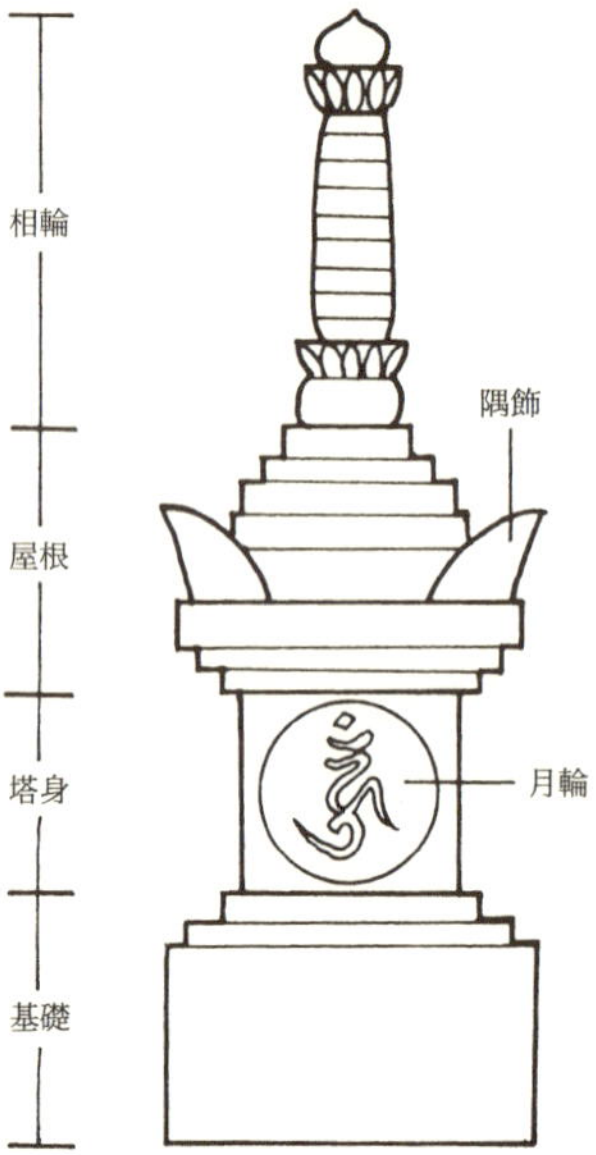

図Ⅰ－5　宝篋印塔概要図

写真Ⅰ－6　旧妙真寺宝篋印塔

この「鶴ノ塔」という通称が示すように、旧妙真寺塔を最も特徴づけるのが、塔身の四隅に配された鳥形である。このほか、隅飾や屋根、基礎の形状やそこに彫られた意匠についても、わが国の宝篋印塔ではほとんど例を見ない特殊なものである。以下、それらの特徴について見ていこう。

旧妙真寺塔は、京都北白川産の花崗岩「白川石」を素材として用いている。相輪の中間部分を欠き、現状で四輪のみ残る。高さは一九一センチなので、本来は七尺塔として設計されたものと思われる。低平な基礎の側面を三区に分かち、区画内部には蓮座の上に月輪を配して、内に種子を彫る。配置は、中央に顕教四仏の本尊種子、左右にそれぞれの脇侍の種子を配するものである。基礎の上は通常の宝篋印塔のように段形ではなく、傾斜面となる。なお、基礎下の切石組基壇は後補である。

塔身は四面に蓮座に座す顕教四仏を配し、その左右の方形区画内部に火焔文を刻んでいる。そして、その上（隅部）に、猛禽類と思われる鳥形を置く。先述の「鶴ノ塔」の異名は、この鳥形に由来するのである。

屋根は通常の宝篋印塔とは違って段形にはならず、傾斜面から成る一種の宝形造りである。隅飾は大型の二弧で、二区に分ったうちの上区に火焔状の文様、下区には蓮座に乗った月輪内に種子を刻んでいる。(3) なお、北東の隅飾は後補である。屋根下も段形とはせず傾斜面としており、中心に鬼面、左右に火焔状の文様を配している。

露盤には西側にだけ格狭間が彫られている。相輪九輪下の請花は風化が激しいが、能勢丑三氏の復元では小花を配した複弁が彫られている（能勢一九三四）。また、伏鉢との間には間隔が空く。岡本智子氏の研究によれば、このように請花と伏鉢の間に間隔があるものは、平安時代から鎌倉時代中期にかけての比較的古い時期の石塔の特徴である（岡本二〇〇七）。なお、宝珠下の請花は素文で、上に低めの宝珠が乗る。

この旧妙真寺塔の造立時期であるが、前記した相輪の特徴から鎌倉時代後期まで下る可能性は少ない。また、その様式はかなり特異で、造立年代が明らかな十三世紀後葉以降の宝篋印塔の中で、直接これと比較できるものはない。

b　高山寺宝篋印塔

京都市左京区の高山寺宝篋印塔（以下、「高山寺塔」と略する）は、塔身などが旧妙真寺塔とは違って素文であるが（**写真Ⅰ-7**）、巨大な別石作りの隅飾や低平な基礎、縦に長い塔身などに強烈な個性を有している。一見、全く違うように見える両者ではあるが、両者の実測図の寸法を統一した上で重ね合わせてみると（高山寺塔の高さは二三七センチ）、各部材の全体に占める割合や、そのプロポーションはかなり近似したものであることがわかる（**図Ⅰ-6**）。たとえば、高山寺塔の塔身が後世のものに比較して異様に縦に長いのは、本来の塔身の下に仏の蓮座や鳥の立つ台座を設けた旧妙真寺塔塔身の縦横比率に合わせたことに起因する可能性が高い。

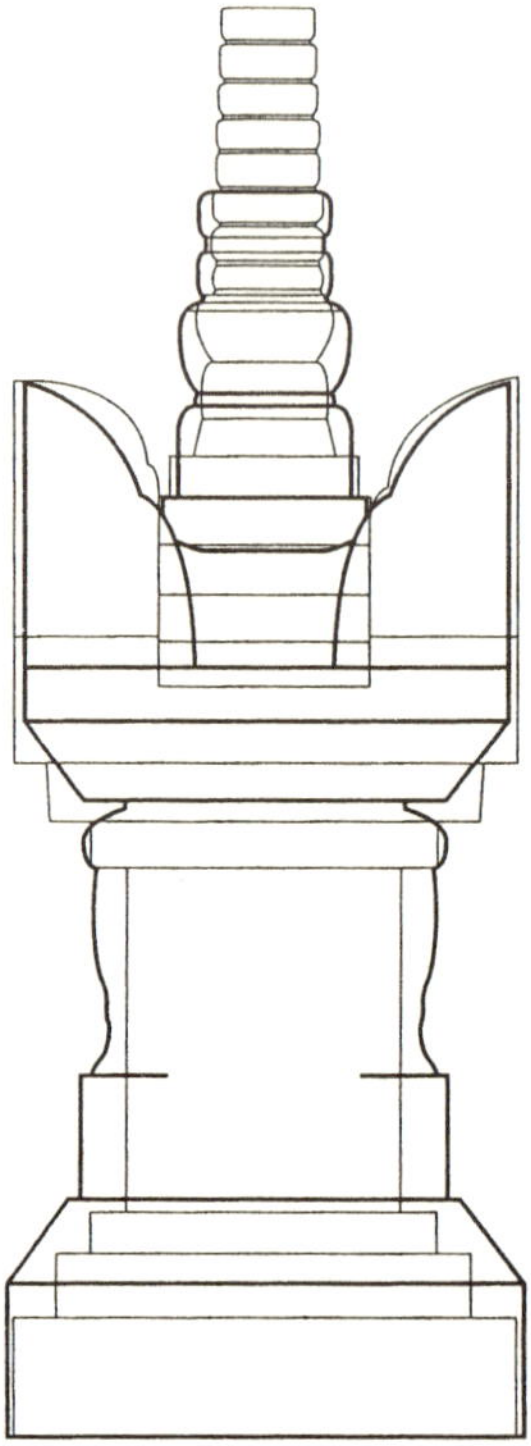

図Ⅰ－6　旧妙真寺宝篋印塔と高山寺宝篋印塔の比較図（太線＝旧妙真寺宝篋印塔／細線＝高山寺宝篋印塔）

写真Ⅰ－7　高山寺宝篋印塔

こうした両者のプロポーションの近似については、筆者以前に藪田嘉一郎氏がすでに指摘しているが（藪田一九八八）、ここではこの高山寺塔を年代的定点として使いたい。なぜならば、高山寺塔の造立時期は、次に述べるように文献から明らかだからである。

高山寺塔は、高山寺開山の明恵（一一七三～一二三二）の墓（五輪塔）がある廟所の脇に立てられている。『高山寺縁起』によれば[4]、本塔は明恵の髪爪塔として「大唐育王塔」を模して暦仁二年（一二三九）に造立されたものなので、これと近いプロポーションを持つ旧妙真寺塔も、高山寺塔に近い年代観を与えることが可能である。すなわち旧妙真寺塔は、十三世紀前葉に造立されたものと考えられる。

(2)　宝篋印塔の起源

a　中国の宝篋印塔と日本の出現期宝篋印塔

ところで、旧妙真寺塔が十三世紀前葉の造立だとすれば、それは高山寺塔と並び、わが国最古の宝篋印塔だということになる。こうした日本の出現期宝篋印塔について、そのモデルを中国金属製宝篋印塔に求める説と、福建省泉州を中心に分布する中国石造宝篋印塔に求める説の二説がある。[5]

確かに金属製宝篋印塔（**写真Ⅰ-8**）は塔身に本生話（釈迦が生まれる前の物語。ジャータカとも）を鋳出しており、塔身に四方仏を刻む旧妙真寺塔とは隔たりを感じさせる。一方、宋代の中国石造宝篋印塔では、塔身に日本風の四方仏が刻まれる事例はないが、時代が下るものの中には菩薩の単身全体像が刻まれる事例があり（**写真Ⅰ-9**）、これなどは視覚的には旧妙真寺塔の塔身に近い。

よって、旧妙真寺塔、ひいては日本の宝篋印塔のモデルは中国石造宝篋印塔だと考えてしまいがちで、ほかならぬ筆者自身が当初はこのように短絡していたのだが（山川二〇〇六）、よく検討してみると、ことはそれほど単純ではないことがわかってきた。

たとえば**写真Ⅰ-10**は中国梵天寺（福建省厦門地区）という寺院にある総高が四六六・五センチに及ぶ大型の宝篋印塔で、造立は北宋の元祐年間（一〇八六〜九四）と考えられているものであるが、この宝篋印塔には日本の宝篋印塔にはない顕著な特徴がある。

それは、「台座（基壇）」の存在である。実は、中国宋代の石造宝篋印塔は、例外なくこうした台座（基壇）に

写真Ⅰ－9　泉州南建築博物館宝篋印塔塔身

写真Ⅰ－8　静志塔出土鉄製宝篋印塔
（出光美術館1997より）

写真Ⅰ－11　台座に乗せられた状態の宝篋印塔
（浙江省文物考古研究所ほか2006より）

写真Ⅰ－10　梵天寺宝篋印塔

乗っているのだ。その理由は、中国石造宝篋印塔は、金属製宝篋印塔が陶器などの台座に乗せられた状態を石に写したものだからである（**写真Ⅰ-11**）。

これに対し、日本の旧妙真寺塔や高山寺塔は、金属製宝篋印塔が台座に乗せられていない単体の状態を写している（**写真Ⅰ-7**）。旧妙真寺塔や高山寺塔のモデルは中国石造宝篋印塔だと主張するのであれば、この「台座の欠如」について論理的な説明を与えねばならない。

とはいえ、本来は金属製で小型の塔を石造・大型化するという行為について、中国石造宝篋印塔の影響が皆無であったと考えることにもやや無理がある。そこで、筆者は次のように想定するのである。

おそらく、日本で最初に石造宝篋印塔を造立したのは、かつて福建省泉州まで足を運び、そこで石造の宝篋印塔を実見した人物である。しかし、彼はそれほど明確に石造宝篋印塔の形状を記憶していたわけではなく、また、いうまでもないが、それを写した絵図などもなかった。

しかし、帰国後一定の時間が経過し、何らかの事情によって日本で石造宝篋印塔を造立する必要に迫られた彼は、記憶していた中国石造宝篋印塔の意匠を日本風にアレンジするとともに、記憶の欠落を補うため、全体のシルエット決定には金属製宝篋印塔を用いたのである。その際、モデルとなった金属製宝篋印塔は台座には乗せられていなかったものと思われる。

(3)　石造宝篋印塔の出現

a　慶政と明恵

先に筆者は、日本で最初に宝篋印塔の造立に関与した人物として、泉州滞在の経験がある人物だとした。しかし、導師として造塔に携わるということになれば、やはり商人などではだめで、それは宗教者、すなわち僧侶だということになる。南宋代、日本との交易に際して正式に開かれていた門戸は浙江省寧波であった。このことも関係するのだろうが、当時渡宋した僧侶の活動範囲はおおむね浙江省内に限定される。

そうした中で、天台僧の慶政（一一八九～一二六八）は、当時泉州に滞在したことが明らかな唯一の僧侶である。さらに注目すべきことに、慶政は高山寺明恵とは親友ともいえる間柄で、建保五年（一二一七）、インドを憧憬していた明恵のために、「南蕃文字」で書かれた（実はアラビア語の詩文だったのだが）「南無釈迦如来、南無阿弥陀如来」を泉州からわざわざ送っているほか、嘉禄三年（一二二七）には、自身が開山となった京都西山法華山寺の多宝塔百僧供養という重要な行事の導師を明恵に依頼している。[6]

明恵の遷化は寛喜四年（一二三二）の一月である。同年四月、その百ヶ日供養が行われ、慶政が導師を勤めた。高山寺塔が「大唐（中国）」の「育王塔（阿育王塔）」を模して造立されたのは、明恵の七回忌となる暦仁二年（一二三九）のことであった。「中国の阿育王塔」が具体的に何を指すのかについては議論が必要であろうが、高山寺塔の形状を見る限り、それは金属製、もしくは石造の宝篋印塔を指すものである可能性は高い。なぜならば、そもそも中国の金属製宝篋印塔は、インドの阿育王塔を模して造立されたものだからである。

さらに、高山寺宝篋印塔が金属塔ではなく石塔として造立されたのは、インドへの思慕が深かった明恵の髪爪塔としてふさわしいのは、自分がかつて中国泉州で実見した石造宝篋印塔だと慶政が考えたからではないだろうか。

b　日本石造宝篋印塔の創出

しかし、慶政の泉州滞在から明恵髪爪塔の造立まで、すでに二十年以上の歳月が過ぎており、慶政の石造宝篋印塔に関する具体的な記憶も失われていた。そこでその欠を補うため、慶政は造塔の見本に、当時日本に輸入されていた金属製宝篋印塔を用いたのではないだろうか。すなわち筆者が日本の石造宝篋印塔のモデルと想定するのは石塔と金属塔の両者であり、その折衷案ともいえるものである。

一方の旧妙真寺塔の造塔背景については、文献がないので高山寺塔のように明確にはできないが、前述のように両塔の全体のプロポーションの一致から考えて、制作した石工や石工集団は同一か、もしくは近い存在であったものと思われる。

(4)　小　結

ところで高山寺塔の後、日本では石造宝篋印塔の造立はしばらく途絶える。次に石造宝篋印塔が造立されるのは正元元年（一二五九）の輿山往生院宝篋印塔（奈良県生駒市／**写真Ⅰ-12**）で、実にその二十年後のことであった。この輿山往生院宝篋印塔以後の石造宝篋印塔が、形状的に後世のものに自然に引き継がれてゆくのに対し、旧妙真寺塔と高山寺塔は異形ともいえる存在である。この両塔と輿山往生院宝篋印塔の間に横たわる二十年のヒアタスと形状的な差異には、両者の造塔目的の違い、すなわち旧妙真寺塔と高山寺塔が本当に「宝篋印塔」と呼んでいい存在かどうかも含め、今後さらなる検討が必要だと思われる。

写真Ⅰ-12　輿山往生院宝篋印塔

3 宝塔

宝塔とは、基礎の上に瓶形の塔身を置き、屋根の上には相輪を乗せる形式の塔である（図Ⅰ-7）。石造のほか、金属塔や木造塔があるが、木造塔で宝塔と呼ばれるものは、石塔でいうところの多宝塔形式となる。

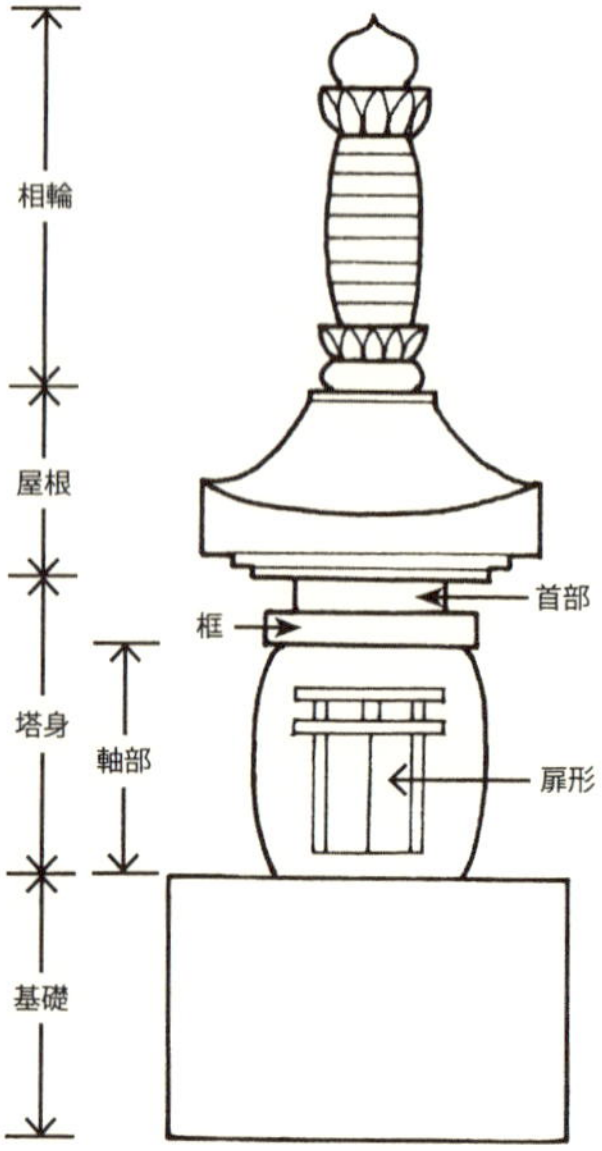

図Ⅰ-7　宝塔概要図

(1) 近江の初期石造宝塔

a 関寺宝塔

これやこの
ゆくもかえるもわかれては
知るも知らぬも
逢坂の関

『百人一首』にも撰ぜられた、蟬丸の名歌である。「逢坂の関」とは、いうまでもなく古代において山城と近江を繋ぐ交通の要衝に設けられていた関所のこと。かつてはこの関を越えると畿外だったので、さまざまな理由から都を離れて東に向かうことになった旅人たちは、ここでしばしの感慨に浸ったのである。

この逢坂の関の少し東に、かつて関寺という寺院が存在した。この寺は『往生要集』で著名な恵心僧都源信（九四二〜一〇一七）が、天台僧の延鏡に勧めて、この地に古くからあった寺院を再興させたもので、万寿二年（一〇二五）にはおおむね完成していたらしい。ちょうどその頃、父・藤原孝標の任地である上総に赴く途中であった『更級日記』の作者は、ここに立ち寄ってまだ作りかけの仏像を拝んでいる。

ところで関寺の再興に際し、奇談がある。『今昔物語集』に収められた「関寺駈牛化迦葉仏語」[7]には、以下のような説話を載せる。すなわち周防尉正則という人物が、関寺に住む聖人（延鏡か？）に、寺の修造に役立つようにと材木を乗せた車を引くための牛を寄進した。牛が全ての材木を運び終えた頃、三井寺の明尊僧正が関寺に詣でる夢を見、その際に堂の前に繋がれている黒い牛に遇った。この黒牛をただ者ではないと感じた僧正が、牛に「あなたはどこの牛です？（此レハ何ゾノ牛ゾ）」と聞くと、牛はなんと「私は、（釈迦の十大弟子の一人である）迦葉仏です。この関寺の仏法を助けるために、牛となってここに来ました（我ハ此レ迦葉仏也。而ルニ此ノ関寺ノ仏法ヲ助ケムガ為ニ。牛ト成テ来レル也）」と答えた。驚愕した明尊が人を関寺に人を遣わすと、確かにそのような牛がいるとのこと。明尊は三井寺から多くの僧侶を率いて関寺に詣で、件の黒牛を拝んだ。

この奇瑞はたちまち都にも広まり、ついには今をときめく藤原道長・頼通父子までもが、この霊牛を拝みに逢坂まで延々と駕籠を連ねてやって来るという騒ぎに発展した。件の牛は、奇しくも関寺の復興後間もなく死んだが、人びとは遺骸を牛屋の近くに埋葬し、その上に卒塔婆を立てて祀ったのである（卒都婆ヲ立テ、釘抜ヲ差セリ）。

現在、関寺の跡とされる場所の一角に、「牛塔《うしとう》」と呼ばれる一基の花崗岩製の宝塔がある（**写真Ⅰ-13**）。高さは三五三センチに及び、石造の宝塔では全国最大級である。基礎は珍しい八角形で、屋根は六角という変則的な様式

写真Ⅰ-14　関寺宝塔の軒裏

写真Ⅰ-13　関寺宝塔

写真Ⅰ-15　鞍馬寺宝塔

である。一見豪放な作りであるが、軒裏には隅木の表現もあるなど、繊細な表現も施されている（**写真Ⅰ-14**）。壺形の塔身には扉形などの表現はなく、重厚感に溢れる。屋根は軒が薄く、全体に穏やかに反る。屋蓋頂部には露盤が作り出されており、その上に後補の露盤と宝珠が乗せられている。宝塔の屋根には相輪が乗るのが普通であるが、まれに宝珠が乗るものもあるので、オリジナルがどうであったのか興味が持たれるところである。

　堂々としたこの宝塔を間近で見ると、霊牛を祀る塔にふさわしいと思ってしまうが、実際には本塔の造立年代は十二世紀以降（平安時代後期）と考えられており、霊牛の没年とは百年以上の隔たりがある。したがって残念ながらこの宝塔は、少なくとも霊牛の入滅とリアルタイムで造立されたものではない。

ただし『方丈記』で有名な鴨長明が建暦元年（一二一一）頃に著した『無名秘抄』には、「関寺より西に二三町ばかり行て道より少したちあがりたる所に一丈（約三メートル）ばかりなる石の塔有」と記されており[8]、これは関寺宝塔のことだと思われるので、少なくとも鎌倉時代前期には本塔がこの場所に存在したことは間違いないだろう。

b　鞍馬寺宝塔

また、比叡山を指呼の間に望む京都北部山中の鞍馬寺には、関寺宝塔よりさらに古い、平安時代後期に造立されたと思われる宝塔が伝わり、現在は寺の宝物館で展示されている（写真Ⅰ-15）。写真の花崗岩製の基礎は後補で、本体は凝灰岩製である。また相輪は、上半部分が欠失している。肩の張った塔身軸部に、上にすぼまる形状の長い首部が付く。屋根は軒が薄く、直線的である。屋蓋頂部には露盤が作り出される。基礎を除いた高さは八五・七センチと小型であるが、本塔は経塚の上に立てられていたと推定されており、同時に出土した経筒に保安元年（一一二〇）の銘文があったので、宝塔の年代もこの頃と考えられている。後世の石造宝塔と比較すると装飾性に乏しく、素朴である。また、屋根の形状などに、関寺宝塔と通じる部分もある。

(2)「二仏並座」を表す宝塔

a　安養寺宝塔

ところで宝塔は、後述のように本来は金剛界曼荼羅における大日如来の三昧耶形である。これは真言宗において重視される『金剛頂経』の世界観を表すものであるが、天台宗においては、これに根本経典である『法華経』第四巻「見宝塔品」の思想が加味された。

すなわち釈迦が霊鷲山で『法華経』の説法をしていると、巨大な宝塔が地下から湧出した。そこには多宝如来が座っており、釈迦の説法を聞くためにここへ来たことを告げ、半座を譲ったという。宝塔の中にはこの状態を造形化したものがあり、その場合は扉形が開いて釈迦と多宝が座っているさま（二仏並座《にぶつびょうざ》）を表している。その良好な事例として、京都円山公園近くにある安養寺宝塔がある（**写真Ⅰ-16**）。基礎は欠失しており、現状では自然石の上に立てられている。花崗岩製で、塔身以上の高さは二四四センチ。塔身軸部は肩が張った瓶形で、正面に開扉するさまを表し、内に二体の如来を並べて彫る。屋根は四隅に降棟を筋で表し、軒は厚めで真反りである。銘文はないが、様式的に鎌倉時代中期に位置付けられるものである。相輪上半は後補。

天台宗では『法華経』は根本経典なので、二仏並座を表す宝塔は天台系の思想を色濃く表現したものといえよう。安養寺宝塔は、天台の高僧で延暦寺の座主を四回も勤めた慈円（一一五五～一二二五）が住んだ吉水に近く、慈円の墓という伝承も有する。またこの他にも、京都市内では二仏並座が表現された宝塔が数基存在する。

b　清凉寺二面石仏

嵯峨野・清凉寺の両面石仏は、高さ二二〇センチに及ぶ花崗岩の一面に宝塔を厚肉彫りとし、裏面には天蓋下に座す弥勒座像を厚肉彫りとしている（**写真Ⅰ-17・18**）。蓮座は別石作りだが、当初の部分は宝塔面の下にわずかに残るのみで、他は近年の後補である。宝塔に基礎はなく、直接先述の蓮座に乗った形となる。塔身には鳥居状の扉形が彫られ、開扉した中に二仏並座を表している。本例の場合、二仏の表現は非常に精緻で、それぞれの光背まで丁寧に彫られている。屋根は瓦棒や降棟が表現され、軒先には垂木形も彫られる。屋蓋頂部には側面二区の露盤を置き、相輪の九輪は七輪に省略されている。頂部の宝珠からは宝鎖が垂れ、軒端に繋がっている。

この宝塔の様式的な特徴としては、まず基礎が存在しないことが挙げられよう。先述の鞍馬寺宝塔も基礎を欠いていたが（現在は後補の基礎がある）、天台系の宝塔には本来基礎がなく、蓮座に乗るのが正式の様式だったように思われる。本例は厚肉彫りによる造形で、組み合わせ式の三次元の石塔ではない。よって表現は比較的自由が利くので、それはより宗教的原理に近いものであったと思われる。すなわち、ここに見られる造形こそ、中世

写真Ⅰ-16　安養寺宝塔

写真Ⅰ-17　清涼寺二面石仏（宝塔面）

写真Ⅰ-18　清涼寺二面石仏（石仏面）

前期において『法華経』「見宝塔品」の宝塔と見なされていたものであろう。

この清凉寺二面石仏の時期について、川勝政太郎氏は鎌倉時代前期とする（川勝一九七八）。確かに宝塔背面の弥勒の印相は、右手で納衣を摑み左手で地を指す触地印となっており、石仏の表現としては古式である（**写真Ⅰ-18**）。たとえば、洛北・禅華院所在の弥勒石仏（第Ⅳ章5項(3)節）は同様の印相を示すが、本石仏の年代は背面の銘文から大治元年（一一二六）ということが判明している。この点から見ても、川勝氏の鎌倉時代前期という年代観は首肯されるであろう。

c　その他の作例

このほか、大徳寺二面石仏（花崗岩製）も、宝塔面は清凉寺例に近い（**写真Ⅰ-19**）。本例は高さ一三七センチで、清凉寺例よりはかなり小規模となり、表現にも省略が見られる。蓮座は別石作りではなく、宝塔塔身の下に直接浮き彫りとされている。また、二仏並座の表現も簡略化されており、これらの特徴から、本例は清凉寺例より一段階新しい鎌倉時代中期の制作と考えられている（川勝一九七八）。

このほか、浮き彫りによる宝塔表現の延長にある作例として、大徳寺塔頭・聚光院千利休墓宝塔がある。花崗岩製で、基礎から相輪まで一材から作り出される特異な作りである（**写真Ⅰ-20**）。本来の制作時期は鎌倉時代中期と思われるが、十六世紀末に、千利休が自分自身の墓に転用した。利休の見立てにより、塔身部分は火口状に大きく穿孔され、その左右には円窓が開けられているが、元は四方に開扉した状態の扉形が彫られており、それぞれに二仏並座が表されていた（現在、二仏の蓮座などがかすかに残る）。

基礎は通常の宝塔に見られるような方形ではなく、裳裾のような形状である。側面に僧形の人物が多数浮き彫りとなっているが、これは釈迦の説法を聞きに霊鷲山に集まった人々を表す可能性が高く、やはり通常の基礎とはかなり趣が異なる。

宝塔とは本来、金剛界曼荼羅の三昧耶会もしくは降三世三昧耶会の本尊（大日如来）として描かれており、大日の三昧耶形（ホトケを象徴する器物）である。ここに配されている宝塔に基礎は描かれておらず、蓮座に直接乗せられているのが普通である。すなわち、宝塔は本来、方形の基礎がないのが通形であり、石塔や多聞天の持物のように、三次元化され、安定が求められた際に付加された部位だと考えることができる。清凉寺二面石仏の宝塔などに基礎がないのは、そうした理由によるものだろう。

写真Ⅰ-19　大徳寺二面石仏（宝塔面）

写真Ⅰ-20　聚光院宝塔

(3) 四方仏を表す宝塔

a　最勝寺宝塔

日本天台宗の総本山・比叡山延暦寺のお膝元となる近江には、宝塔は他の地域より数多く存在する。ただ注意したいのは、近江の宝塔では、『法華経』「見宝塔品」に依拠する二仏並座が表された事例は意外に少ないという点である。管見では高島市の満願寺宝塔（鎌倉時代中期）が唯一の事例となり、決して一般的な存在とはいえない。

逆に、甲賀市水口の山中に所在する最勝寺宝塔（補注）（**写真Ⅰ-21**）は、四面が開扉した状態が表され、内に四方仏が浮彫りとされている。『甲賀市史』（福澤二〇〇九a）ではこれを顕教四仏と見るが、既述のように宝塔は基本的に『金剛頂経』の経説に基づく塔形なので、これは金剛界四仏の可能性が高い。なお、基礎に輪郭を巻いて内に格狭間を配する意匠は、近江の宝塔ではこの先も引き継がれる要素である。基礎の一面の左右の輪郭に銘文があり、右に「大勧進□□」、左に「弘安八乙酉年（一二八五）十月十三日」と刻んでいる。屋根の軒は厚く、軒裏に垂木形を三段表している。

写真Ⅰ-21　最勝寺宝塔

b　その他の事例

最勝寺宝塔は例外的に古い事例だが、より新しい例では、正安四年（一三〇二）造立の石塔寺宝塔（**写真Ⅰ-22**）、

写真Ⅰ-23　正法寺宝塔

写真Ⅰ-22　石塔寺宝塔

写真Ⅰ-25　吉善寺宝塔

写真Ⅰ-24　島八幡神社宝塔

正和四年（一三一五）造立の正法寺宝塔（蒲生郡日野町／写真Ⅰ-23）、その翌年造立の島八幡神社宝塔（蒲生郡竜王町、写真Ⅰ-24）、文保二年（一三一八）造立の吉善寺宝塔（東近江市／写真Ⅰ-25）などは、いずれも塔身軸部四面に扉形を表しており、内に金剛界四仏の存在を暗示している。首部には框を巡らし、基礎は輪郭を巻いて、[9]内に格狭間を配する。格狭間の内には開花蓮や孔雀などの近江式文様が彫られるケースが多い。

(4) 小結

近江においては、平安時代後期には石造宝塔が成立する。その後、十四世紀初頭に近江特有の宝塔様式が成立するが、それらは金剛界四仏を四方に配し、塔の中心には金剛界大日を置くものであった。[10]『法華経』「見宝塔品」に基づく造形、すなわち釈迦と多宝の二仏並座を表す宝塔は近江では決して一般的な存在ではなく、それらは京都を中心に分布する。また、二仏並座が表現されるのは鎌倉時代中期までの古い時期の宝塔に限られる点にも注意が必要かと思われる。

4 多宝塔

多宝塔とは、通常の宝塔の形（図Ⅰ-7）に裳階（軒下の外壁に取り付けられた庇状の装飾）を付けて外観を二層にしたものである（図Ⅰ-8）。上層は裳階の上に円形の亀腹（通常の宝塔の塔身軸部上端にあたる）を付け、首部と宝形造りの屋根が乗る。亀腹の上部に、勾欄を表す段形が付くものもある。下層は平面方形で、背の高い軸部が置かれ、その下に基礎が来る。

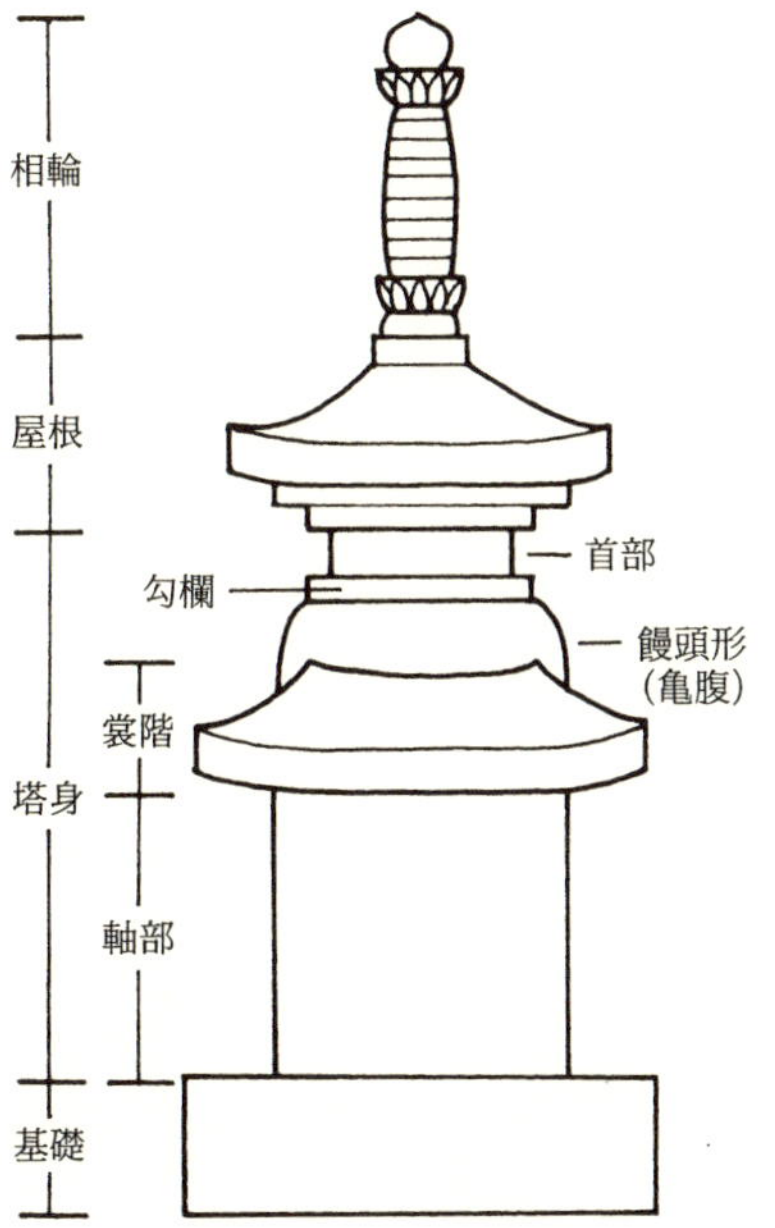

図Ⅰ-8　多宝塔概要図

石塔の場合、多宝塔の遺存例は、宝塔に比べると格段に少ない。試みに川勝政太郎氏の『日本石造美術辞典』（川勝一九七八）で検索すると、宝塔は全国で六十九例取り上げられているのに対し、多宝塔はわずか五例にすぎない。一方、木造建築ではこれとは逆に単層の宝塔は遺存例がなく、「宝塔」といえば通常は重層の多宝塔のことを指す。以下では、この希少な石造多宝塔について、代表的な作例を見てゆくことにしよう。

(1)　多宝塔の実例

a　廃少菩提寺多宝塔

古代から中世にかけて、琵琶湖の南東に少菩提寺という寺院があった。興福寺の別院として天平三年（七三一）に創建された大寺院で、中世には円満山大般若台院と称し、壮麗な七堂伽藍を誇っていたが、戦国時代に六角氏と織田信長の戦乱に巻き込まれて廃寺となった。

この少菩提寺跡（廃少菩提寺）に、高さ四五四センチに及ぶ大型の花崗岩製多宝塔がある（**写真Ⅰ-26**）。切石組二段の基壇の上面に低い段を設け、その上にごく低い基礎を置く。背の高い塔身軸部の北面には「仁治二年（一二四一）辛丑／願主僧良全／施主日置氏女」の銘文があり、鎌倉中期の仁治二年に、本塔が造立されたことがわかる。ま

写真Ⅰ-26　廃少菩提寺多宝塔

写真Ⅰ-27　天満神社多宝塔

た、西面には非常に残りが悪いものの銘文があり、「菩提寺寄進田地……」のほか、「二親」の字が辛うじて読み取れるので、本塔は日置氏の子女が両親の菩提を弔うために造立したものであること、さらにその永代供養のために少菩提寺に対して田地を寄進したことが窺える。寄進銘文のある西面の残りが悪いのは、日置氏の子孫が後世に証文となる銘文を削ったせいかもしれない。

初層屋根（裳階）の軒は厚めに作られており、隅反りである。上端に亀腹を置き、その上の首部は素文で、勾欄は表されていない。二層屋根軒下の段形は下の段に傾斜を持たせ、首部に取り付く。軒は初層屋根より薄く作られており、メリハリがある。屋蓋は二段に作り、鎹葺きを表現する。上端には幅の広い露盤が作り出される。相輪の請花に蓮弁は彫られておらず、後補とする説もある。

本塔は類例の少ない石造多宝塔の中でも、銘文によって制作年代が判明する貴重な事例であり、かつ遺存状態もよい。標準的作例といってよかろう。

b　天満神社多宝塔

奈良県大和高田市根成柿の天満神社本殿南側石柵内には、石造のものとしては最古となる多宝塔がある（写真Ⅰ-27）。現状で高さ一九〇センチを測るが、凝灰岩製なので風化が激しく、欠損部も多い。基礎は方形の低い石材を二枚重ねる珍しいもので、その上に方形の軸部が置かれる。初層屋根（裳階）の上に亀腹を作り出し、高さのある首部の上に二層目屋根と別石造りの三段露盤が乗る。亀腹の北面に方形の孔が穿たれており、塔の内部に経文などを収めた奉蘢孔と考えられている。

石造の多宝塔自体に類例が少ないので、詳細な時期は不明だが、川勝政太郎氏はこれに平安時代後期という年代観を与えている（川勝一九七八）。大和の石塔は、遅くとも鎌倉時代中期以降はほとんどが花崗岩製となるので、この時期観は妥当であろう。

c　常楽寺多宝塔

長野県屈指の名湯として知られる上田市別所温泉郷の常楽寺（天台宗）にも、国重要文化財に指定されている有名な石造多宝塔がある（写真Ⅰ-28）。常楽寺は天長二年（八二五）に、この地に北向観音像が湧出したことに因んで創建された古刹である。現在、北向観音像は常楽寺に近い北向観音堂に安置されており、尊形は千手観音である。「北向」という風変わりな名称は、堂が北面して建てられていることに因んだものだという。

余談だが、同じ長野県にある善光寺が来世の極楽往生を保証するのに対し、北向観音は現世の利益に験があるとされており、善光寺だけ参って北向観音を参詣しないのは「片参り」と称されていた。別所温泉が栄えたのは、泉質が良かったからという理由だけではなく、常楽寺参詣の門前町として賑わったという一面もあるのだ。

常楽寺多宝塔は、本堂脇から少し登った場所に、柵に囲まれて立っている。安山岩製で、後補の相輪も含めた高さは二七四センチを測る。基礎は比較的高さのある切石を二石縦に並べたもので、その上に、やや低めの軸部が乗る。初層屋根（裳階）は幅広く、やや薄めの軒は緩やかな隅反りである。軒下には一重の垂木形を彫る。亀腹上端の首部との境には低い段形を設け、勾欄を表している。二層屋根は軒を穏やかな真反りとし、軒下に段形

写真Ⅰ-28　常楽寺多宝塔

写真Ⅰ-29　仏土寺多宝塔

を一段設ける。屋蓋の照りも穏やかで、頂部には露盤を作り出す。

軸部の四面に銘文があり、「奉納施主」として「阿闍梨頼信」の名と、「弘長二年（一二六二）壬戌四月五日」の紀年銘がある。このうち一面の銘文は近世に刻まれた追刻で、多宝塔の由来が記されているが、残り三面についても後刻の可能性が指摘されている。銘文が当初のものだとすれば、本塔は鎌倉時代中期の弘長二年まで遡ることになる。いずれにせよ石造多宝塔で国重文に指定されているのは、先述の廃少菩提寺多宝塔とこの常楽寺多宝塔の二基のみなので、本塔が非常に希少な作例であることは間違いない。

d　仏土寺多宝塔

三重県伊賀市の仏土寺には、希少な多宝塔が二基並立している（写真Ⅰ-29）。両塔共に切石組三段の基壇上に立ち、基礎（側面二区）は、江戸時代の再建時に補われたもの。高さは、東塔が五七〇センチ、西塔が四六二センチと、いずれも大型である。塔身は極端に縦長で、東塔では輪郭を巻き、面的に彫り沈めた月輪の内に、金剛界四仏の種子を薬研彫りとしている。これに対し、西塔では北面にのみ釈迦と多宝の種子を並べて彫り、他の面は素文としている。すなわち、東塔は宝塔本来の意味、すなわち金剛界曼荼羅における大日如来の三昧耶形としての要素が濃く、一方の西塔は『法華経』「見宝塔品」を具現化したものとなっている。これは、前項で述べた宝塔の二要素を、この一対の石塔が表していることを示すもので、非常に興味深い。

塔身上には二段の段形を置き、斗栱形とする。初層屋根（裳階）の軒は穏やかな隅反りとなり、優美な曲線を描く。また、軒下には一段の段形を彫り出し、その上に二段の斗栱形を乗せる。

屋根軒の反りも、裳階と同様に優美な曲線を描き、東塔では高さのある屋蓋頂部に低い露盤を削り出している。

これに対し、西塔の屋蓋は低く、本来はこの頂部にもう一段屋蓋を重ねて錣《しころ》葺きとしていた可能性も指摘されているが、現状では屋蓋の頂部には新造の露盤と宝珠が乗せられている。なお、東塔の相輪も後補である。東塔基壇に追刻銘があり、享保年間（一七一六～三六）の再興や、幕末の地震による倒壊、明治時代に入ってからの再建経緯が記されている。当初の紀年銘はないが、両塔共に作風から見て鎌倉時代後期の制作だと思われる。石造多宝塔の遺存例が少ない中、このように二基が併存する仏土寺多宝塔は、非常に貴重である。

(2) 小結

本項冒頭でも述べたように、石造多宝塔の遺存例は非常に少なく、その体系的な検討は全て今後の課題である。こうした状況の中、仏土寺多宝塔二基は、金剛界曼荼羅における大日如来の三昧耶形塔と『法華経』「見宝塔品」を具現化した塔が並立しており、非常に興味深い存在といえよう。

5 層塔

層塔は、軸部と屋根を重ねたシンプルな石塔である（図Ⅰ-9）。層数には、三・五・七・九・十三のバリエーションがあり、十一層のものはない。初層軸を塔身とするものが多く、その四面に四仏の種子や像容が表されるのが普通だが、九州など一部の地域では二層から上にも仏容を表す場合がある。これとは逆に、後述の初期層塔においては四仏の表現はなく、初層軸を単純に塔身として捉えることはできない。

いずれにせよ、層塔はわが国で最も古い石塔形式であり、平安時代中期までのわが国の石塔は、おおむね層塔形

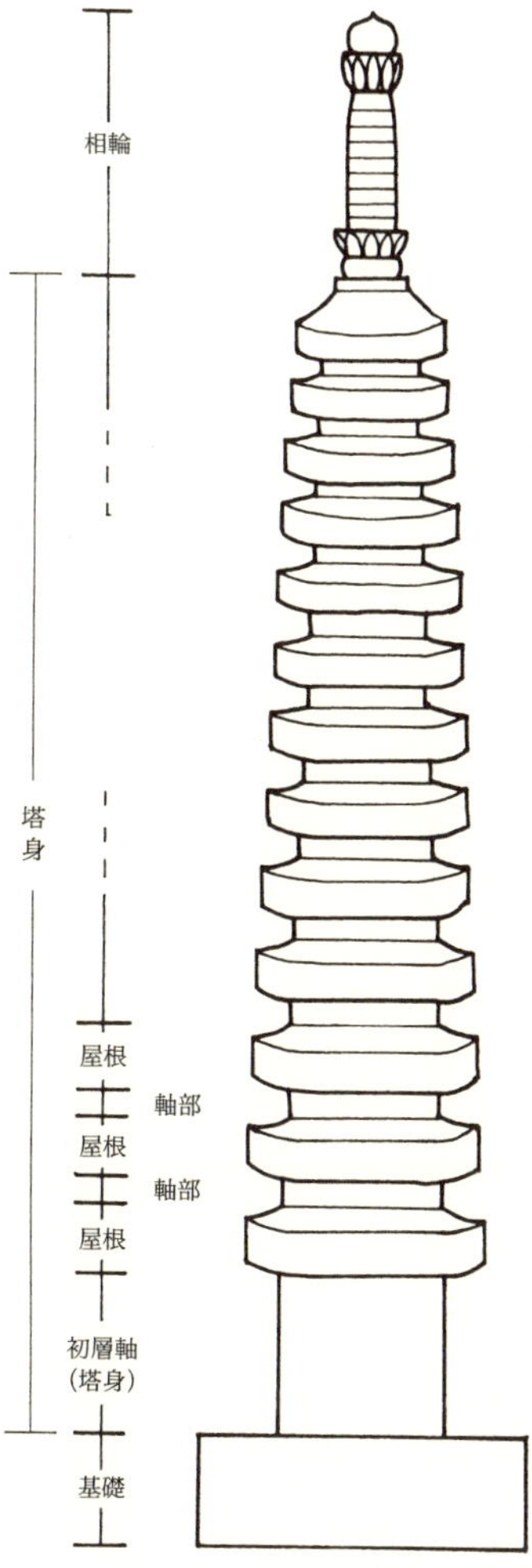

図Ⅰ－9　層塔概要図

式の範疇に収まる。

(1)　初期の層塔とその性格

a　竜福寺層塔

銘文で確認できる最古の層塔は、奈良県明日香村の竜福寺層塔である（**写真Ⅰ-30**）。本塔は後掲の銘文より、古くから「竹野王の石塔（石碑）」と呼ばれていた。軟質の二上山凝灰岩製なので、全体に風化が著しい。基壇はなく、低平な基礎に初層軸が乗る。屋根と軸は別石作りで、現状の高さは約一八〇センチである。軸部は四層まで残っているが、本来は五層であったと考えられる。屋根には、降棟の痕跡がある。

初層軸には、四面にわたって銘文が彫られている。磨滅のためにほとんど判読できないが、「昔阿育□王八万四千／塔遍」から始まり、末尾は「天平勝宝三年歳次（七五二）／辛卯四月丙／子／従二位竹野王」とある。

写真Ⅰ-30　竜福寺層塔

写真Ⅰ-31　石塔寺層塔

銘文中、竹野王の名は、『続日本紀』や『公卿補任』、あるいは出土木簡中に見られ、銘文中の官位とも矛盾がない。本塔の願主は、この竹野王だったのだろう。

また、阿育□王については、インドマウリア朝第三代・アショーカ王（阿育王）が、戦争や政略で多くの人命を奪ったことを悔い、滅罪のために八万四千基の塔を造立したという故事に基づくもので、本銘文から、奈良時代の日本において、造塔の契機に阿育王伝説に基づく滅罪信仰があったことが判明する。また、本塔自体が「阿育王塔」と呼ばれていた可能性も高い。

b　石塔寺層塔

なお、造立時期が竜福寺層塔より半世紀以上も古く、白鳳時代に遡るとされる石塔寺三重層塔（**写真Ⅰ-31**）も「阿育王塔」と呼ばれている。層塔は花崗岩製で、新造の相輪を除く高さは七四四・五センチを測る。新造の基壇上に立てられているので、非常に雄大である。基礎は、巨大な自然石の上面に初層軸が入る抉りが入ったもの。初層軸は二枚の石を縦に合わせて用いているが、二層と三層の軸は一石である。屋根は軒を薄く作り、降棟の傾斜は穏やかで、反りは持たず、緩やかに起る《むく》（池内一九九五・本田二〇一二）。

石塔寺層塔がいつの頃から阿育王塔と呼ばれていたのかについては、前述の竜福寺層塔のように銘文がないので明らかではない。ただ、平安時代末期の『後拾遺往生伝』[11]ではすでに本塔は阿育王塔信仰と結びつけられており、本塔が造立当初より阿育王塔と呼ばれていた可能性は高いように思われる。すなわち阿育王塔信仰はかなり古い時期からわが国に渡来しており、当時の造塔契機の主要な部分を占めていた可能性がある。

c　初期層塔の性格

以上のように、層塔以外の形式の石塔が存在しなかった平安時代中期以前においては、「阿育王塔」といえば形式的には層塔であった可能性が高い。一方、本章2項で触れたように、暦仁二年（一二三九）、高山寺において明恵髪爪塔として造立された石塔は「大唐育王塔」を模したものだったが、その形式は宝篋印塔であった。中国における宝篋印塔は、基本的に阿育王塔故事に基づく造形なので、阿育王塔の形式は、宝篋印塔形が正解である。よって宝篋印塔形式が成立した鎌倉時代中期以降においては、層塔には阿育王塔とは別の機能が付加された可能性が高い。以下では、その点について考察を加えてみたい。

(2)　叡尊と層塔

a　般若寺層塔

般若寺層塔（奈良市／写真Ⅰ-32）は、高さ一二・六メートルに及ぶ大型の花崗岩製層塔であり、石塔としては日

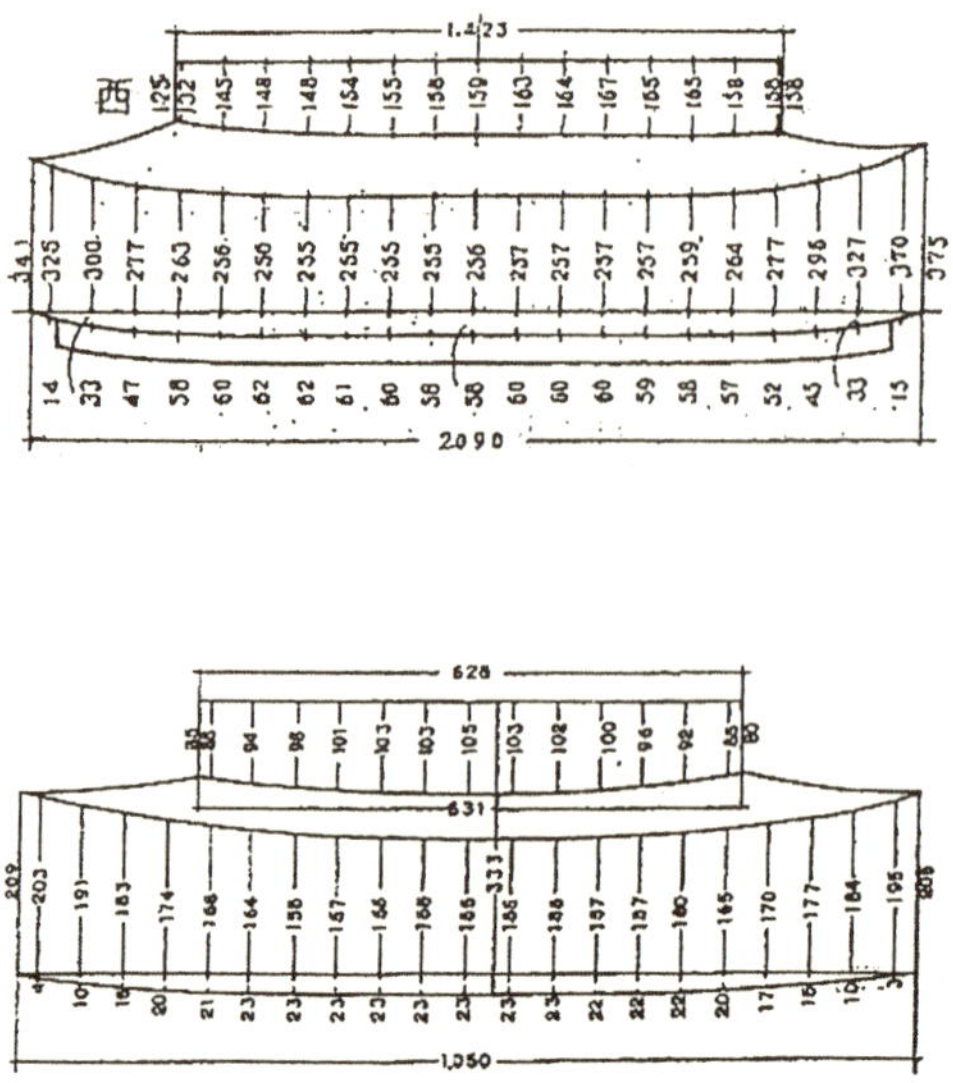

図Ⅰ-10　般若寺層塔と於美阿志神社層塔の比較（奈良県文化財保存事務所1965・1970より抽出）

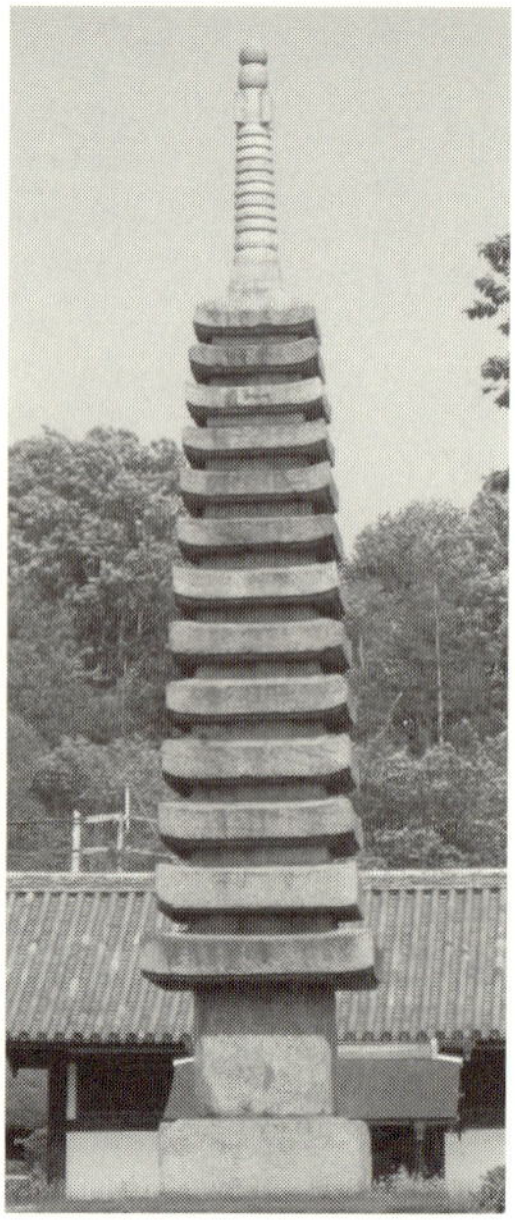

写真Ⅰ-32　般若寺層塔

写真Ⅰ-33　於美阿志神社層塔

本で二番目の高さを誇る。現在乗せられている相輪は後補で、また、二層目の笠石も慶長以前の後補であるが（奈良県文化財保存事務所一九六五）、こうした些末な点を除けば、本塔は造立当初の姿をよく留めているものといえよう。

また本塔は、卓越した規模もさることながら、その様式がこれ以降、現代に至るまで引き継がれ、わが国における層塔のスタンダードとなったという意味において、とりわけ重要である。層塔という形式自体は、先述のように奈良時代から存在するが、それらは一部の例外を除くといずれも凝灰岩製であり、軸（塔身）と笠石（屋根）を別材で制作したものや、一石であっても軸部の背が高いことを常とする。

軸部が低平になり、あたかも屋根を積み重ねたような現在の層塔の様式は、平安時代末期（十二世紀後半）の於美阿志神社層塔（奈良県文化財保存事務所一九七〇）を嚆矢とする（奈良県明日香村／写真Ⅰ-33）。実際、この於美阿志神社層塔（凝灰岩製、高さ四・三メートル）と般若寺層塔を実測図（全体図および部材毎の実測図＝図Ⅰ-10）で比較するとよく似ており、般若寺層塔が於美阿志神社層塔か、これと同型式の層塔（奈良市忍辱山円成寺層塔）を参考にデザインされたものであることがわかる[12]。

般若寺層塔は昭和三十九年（一九六四）に解体修理が行われており、その際、塔内より金銅製の五輪塔や水晶五輪塔、小型の仏像と共に建長五年（一二五三）の墨書銘がある『法華経』外箱が発見され、本塔の竣工時期がおおむねこの時期であることが判明した[13]。

五段築成の階段状の基壇上に立ち、低平な基礎上に薄く段形を彫り、塔身（初層軸）を乗せる。塔身四面には顕教四仏を配するが、通常のように浮き彫りとはせず、線刻で像容を表しており、他に例を見ない。四仏像はいずれも蓮座上に座し、二重円光背を負う。また、像の周囲を彫り窪め、浮き彫り風の効果も狙っている。像容は非常に優れており、総じて鎌倉時代前期の様相を示す。

屋根は垂木形を段形で表現し、初層屋根下面には塔身の受座を作り出している。屋根軒の反りは隅反りで、自然な美しい曲線を描く。最上層（十三層）屋根の上端には露盤を作り出す。この上に乗る相輪は先述のように後補で、当初のものは基壇の脇に置かれている。九輪下の請花は覆輪付きの単弁。九輪の上は水煙となるタイプで、竜車・宝珠がその上に乗る。

次に、この層塔を制作した石工について触れておきたい。超大型層塔の陰に隠れてやや目立たない存在になって

写真Ⅰ-34　般若寺笠塔婆

いるが、般若寺境内の東隅には、二基の花崗岩製大型笠塔婆が南北に並立している（写真Ⅰ-34）。いずれも低平な基礎上に板状の長い塔身を置き、その上に精巧な作りの笠石（屋根）・伏鉢・宝珠を乗せる。全体の精緻な作りや、後述の種子の優秀さにおいて他に卓越した存在であり、見る者を惹きつけずにおかない魅力に溢れている。もとは、般若寺近在の墓地（般若野五三昧）にあったものを、明治になってから寺の境内に移動したものである（堀池一九七七）。

　南側の笠塔婆（以下「南塔」／高さ四六三・五センチ）には釈迦三尊種子と胎蔵界五仏種子、北側の笠塔婆（以下「北塔」／高さ四九四センチ）には阿弥陀三尊種子と金剛界五仏種子がそれぞれ雄渾に薬研彫りされている。また、南塔の背面には光明真言、北塔の背面には大随求小呪が梵文で刻まれている。余談だが、このうち光明真言には周知のように罪障消滅の功徳があり、石造物に刻まれた事例としては重源狭山池碑文（建仁二年＝一二〇二）に次いで古い事例となる。

　このほか、側面には『涅槃経』の偈を南塔から北塔に連続して刻んでおり、両塔はまさに隙間なく功徳溢れる構成となっている。

　ところで、優秀な作風や種子・経文も重要であるが、この般若寺笠塔婆をある意味において層塔より有名な存在にしたのは、両塔塔身の下部、南塔から北塔にかけて連続で刻まれた銘文である。[14]

（南塔）先考行末者異朝明州住人／也而来日域経歳月即大仏殿石／壇四面廻廊諸堂垣榻荒無石／悉毀孤為興□
□□発吾朝□／陳和卿為鋳金銅大仏以明州伊／行末為衆殿壇石壇畢也広区直／也石有也則於東大寺霊地辺土／
中得石修造之正元二年七月十一／日安然逝去彼嫡男伊行吉志／同三年建立一丈六尺石卒塔婆

（北塔）二基以一本過去慈考以一本宛／現在悲母就中般若寺大石塔者為／果大工本趣□為□彼影像所写也／此
□□建立也然与今以企為以□／□上同合与力幷阿□上人修石／壇大功徳聊結縁畢願以此功徳／救為亡父母苦□
偏人□□□／常忉利天今一人行吉造石卒塔婆／詣極楽界都一切衆生□□□／弘長元年辛酉七月十一日伊行吉

本銘文の内容については難解な部分もあり、また、現在は磨滅のため字体が不明となっている部位もあるが、本論に関わる重要な点として、この笠塔婆は石工の伊行吉が亡父（「先考」）・伊行末の一回忌となる弘長元年（一二六一）七月十一日、その供養と、生存中の母の来世安穏を祈って造立したものであることがまず知られる。このほか、伊行末が中国明州（現在の浙江省寧波）の出身であったこと、さらに、行末が治承の兵火によって焼失した東大寺諸堂の復興に際して活躍したことが記され、さらに、本論の主題となっている般若寺層塔は、当初はこの伊行末[15]が中心となって制作され、後に子息の伊行吉が引き継いだものであることが記されている。

般若寺層塔の完成時期については、先述のように塔内納入品より建長五年（一二五三）頃と考えられる。しかし、本塔の造立に際しては、やや複雑な経緯があった。

西大寺流律宗の宗祖である叡尊が、文永四年（一二六七）に著した『般若寺文殊縁起』には、次のような記載がある[16]。

於是有大善巧人。時含懐旧之悲。終起興隆之願。時将立十三重之塔婆。且重基础初重之大石。其願未成就其身已命過。爾後一人禅侶卜居於彼砌。亦勧彼遺跡已果彼大功。

すなわち年号などは記されていないが、そもそも層塔の造立を発願したのは、「大善巧人」と呼ばれる人物である。しかし彼は、「初重」（塔身であろう）を制作した段階で死去してしまった。この大善巧人の具体的な氏名はわからないが、「大善」は仏教的に徳を積んだ人の意であろう。また、「巧人」という呼び方は、職人を想起させるものといえよう。般若寺層塔の塔身四仏は、先述のように非常に優れた線刻の顕教四仏像である。大善巧人とは、あるいはこの四仏を刻んだ人物（石工）に対する尊称であったのかもしれない。

いずれにせよ『般若寺文殊縁起』では、大善巧人の死去に伴い中断していた層塔の造立を一人の「禅侶」が引き継いだと記すが、この「禅侶」とは観良房良慶（生没年不詳）のことである。良慶は般若寺の復興に尽力し、ついにそれを成し遂げるが、その道のりは決して平坦なものではなかったようだ。

『東大寺別当次第断簡』延応二年（一二四〇）年預慶賀の項（岡田一九七七）には「同六月十二日。順定法橋。北山般若寺石塔五重之中、所々御舎利貴所御自筆御舎利心経奉籠。道俗男女群衆」とある。すなわち、この時期に層塔は五層目までが完成しており、「貴所」（高位の貴族か皇族であろう）が自筆の経文や舎利を納入するという儀式が行われた。そしてこのイベントを見物するために、多くの群衆がつめかけたのである。

石塔が未完成の段階であえてこのようなイベントを開催したのは、勧進のため、言い方を換えると集金のためであったものと憶測できる。良慶による般若寺復興も、そう簡単なものではなかったのだ。

こうした良慶の努力にもかかわらず層塔の造立は遅延し、その竣工は建長五年（一二五三）頃までずれ込んだ。

その間に、良慶は西大寺叡尊の門下に入ったようで、復興が成った後の般若寺は西大寺の末寺となる。良慶が叡尊の弟子になったことにより、層塔の造立を始めとする般若寺の復興は、西大寺という大きな後ろ盾を得ることになった。

一方の叡尊の側においても、良慶の般若寺復興に協力することによって、層塔の造立に関わった石工を配下に組み込むことになったのである。これ以降、伊派石工や大蔵派石工は、西大寺系の僧侶と共に活動することが多くなる。すなわち般若寺層塔は、叡尊と伊行末というキーパーソン二人を結びつける契機となった貴重なモニュメントでもあるのだ。

b　般若寺層塔造立の背景

前節において、般若寺層塔の造立に叡尊が関与したと述べた。しかしながら、前出の『般若寺文殊縁起』には層塔造立に関する願文は記載されていない。一方、翌年（文永五年＝一二六八）に叡尊が記した『般若寺文殊菩薩像造立願文』(17)には、彼の宿業観がよく示されている。

剗於業漁労。鎮殺山水之生。衒艶色。常迷衆庶之心乎。加之。或有受盲聾報之者。或有嬰疥癩病之者。謂彼前業。則誹謗大乗之罪。雖歴泥梨。猶未尽見。其現報。亦乞匃孤独之苦。

本史料によれば、現世において漁猟を生業とし、あるいは艶色を衒って人心を惑わせる者（売春などの行為）が宿病の報を受けるのだという。ここから敷衍すれば、般若寺文殊菩薩像造立の契機は、こうした職業の者たちを救済するところにあるということになるだろう。

また、この願文中には般若寺そのものの属性に言及した部分もある。

爰有一霊場。称曰般若寺。南有死屍之墳墓。為救亡魂之媒。北有疥癩之屋舎。得殲宿罪之便。仍択此勝地。所奉安置也。

すなわち、般若寺は南に墓地があり（笠塔婆が本来あった般若野五三昧）、北に疥癩の屋舎（北山宿という大規模な非人宿）があるのが特徴である。文殊菩薩像は、これら亡魂や、宿病の原因となった前世の職業を悔い改めるために安置されたのである。こうした叡尊独特の宿業観の延長上に般若寺層塔が位置するのだとすれば、宿病者の救済もこの塔に期待される重要な機能であったということになるだろう。ここに至り、層塔は前代までの阿育王塔としての属性（滅罪）から、新たな機能（救済）を併せ持つものに昇華したのではないだろうか。

c 清盛塚層塔

本項では、前節で示したような、叡尊によって付加された層塔の新たな機能を傍証するために、彼自身が造立に関わった清盛塚層塔（神戸市）について考察を加えたい。

層塔がある神戸市兵庫区は、平清盛が古代からの海上交通の要衝である大輪田泊に、兵庫嶋（経ヶ島）と称する人工島を造成し、中国（南宋）との交易を始めた地である。ここは中世においては兵庫津と呼ばれ、堺が貿易港として台頭するようになる十五世紀までは、関西における海上交通の最大の拠点として殷賑を極めた。

写真Ⅰ-36　清盛塚基礎銘文

写真Ⅰ-35　清盛塚層塔

この兵庫津があった場所に、一基の花崗岩製十三重層塔がある（写真Ⅰ-35）。本塔に関わる記録や伝承については後述することにして、ここではまず、その外観的特徴について見てみよう。

相輪は後補であるが、それを除いても高さ約六・七メートルを測る大型層塔である。(18) 基礎は素文で、南面右端付近に「弘安九年（一二六八）」、左端付近に「二月日」と大きく刻まれている（写真Ⅰ-36）。願主や導師の名はおろか願文も彫られておらず、また左右に離れた紀年銘の配置は他に例を見ない特殊なものである。塔身も珍しい素文であり、四仏種子なども彫られていない。厚めに作られた屋根軒は隅反りとなり、エッジ部分には面取りが施されている。

こうした大型の層塔をバランス的に破綻なく纏めている点から見ても、制作にあたった石工の力量は確かである。しかし、本塔は最終的な仕上げが不十分で、表面には粗いノミ跡を残している。塔身に四仏が彫られていない点や、紀年銘の入れ方が不自然である点などから考慮しても、この塔は何らかの事情で未完成のままである可能性が高い。

d　清盛塚層塔に関する伝承と調査

平清盛は応保年間（一一六一～六三）に兵庫津に隣接する福原を買収し、ここに別荘を築いた。治承四年（一一八〇）、一時的とはいえ強引にここに遷都したことはよく知られている。それに先立つ承安二年（一一七二）、清盛はこの地に、自らの菩提寺として八棟寺を創建している。この八棟寺に伝わった縁起（成立年代不明）によれば、鎌倉幕府第九代執権の北条貞時（一二七一～一三一一）が諸国を遍歴していた際、本寺に一夜の宿を取ったが、桓武平氏の流れを汲む貞時は寺の荒廃を嘆き、清盛の廟所に石塔を立てたのだという。この伝承を信じるならば、清盛塚層塔の造立は西暦一二八六年のことだから、貞時は弱冠十四歳の時にこの塔の造立を発願したことになる。

ともあれ、その他の地誌類においても、本塔は貞時が造立したことになっており、少なくとも近世においては、この石塔は清盛の供養塔として、その廟所（塚）の上に立てられたと信じられていたことがわかる。[19]

こうした濃密な地域伝承がある中、大正十一年（一九二二）に道路拡張工事が計画され、それに伴い本塔も移転されることになった。翌年に実施された発掘調査の結果、塔が立っていた場所が墳墓だという証拠は得られなかったので、層塔は計画通り北東へ約一一メートル移動された（武藤一九二六）。およそ一世紀前の発掘調査ではあるが、報告内容を見る限り調査は精緻に行われており、調査地が墳墓ではなかったという見解は支持し得る。ただし、貞時がここまで来たとする伝承はともかく、本塔が清盛の供養塔であり、得宗が造立に関与した可能性は、一概に否定できるものではない。

一方、報告によれば、塔身の上面には直径五寸余りの奉籠孔が穿たれていた。内部には何も残っていなかったものの、報告者はここに経巻か舎利を納めたのではないかと推定している。もし後者であれば、それは清盛の遺骨であった可能性もあるだろう。

ところで、この層塔には清盛供養塔の伝承の他に、いま一つ重要な属性がある。西大寺叡尊は弘安八年（一二八五）八月、播磨法華山一乗寺からの帰途、兵庫津に立ち寄る。[20]

十一日。著兵庫。十二日。説十重意。十三日。於安養寺。九百七十二人授菩薩戒。随分殺生禁断。一千七百余（随分不定日六斎）人淫女等毎月持斎。（等也。或一日二日。）十四日。石塔供養。（略曼荼羅供。）

すなわち叡尊は八月十三日、兵庫の安養寺[21]において九百七十二人に菩薩戒を授け、同時に一千七百人余りの遊女に、日を定めずに毎月六日（それが無理ならば一、二日）、身を慎むように諭した。そして翌十四日、「石塔供養」を行うのである。この石塔については、供養の日が紀年銘より半年ほど先行するが、おそらく清盛塚層塔のことと考えられる。

「捨聖」一遍の生涯を描いた『一遍聖絵』に見られる兵庫津の風景中に、清盛塚層塔と思われる石塔の姿がある（**図Ⅰ-11**）。そしてその周囲に、被差別民（画面左側の頬かむりをした三名）が描かれているのは象徴的である。前掲の『般若寺文殊菩薩像造立願文』には、前世で艶色を衒って人心を惑わせた者は、次世で被差別民になるという内容が記されていた。兵庫津の遊女たちは、六斎日を順守すると同時に、清盛塚層塔に来世の安穏を願ったのではなかろうか。

清盛塚層塔の本来の造塔目的は、文字通り清盛の供養にあり、その費用の多くを得宗が負担した可能性はあるが[22]、叡尊が付与した属性は、あくまで社会的弱者の救済であった。被差別民としての出生を避けるために、叡尊はその宿業観に基づいて、前世における悪業を断ち切ろうとしたのではなかったか。その機能を担った石塔が般若寺と同

図Ⅰ-11　『一遍聖絵』に描かれた清盛塚層塔（『日本絵巻大成別巻　一遍上人絵伝』中央公論社1978より転載）

じ層塔形式であったのは、決して偶然ではなかろう。

e　宇治浮島層塔

宇治川は琵琶湖を水源とし、近畿水系の大動脈である淀川水系の一端を形成する重要な河川である。平等院の辺りまでは山間の渓谷を流れ、ちょうどその下手で平野部に流れ出る。

この平等院の周辺は、日本史上まれに見る合戦の名所である。古くは七世紀の壬申の乱に始まり、その後も源平や南北朝の争乱など、幾多の歴史的な合戦の舞台となっている。それはとりもなおさず、この地が近江～山城～大和を結ぶ交通の要衝だったからだが、その結節点となる宇治川は水量が豊富な上に急流で、これに橋を架けるのは容易なことではなかった。

平等院の対岸にある橋寺放生院に残る宇治橋断碑（**写真Ⅰ-37**）によれば、宇治川の急流に難儀する人々のため、大化二年（六四六）に道登という僧侶が初めてここに架橋したという。

写真Ⅰ-37　宇治橋断碑

この宇治川断碑は、多胡碑（群馬県）・多賀城碑（宮城県）と共に「日本三古碑」と呼ばれているものである。いつしか埋没していたが、寛政三年（一七九一）、橋寺境内から上部三分の一が発見された。ちなみにそれ以下の部分については未発見で、現在の下半部は寛政五年に復原されたものである。

宇治橋は、朝廷の勢いが盛んであった古代には管理も行き届いていたが、それが及ばなくなった平安時代後期以降、徐々に痛みが目立つようになり、建仁頃（一二〇一〜〇四）には大破していた。承久元年（一二一九）には「ある上人」（詳細不明）によって修復されたようだが、それも弘安元年（一二七八）までには再び大破していた。

弘安七年（一二八四）、叡尊は宇治川における網代（川漁用に木の皮などを編んだ定置網的な施設）の全面撤廃を条件に、宇治橋の修築を引き受けることを決意した。殺生禁断をモットーとする叡尊にとって、網代の撤廃はかなり魅力的な条件だったようだ。

また、後に本書で詳しく見てゆくように、西日本最大の石工集団であった伊派は、この頃は叡尊の配下にあり、その並外れた技術力が叡尊に宇治橋の修造を決意させたのかもしれない。なぜならば、当時の土木工事には石を巧みに割ったり積んだりする技術が不可欠であったが、伊派はその方面においても長けていたからだ（山川二〇〇八）。

叡尊は宇治橋修築の際、単に架橋を行っただけではなく、川の中州に対して大幅に手を入れ、人造の中島とした（「浮島」と称する）。これは、緩衝を設けて宇治川の水流を和らげると同時に、流れの一部を分水として島の反対側

写真Ⅰ-38　宇治浮島層塔

写真Ⅰ-39　宇治浮島層塔軒下の垂木形

に流し、その水を農業用水として用いる意図があったものと思われる。

そして、この浮島の上には、一基の巨大な十三重層塔が造立された（写真Ⅰ-38）。原材料に花崗岩の巨石を用いており、高さは約一五メートルと全国最大である。宇治橋は弘安九年（一二八六）に無事竣工し、同年十一月、叡尊は二百名もの僧侶を率いて大々的に供養を行った。この際、後深草・亀山両上皇も臨席しており、この事業が国家的レベルであったことを物語る。石造層塔も、この時に合わせて供養が行われたのだろう。

宇治浮島層塔は明治に新造された基壇の上にオリジナルの低平な基礎を置き、塔身（初層軸）には月輪を配さず、金剛界四仏の種子を大きく薬研彫りとする。塔身の下面には直径約八〇センチの奉籠孔が彫られている（現在は見えない）。屋根は軒を厚めに取り、緩い隅反りとしている。初層屋根の軒下のみ、一重の垂木形を段形で表す（写真Ⅰ-39）。各層の逓減が美しく、同じ大型層塔の般若寺層塔よりさらに洗練された様相が窺える。総じて、わが国の層塔を代表する存在といえ、当時の伊派棟梁の作品と考えてよかろう[23]。

慶長元年（一五九六）の大地震の際に相輪が落下し、塔の上部が傾いたが、当時淀城主であった永井尚正が慶安三年（一六五〇）に修理した。その際、基礎の南面に追刻銘が彫られている。

宝暦六年（一七五六）、大水のため塔は倒壊し、河中に没した。この時、塔の内部から金銅製舎利塔一基や水晶六角五輪塔十三基、『法華経』十二巻、金銅製小仏像十三体が発見されている。

その後、石塔は長く倒壊・埋没したままであったが、明治四十年（一九〇七）に福田海の中山通幽によって河中から引き上げられ（写真Ⅰ-40）、翌年、再び浮島の上に組み上げられた（写真Ⅰ-41）。この時、相輪と九層屋根が新たに補われている。また、先述の金銅製小仏像も塔内に納められた。さらに洪水による倒壊を防ぐため、高さ二・四メートルの八角基壇が新たに設けられ、その内部にはバラスに代えて写経石が大量に詰められた。

宇治浮島層塔の基礎には長文に亘る願文が刻まれているが、その中には以下のような部分がある。[24]

……河伯之民水族之　類速離沉溺之畜類行人征馬之近過可結菩提之因釣夫漁子之自　□可□懺悔之意□随于□華之□□□□四浜之□□其底之鱗介　出煩我以□□其□之州照□善根以□□方今弘安第九歳厳寒十　一月仲旬九朔吉曜良辰相者設建橋之法会別二百□之禅徒後者　展造塔之斎筵講四曼荼之位遺教然後専複飛梁之結構破却預且之　密網限未来際更勿違犯制禁厳重永格納……

欠字も多く意味は取りにくいが、「釣夫漁子」（漁民）に対し殺生を懺悔し、善根を積むよう諭しているようである。前掲の『般若寺文殊菩薩像造立願文』では、被差別民の前世として遊女と漁民が挙げられていた。層塔の供養が行われた後、どうやら網は取り上げられ「格納」されたようだ。注目すべきなのは、兵庫津の遊女の場合と同様、ここでもやはり層塔が用いられている点である。

すなわち、造塔という作善行為自体には貴顕が参加（費用負担）しており、それぞれが作善を積んでいるのだが、叡尊の内においては、層塔には被差別民に対する救済の願いが込められていたものと思われる。

写真Ｉ-40　層塔部材の埋没状況
（福田海教学部1998より）

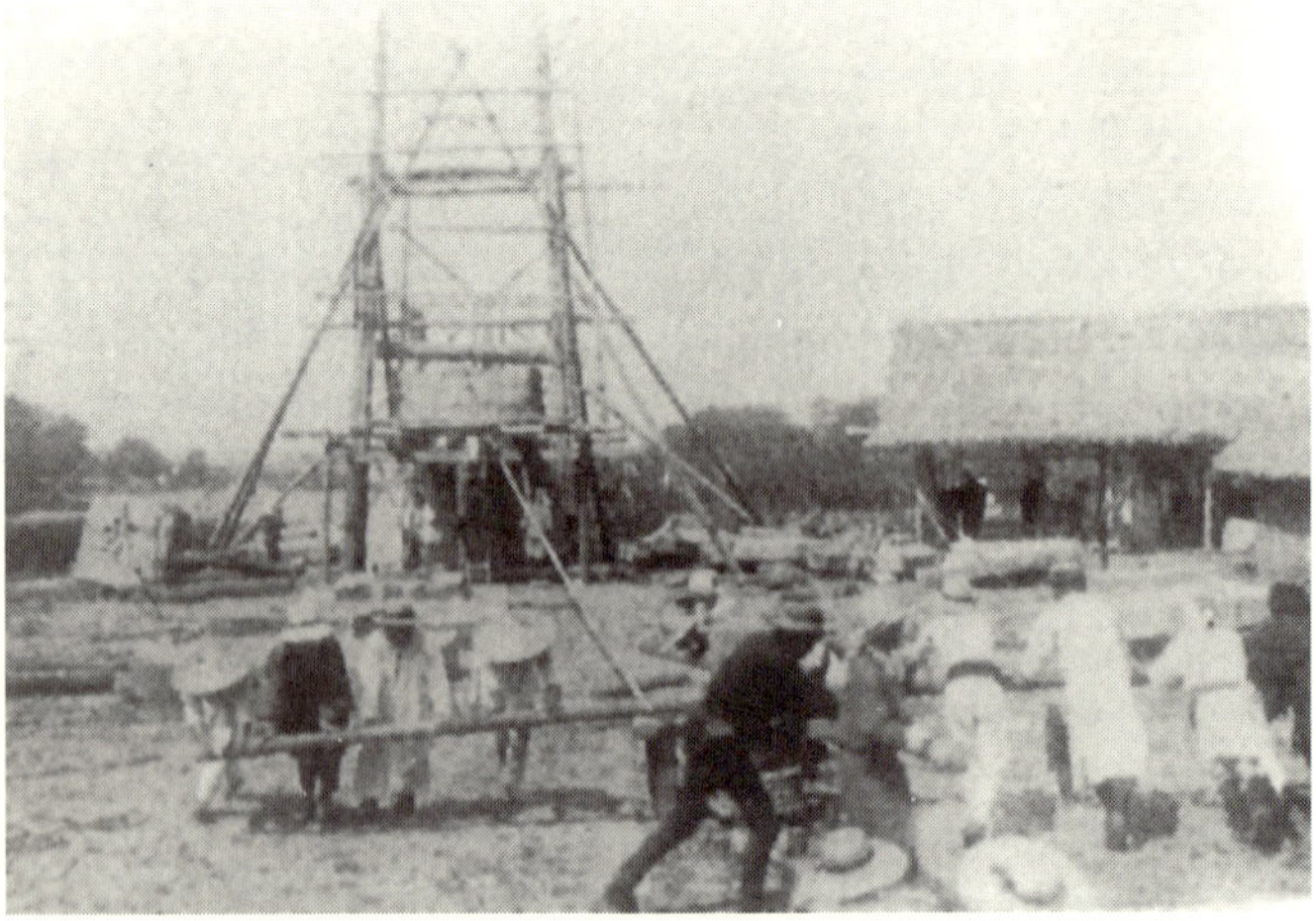

写真Ｉ-41　層塔の組み上げ（福田海教学部1998より）

(3)　小　結

延応二年（一二四〇）頃に良慶によって進められていた般若寺層塔の造立は、いったんは滞ったようだが、その後、西大寺叡尊の参入によって大きく進展し、建長五年（一二五三）頃には竣工する。本塔は貴顕が造立に関与した巨大な仏塔であるとともに、被差別民の救済という機能も付加されていた。これが叡尊固有の思想なのか、あるいは良慶の信仰を受け継いだものなのかについては今後議論が必要だが、ここでは被差別民の前世を罪深い遊女や漁民と規定しているのが大きな特徴であった。

それから三十年以上が経過し、叡尊の被差別民救済活動は遊女や漁民の教下へと発展した。これは前世からの悪行を絶つことにより、来世において被差別民として生まれ変わることを防ぐ目的があったのである。その象徴として、遊女が蝟集する兵庫津と、川漁が盛んな宇治において、般若寺と同形式の石塔―すなわち層塔―が造立された。

これらの層塔が有した救済の機能は、塔の願主や檀越が期待した石塔本来の仏塔的要素とはやや異なるものであったかもしれないが、叡尊が層塔に込めた祈りの中に、被差別民救済の思想が色濃く存在することは確実であろう。

また、このような大型石塔の造立が可能となった技術的な背景としては、般若寺層塔の造立に関与した石工が叡尊（西大寺）の配下に入ったことが挙げられる。また、西大寺が造立に関与した他の塔種において、これと同種の思想を読み取れるものは管見に入らないので、被差別民救済の機能は、今のところ層塔に限定されるものと考えておきたい。

6 無縫塔

無宝塔は、平面八角形もしくは六角の基礎に卵形の塔身が乗る形態で、その形状から卵塔という異名もある。基礎の上に直接塔身が乗る単制無縫塔と、塔身の下に竿と中台が入る重制無縫塔の二種類がある（図Ⅰ-12）。

(1) 泉涌寺開山無縫塔

a 俊芿

鎌倉時代を代表する学僧の一人、俊芿は仁安元年（一一六六）、肥後国（熊本県）甘木荘に生まれた。幼い頃から聡明で、学者でも難解な書物をすらすらと読んだため、この天才少年を一目見ようとする人で、門前に市が立つほどであったという。正式に出家して京都や奈良の大寺院で仏教を学ぶうち、当時の仏教界の腐敗を目の当たりにし、それを正すために戒律の必要性を痛感するようになる[25]。

建久五年（一一九四）、肥後帰郷後に正法寺を建立し、戒律の普及に努めるが、わが国の弛緩した戒律では十分にその目的を果たすことはできなかった。

そこで俊芿は正治元年（一一九九）、仏教の本場であった中国に留学する。足かけ十三年に及ぶ留学期間中、浙江省の天台山や径山で、当時の中国仏教界を席巻していた禅宗を学んだ。その一方、当初の目的であった戒律は、

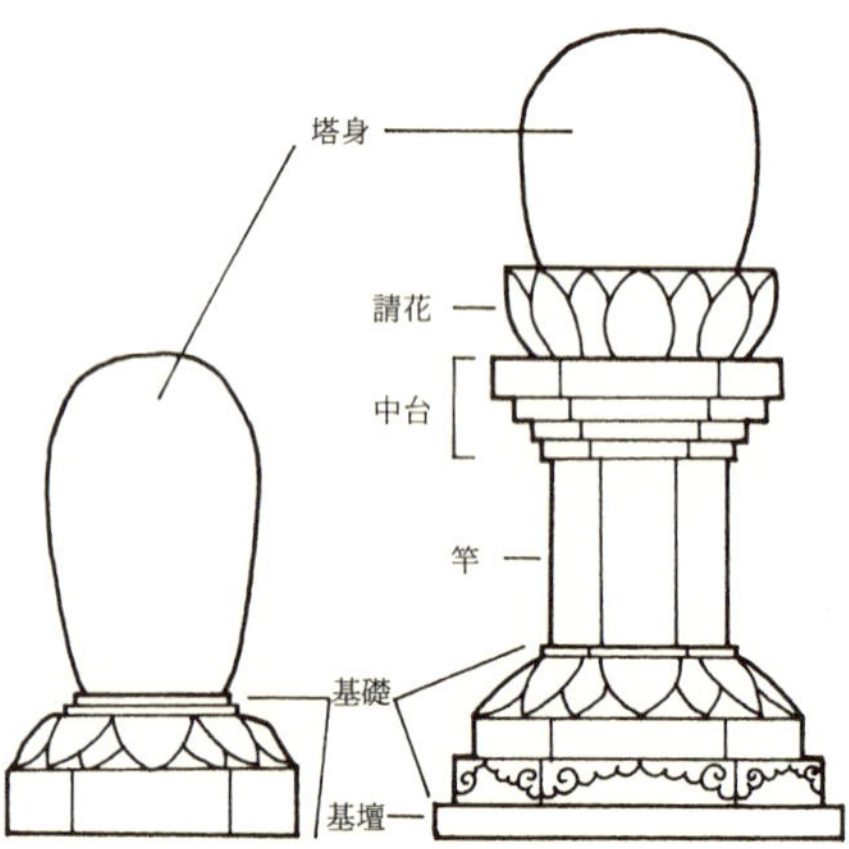

図Ⅰ-12　宝塔概要図

四明山（現在の浙江省寧波）景福寺で「律宗の神星」と呼ばれていた如庵了宏に師事し、本格的に学んでいる。建暦元年（一二一一）、帰国した俊芿は栄西の待つ京都建仁寺や博多崇福寺に住んだが、健保六年（一二一八）、宇都宮信房が寄進した京都東山の仙遊寺を泉涌寺と改め、その開基となった。俊芿の戒律復興を中心とする清新な活動は当時の仏教界に感銘を与え、復興西大寺の初代長老・叡尊など、俊芿の後に戒律復興を担うことになる若い僧侶に多大な影響を与えた。

b　泉涌寺開山（俊芿）無縫塔の概要

嘉禄三年（一二二七）、俊芿は泉涌寺において六十二歳で遷化し、あまり時間をおかずにその墓塔となる無縫塔が造立される。近年の研究には、弟子の湛海が南宋からの帰途、俊芿の三回忌を修するために寧波周辺で制作し、日本に運ばせたとするものがある（桃崎祐輔ほか二〇一一）。傾聴すべき意見であろう。いずれにせよ、この俊芿墓塔がわが国における無縫塔の初現である（写真Ⅰ-42）。

本塔は総高一五九・三センチを測る。覆屋（開山堂）内部において完存しており、近世に補作された台石の上に立つ。中台以下は八角形である。基台には湧き上がる雲文が彫られているが、これは宋風石造物にしばしば見られる祥雲文である（山川編二〇一二）。持ち送り式となる脚部の形状は、如意頭状となる。反花は弁間に小花を配した単弁で、縦長の特殊な形状である。蓮弁の中央に塔の隅角が来るように配置されている。請花竿は各面の中央に開蓮華文を厚肉に彫り出している。中台は下から竿の受部・繰形・段形（二段）となる。請花は蓮弁を三段の魚鱗状に配するもので、中段の蓮弁は上下の蓮弁の中央に配される。塔身は卵形で、上半部に最大径が来る。中央に牌形が線刻されており、牌身には「開山不可棄和尚塔」と刻まれている。牌形の頭部には蓮葉、

写真Ⅰ-43　月湖出土門鼓石

写真Ⅰ-42　泉涌寺開山無縫塔

基部には蓮花を配する。

使用されている石材は目の細かい凝灰岩であるが、東大寺石獅子に使用されている梅園石ではない。先述したように、本塔は湛海が寧波周辺で作らせたものという説があるが、もしそうだとすれば、石材も寧波周辺産のものということになる。このことに関連して、寧波市月湖出土門鼓石（写真Ⅰ-43）は本塔に似た石材が用いられているという指摘もあり（服部仁二〇一〇）、今後の研究が待たれる。

c　寧波の無縫塔

この泉涌寺開山無縫塔については、中国で十三年もの長期にわたって修行した俊芿の墓塔であり、その精緻な彫刻技術や、それまでの日本になかった無縫塔という形式が用いられていることから、従来よりそれを「宋風」と呼ぶ声は大きかった。しかし、これまでは寧波に限らず俊芿が修行の場とした天台山や杭州まで視野に入れても、本塔に類似する無縫塔は見出されていなかったのである。

こうした状況の中、筆者が属する中日石造物研究会の二〇〇八年度現地調査では、寧波阿育王寺境内において、泉涌寺開山無縫塔に類似する無縫塔（部材）を発見した（**写真Ⅰ-44・45**）。これらは異種の石塔部材を組み上げた、いわゆる「寄せ集め塔」であるが、**写真Ⅰ-44**では祥雲文を刻む基台や、持ち送り式の脚台は無縫塔の部材と思われるもので、それぞれ泉涌寺開山無縫塔に類似する。また、**写真Ⅰ-45**の持ち送り式蕨手脚台から繰形へ続く部分も無縫塔の部材と思われるものだが、その形状は泉涌寺開山無縫塔とほとんど同じである（辻二〇一二）。

以上のように、阿育王寺には泉涌寺開山無縫塔に類似した様式の無縫塔が一定数存在した可能性がある。俊芿が主に修行した四明山景福寺は寧波市内にあり、現在は城隍（都市の守護神）を祀る廟となっていて昔日の面影は残っていないが、寧波市郊外の阿育王寺にこうした様式の無縫塔残欠が存在するということは、泉涌寺開山無縫塔の原形が寧波周辺にあったことを示しているものといえよう。

(2)　大慈寺層塔

a　荷葉蓮台牌

泉涌寺無縫塔の塔身に彫られた独特の牌形（前述）は、大江綾子氏によって「荷葉蓮台牌」と名付けられた意匠で、中国を発祥として日本や韓国に数多くの類例があるという（大江二〇一二）。ちなみに本例は、日本における荷葉蓮台牌の最古の事例となる。また、大江氏によれば荷葉蓮台牌には多くのタイプが存在するが、泉涌寺開山無縫塔に刻まれたものは、天封塔出土銀牌や天童寺所在の無縫塔など、寧波周辺において特徴的に見られるものである。この面からも、泉涌寺開山無縫塔のルーツが寧波にある可能性はきわめて高いものといえよう。

写真Ⅰ-45　阿育王寺無縫塔残欠②

写真Ⅰ-44　阿育王寺無縫塔残欠①

写真Ⅰ-47　大慈寺層塔塔身の荷葉蓮台牌

写真Ⅰ-46　大慈寺層塔

b　大慈寺層塔と寒巌義尹

こうした荷葉蓮台牌は、俊芿の生地に近い熊本市大慈寺の凝灰岩製九重層塔（写真Ⅰ-46）の初層軸（塔身）にも見ることができる（写真Ⅰ-47）。本塔は高さ三・二メートル。初層軸北面にある銘文によれば、永仁五年（一二九七）に尼成阿を大願主として造立されたものである。相輪はなく、基礎と七層・八層屋根が後補となっている。塔身の荷葉蓮台牌は四面にそれぞれ彫られているが、牌身に刻まれている文字は、南北面が「南無妙法蓮華経」、東西面が「如法書写妙法之塔」となる。本塔の塔身もしくは地下には、成阿らが書写した『法華経』が納められていたと思われるが、このように願経を納入した石塔は、総じて如法経塔と呼ばれる。なお、この荷葉蓮台牌の型式は、泉涌寺開山無縫塔塔身のものと同様、寧波で見られる荷葉蓮台牌と同タイプである（大江二〇一二）。

では、なぜ大慈寺層塔の塔身にこの荷葉蓮台牌が彫られているのであろうか。大慈寺の開基は、寒巌義尹（一二一七～一三〇〇）である。後鳥羽天皇（もしくは順徳天皇）の第三子と伝えられており、出家後に禅宗に傾倒して、日本曹洞宗宗祖の道元（一二〇〇～五三）に師事する。建長五年（一二五三）には、師僧の道元がかつて学んだ寧波天童寺に自らも留学した。義尹は、この時に荷葉蓮台牌のことを知ったものと思われる。

大慈寺層塔は寒巌義尹在世中の造塔なので、彼が本塔の導師を勤めた可能性も高い。義尹は、そこに天童寺や寧波で見た荷葉蓮台牌を刻ませたのであろう。

(3)　小　結

以上のように、本項では日本の無縫塔のルーツが寧波にあることを見てきた。また、荷葉蓮台牌という観点から泉涌寺開山無縫塔を見ると、それが寧波と強いつながりを有するものであることが改めて確認できるのであり、その点は、俊芿と同じように寧波で修業した寒巌義尹が開山の大慈寺層塔荷葉蓮台牌からも追認できる。

註

(1) ただし、伴墓五輪塔も嚙合式だとする有力な説もある(狭川二〇〇四)。
(2) 『山城名勝志』巻六(『改定史籍集覧』第廿二冊)所収。
(3) 阿弥陀や文殊など。配列に関する儀軌は不明。
(4) 『明恵上人資料』第一(高山寺資料叢書第一冊)所収。
(5) この二説については、山川二〇〇八参照。
(6) 明恵と慶政の関係については、山川二〇〇八で詳細に論じた。参照されたい。
(7) 『今昔物語集』巻十二(『国史大系』第十七巻所収)。
(8) 『群書類従』第十六号「和歌部」所収。
(9) 石塔寺宝塔、島八幡神社宝塔では壇上積基壇を模した基礎となる。
(10) 石塔の場合は実際に塔の中央に像を置くことは難しいので、本尊は仮定的に存在するものと見なされる。
(11) 近代デジタルライブラリー「日本往生伝7　後拾遺往生伝」(http://kindai.ndl.go.jp/info : ndljp/pid/822297)
(12) 於美阿志神社層塔の屋根軒は全体が緩やかな弧を描く、「真反り」であるが、般若寺層塔の屋根軒は中心が直線に近く、両端がやや鋭角気味に反る「隅反り」である(図Ⅰ-10)。これは、両者の時期差を表すものである。
(13) 紀年銘は箱の左側面に書かれており、全文は次の通りである。「建長五年癸丑卯月八日奉籠之／僧源真／僧頼辺」(奈良県文化財保存事務所一九六五)。
(14) 釈文については、基本的に般若寺二〇一一に依拠し、太田一九七四および土井一九六五により一部を訂正した。
(15) 伊行末は鎌倉時代の著名な石匠集団「伊派」の始祖として著名な人物であり、その主要な作品については本書第Ⅱ章1項で紹介する。また、行末の出自に関しては、山川編二〇一三において詳論している。参照されたい。
(16) 般若寺蔵写本。翻刻は『大和古寺大観』三(岩波書店、一九七七)を参照した。

(17)『西大寺叡尊伝記集成』（法藏館、一九七七年、再刊二〇一二年）収載。

(18)相輪のほか、十一層屋根も後補である。

(19)以上の寺伝や地誌類については、武藤一九三六を参照した。

(20)『金剛仏子叡尊感身学正記』弘安八年八月条（註(17)前掲書収載）。

(21)この安養寺については、場所などの詳細は不明である。

(22)叡尊（西大寺流律宗）と得宗がきわめて親密な関係にあることは周知の事実である（和島一九五九など）。

(23)作者については、伊末行の可能性がある（本書第Ⅱ章参照）。

(24)註(17)前掲書。

(25)俊芿の事蹟については、主に上村編二〇一一を参照した。

(補注)最勝寺宝塔は二〇一三年九月、台風十八号に伴う土石流のため押し流され、二〇一五年四月現在も基礎と相輪は未発見である。

第Ⅱ章　伊派石工とその作品

本章では、中世において最も著名な石工集団である伊派にスポットを当て、伊派石工とその作品について網羅的に概観する。その中で、従来指摘されていない点にも多々論及した。

大蔵寺層塔

1　伊行末と伊行吉

本書前章5項(2)節において、宋人石工の伊行末が大善巧人と共に、あるいはその跡を受けて般若寺層塔の造立に着手し、叡尊の援助を得てこれを成し遂げたことを見てきた。こうした行末の業績については、息子の行吉が般若寺笠塔婆銘文に詳細に記したことによって、今の我々が知るところとなっている。以下、本章では般若寺層塔と笠塔婆以外の行末の作品について見てゆくこととしたい。

(1)　大蔵寺層塔

伊行末は般若寺十三重層塔の竣工以前に、一基の層塔を造立している。大蔵寺層塔がそれで、延応二年（一二四〇）二月の竣工なので、前述の般若寺層塔の経文・舎利納入イベントの四カ月前のことである。大蔵寺は奈良県宇陀市の山中に所在する寺院で、層塔は本堂の北西に立つ。高さ四三〇センチの花崗岩製で、相輪が九輪の途中で欠損しているほか、現状で十層しかない（本来、十三重層塔である）。全体的に、痛みが目立つ石塔である（**写真Ⅱ-1**）。

低めのしっかりした基礎の上に立てられており、塔身（初層軸）は月輪内に金剛界四仏の種子を薬研彫りとする。般若寺層塔の塔身が他に例を見ない線刻の顕教四仏であったことに比べると、本塔の塔身は普通の形式である。二

写真Ⅱ－1　大蔵寺層塔

層目以上の軸部を屋根と共石で作る点は、般若寺層塔やそれに先行する於美阿志神社層塔と共通する。屋根の軒は厚めの真反りとしており、古相を示す。軒裏に一重の垂木形を作り出し、最上層の屋蓋上端に露盤を作り出す。伏鉢は幅が広く低めで、請花に蓮弁は刻まれていない。

　基礎に十四行に及ぶ銘文があり、竣工が延応二年（一二四〇）二月四日であること、道俗三千余人が結縁したこと、大工が伊行末であったことが記されている。特に伊行末の頭には「大唐銘州（明州＝寧波）」と付されていて、前掲の般若寺笠塔婆銘文で息子の伊行吉が記したように、行末の故郷が中国寧波であったことが明確に記されている点は貴重である。

　ところで、この大蔵寺には、層塔造立の三年前となる嘉禎三年（一二三七）、仏師長俊の手によって地蔵菩薩坐像（木像）が作られている。その二年後となる延応元年（一二三九）、本像の胎内に地蔵摺仏（地蔵像を印刷した札）多数（実数不明）が納入され、その背面には結縁者の氏名が記されていた（**史料Ⅱ－1**）。本史料中に「伊太郎」や「伊次郎」という氏名が見られるが、「太郎」や「次郎」は本名ではなく輩行[1]に基づく呼称だから、このうちの一名が行末であった可能性はある。

　さらに興味深い点として、この結縁者の中に「大蔵安臼」や「大蔵延安」という氏名があることだ。本書第Ⅲ章で述べるように、伊派と並ぶ中世石匠集団の大蔵派は、名乗りに通字として「安」字を含むことが特徴である。したがってこの二名も大蔵派石工であった可能性は高い。この場合、「大蔵」という姓はこの大蔵寺、もしくは周辺

結縁者氏名

僧道意　前権僧正円長　神祇権大輔大中臣隆兼
僧良賀　沙弥信西尊霊　荒木田包未尊霊
僧頼逮　沙弥信蓮慈霊　伊福部諸恒尊霊
僧経智　僧経智過去　伊福部氏子尊霊
僧貞賢　僧朝賢尊霊　かふらぎの□□
僧良覚　沙弥真阿弥陀仏　かふらぎの宗貞
僧勝□　沙弥善阿弥陀仏　ニア氏コノカミ尊霊
僧禅圓　沙弥蓮入尊霊　上野山岩熊丸
僧忠圓　大江寺白然尊霊　上野有熊丸尊霊
僧有禅　権弥宣度会忠春　上野石熊子尊霊
僧寛玄　権弥宣度会忠雄　藤原矜迦羅丸
僧頼圓　権弥宣度会親光　荒木田益王丸
僧諸観　比丘尼真浄　尾張氏過去
僧万阿　比丘尼念阿弥陀仏　度会忠春尊霊
僧諸聞　比丘尼弥阿弥陀仏　時三郎母過去
僧行円　比丘尼妙阿弥陀仏　長太郎尊霊
僧良成　沙弥尼真妙尊霊　字聞又尊霊
僧唱暹　荒木田是清尊霊　字光太郎とんせ也
法印行寛　仏子慶聖　熊野国政　久米助貞

大蔵安白　和家光□　熊野国次　久米太郎
大蔵延安　里井千平　熊野延未　田井貞松
大蔵国□　藤原国包　高野□熊　田井国守
惟原貞重　藤原包清　久米重国　田井国貞
惟原助高　藤原大係　久米友助　田井延包
槻田影綱　伊勢貞忌　度会□広　田井延利
佐伯重次　潟見朱貞　度会威忠　田井貞延
佐伯国貞　爪田助次　佐削守未　田井恒友
佐伯未弘　久米恒守　佐削行未　三使国清
時重父尊霊　吉野野太郎　□正時重　忍田三郎
友助父尊霊　山へ吉□　高野依□　梯重□
文五郎　麻巳王丸　土用王丸　仁氏過去　黒女
文鳥保　九巽氏　是原氏　井上氏　平氏女　牛
目□氏　□貞氏　かきの氏　爪田氏　金丸　牛子
如意丸　平則定　伊太郎　伊次郎　伊吉水
源氏子　字金王　金王子　金□師　阿重清　三郎
阿重清　阿覚未　泰国六　文安正　三使国清　八郎
源氏子　清原氏尊霊　坂ア氏尊霊

史料Ⅱ－1　大蔵寺地蔵坐像納入摺仏紙背に見る人名（太田1974より）

の地名に拠るものだと思われる[2]。

以上から類推すれば、東大寺修造で功績のあった宋人石工が報償として大蔵寺および寺領の大蔵荘を拝領したものと思われ、宋人石工には「行」を通字とする伊姓と「安」字を通字とする大蔵姓の二派がいたということになるだろう。すなわち、伊派と大蔵派はごく近い関係にあったものと考えてよかろう。

(2) 東大寺法華堂石灯籠

伊行末は、般若寺十三重層塔が竣工したのとほぼ同時期となる建長六年(一二五四)、一基の石灯籠を東大寺法華堂(三月堂)前に造立する(**写真Ⅱ-2**)。名高い「三月堂型」石灯籠の本歌となる六角型石灯籠である。高さは二七〇センチで、「奈良石」と呼ばれる、山添村周辺で採取される花崗岩が用いられている。

写真Ⅱ-2　東大寺法華堂石灯籠

基礎は、自然石の上に単弁の反花座を刻出している。中台下端の請花は単弁、側面は輪郭を巻いて二区に分かち、内に格狭間を配する。上端は段形(二段)となり、火袋を受ける。火袋上区は二区に分かち、横連子を彫る、中区は火口を除いて縦二区に分かち、上半は縦連子、下半は素文とする。下区は二区に分かち、内に格狭間を配する。笠は傾斜が緩く、力強く巻き上がる蕨手が付く。

この石灯籠の竿中節から上半にかけて、次のような銘文がある。

敬白
奉施入石灯炉一基
右志者為果宿願所
奉施入状如件
建長六年甲寅十月十二日
伊権守行末

すなわちこの石灯籠は、建長六年（一二五四）十月に、「宿願を果たさんがため」に行末自身が願主となって奉納したものである。おそらく、晩年にあることを自覚した行末が、自分の子孫が日本で良質の石造物を制作すること、また末永くその作品が愛されることを祈願したものと思われる。行末が死去するのは、前述の般若寺笠塔婆銘文によれば文応元年（一二六〇）だから、この石灯籠の施入はその五年前のことであった。行末は、その最後の作品[3]を懐かしい東大寺に置いたのである。

本章で見てゆくように、行末を祖とする伊派石工はその後百二十年以上にわたって高いクオリティの作品を制作し続け、その作風は現在の我々をも魅了し続けている。すなわち、この時の行末の「宿願」は、十分叶えられたものといえよう。

2　伊末行

(1)　当尾阿弥陀三尊磨崖仏

当尾《とおの》は奈良県（大和）と京都府南部（山城）の国境付近にある風光明媚な山里である。かつては良質の花崗岩の産地であったと思われ、現在も田畠の中に巨大な花崗岩が顔を出しているのを目にすることができる。

当尾にはこれらの花崗岩を用いた石仏（磨崖仏）、石塔が数多く分布しており、「石仏の里」として親しまれている。岩船寺南側の丘陵裾に東西に延びる古道があり、浄瑠璃寺へと通じているが、その途中、古道から少し急斜面を登ったところに花崗岩の巨石が露頭しており、道に面した方の岩肌に、非常に優れた作風の阿弥陀三尊磨崖仏が彫られている（**写真Ⅱ-3**）。

写真Ⅱ-3　当尾阿弥陀三尊磨崖仏（佐藤亜聖氏撮影）

ちなみに、「石仏」と「磨崖仏」の違いは、制作に際して石材を移動するか否かにある。この阿弥陀三尊の場合は、半ば埋もれた石材を動かさずに原位置のまま彫ってあるから、磨崖仏である。ただこの磨崖仏では、原材の上端に別の花崗岩が乗せられており、あたかも笠仏のような外観を呈している。

仏像は、石肌を宝珠形に彫り窪めた中に半肉彫りされている。レリーフではあるが、巧みに抑揚をつけているため、特に中尊（阿弥陀如来坐像）は、丸彫りに近い存在感がある。

中尊は像高八二・一センチ。蓮座上に座し、定印を結ぶ。背後に線彫りによって控えめに二重円光背を表す。衲衣は右腕を露出する偏袒右肩と呼ばれるもので、結跏趺坐は右脚を上に置く吉祥坐である。頭部の肉髻や螺髪も手抜きなく丁寧に彫られており、作者の並外れた彫技を示している。

本像は口許が微笑んでいるように見えることから、「笑い仏」の異名を持つ。これを風化のせいだとする説があるが、本像は庇状に張り出した上部にある岩のお蔭で全体的に風化は非常に少ない。したがってこの微笑んだような表情は、作者の意図的な表現とみてよかろう。

脇侍は向かって右に観音菩薩、左に勢至菩薩が彫られている。観音の像高は四六・二センチ、勢至は四九・三センチである。着衣は天衣と思われる線刻が見られる程度で、中尊に比べて簡略な表現に止まる。観音は蓮台を捧げ持ち、勢至は胸前で合掌する阿弥陀三尊の通形で、来迎を示す。

宝珠形の掘り込みの左側に銘文があり、「永仁七年（一二九九）二月十五日／願主岩船寺住□／大工末行」と刻まれている。願主は岩船寺の僧侶であったらしいが、名前は残念ながら読めない。続いて刻まれている磨崖仏の制作者「大工末行」とは、伊派石工嫡流の伊末行のことである。末行は十三世紀後葉から末にかけて南山城を中心に活動した石工で、前項で見た行吉の次世代にあたる。以下に、末行の主な作品を見てゆこう。

（2）当尾弥勒磨崖仏

阿弥陀三尊磨崖仏のある道を東に辿ると、柳生方面から下って来る街道と交差する。その衢近くの崖面に二重円光背を彫り窪め、内に像高二二三・七センチの弥勒立像が線刻されている（写真Ⅱ-4）。本像の頭部や顔面は剥落のためよく見えない。[4] 体を斜め右に向け、左手を挙げて施無畏印、右手を述べて与願印とする。衲衣は袈裟を両肩にかける通肩とし、裾からは裳を覗かせる。足元は、オリジナル（後述）では踏み割り蓮台だが、本像ではやや簡略化した表現となっている。

像向かって右に「願以此功徳普及一切吾等与衆生皆共成成仏道」という『法華経』の偈、左に「文永十年二月五日為慈父上生永清造之／沙門□□／大工末行」という銘文が刻まれている。すなわち本磨崖仏は鎌倉時代中期の文永十年（一二七三）に遡るもので、末行の作品としては、先の阿弥陀三尊磨崖仏に二十五年も先行する。

ところで本像のモデルになったのは、ここから約六キロ北東にある、高さ五丈（一五メートル）に及ぶ笠置寺本尊の弥勒磨崖仏である。鎌倉時代末期の元弘元年（一三三一）、笠置が後醍醐天皇の在所となり、幕府軍の攻撃を受けたためこの磨崖仏は兵火で剥落してしまったが、その像容は「笠置曼荼羅図」という絵画資料によって知ることができる（図Ⅱ-1）。

このように笠置寺弥勒磨崖仏を模刻した作例としては、この他に宇陀市大野寺弥勒磨崖仏（写真Ⅱ-5）がある。こちらは承元元年（一二〇七）に完成しており、宋人石工が制作したとする近世の文献も存在する。また、大きさもオリジナルに近い一三・六メートルの雄偉なものである。

一方、この当尾弥勒磨崖仏はサイズが小さいこともあるが、デザインや彫技の面から見ても、圧倒的な存在感を示す大野寺弥勒磨崖仏には及ばない。本像の造立時には末行も若年で、この四半世紀後に阿弥陀三尊磨崖仏を制作した時のような技量には達していなかったのであろう。

(3)　法泉寺層塔

当尾弥勒磨崖仏造立から四年後、末行は当尾から一四キロ北西にある法泉寺（京田辺市）に高さ約五メートルの十三重層塔（花崗岩製）を造立する（**写真Ⅱ-6**）。一・十・十三層屋根に欠損があり、また相輪は後補であ

図Ⅱ－1　笠置寺弥勒磨崖仏（『笠置寺曼荼羅図』より／奈良国立博物館1993）

写真Ⅱ－5　大野寺弥勒磨崖仏

写真Ⅱ－4　当尾弥勒磨崖仏
（佐藤亜聖氏撮影）

る。

切石組の基壇上に基礎を置き、その上に低めの塔身（初層軸）が乗る。塔身四面には二重円光背中に顕教四仏が浮彫りになっている。屋根軒の反りは浅く、軒下に一重の垂木形が見られる。全体にどっしりしたプロポーションで、安定感のある造りといえよう。

基礎南面に銘文があり、「弘安元季戊寅／十一月廿六日／起立之／大工猪末行／勧進僧良印」と大きく彫られている。ちなみに地域伝承では、西大寺長老の叡尊がここに放生池を造った際に本塔を造立したとしている。

ところで、本塔に用いられている石材は、当尾産の花崗岩によく似ている。当尾と法泉寺の間にはやや距離があるが、この寺は木津川に面しているので、陸路で当尾から木津川まで石材を運搬すれば（約四キロの下り）、その後の運搬は水運が使える。したがって、比較的容易に当尾産の花崗岩を運搬できた可能性がある。

西大寺長老の叡尊は、正応三年（一二九〇）に西大寺で遷化し、その荼毘の地（西大寺奥院）に一丈一尺（三・三メートル）の大型五輪塔（**写真Ⅱ-7**）と石灯籠（現在は個人所有）が造立された。これはちょうど末行の活動時期で

写真Ⅱ－6　法泉寺層塔

写真Ⅱ－7　西大寺奥院叡尊五輪塔

あり、また西大寺は末行のフィールドである南山城にも近い。本五輪塔と石灯籠が末行の手によるものである可能性は高いであろう。

またこれと同様に、第Ⅰ章⑵項e節で紹介した宇治浮島層塔についても、弘安九年（一二八六）という造立時期や地理的な条件（南山城）を勘案すれば、末行の作品ではないかと思われる。

3　伊行氏

⑴　石仏寺阿弥陀三尊石仏

いにしえの都、平城京（七一〇～七八四）の東西方向の主要道路として、「三条大路」がある。都が京都に去り、他の道の多くが田畠のあぜ道と化して行く中、この道路のみは平安時代以降も大和と河内を結ぶ主要な街道として使われ続けた。

この三条大路をまっすぐ西に向かえば生駒山に至り、胸衝く急坂を登ってピークの暗峠《くらがりとうげ》が大和と河内の国境である。鉄道が通じる前、この道は「暗峠越奈良街道」と呼ばれ、幾多の商人や旅人が往還した。

生駒山の東麓に、この街道に面して石仏寺（奈良県生駒市）という古刹がある。この寺の本尊は近世に描かれた阿弥陀画像であるが、「石仏寺」という寺号が示すように、本来の本尊であったと思われるのが、本項で紹介する阿弥陀三尊石仏である。

石仏寺阿弥陀三尊石仏（花崗岩製／**写真Ⅱ-8**）は、背面まで完全に彫造された丸彫りの坐像で、像高は一〇二センチを測る。結跏趺坐は両方の露出した足裏を印相の真下に彫り出すことで表現しており、他にあまり例を見ない様式である。吉祥坐(5)の場合、通常は右足だけが衲衣から露出するか、あるいは全く足は見えないので、両足を露出した状態で彫られるのは珍しい。

印相は阿弥陀定印。衲衣は、右腕が露出しているので偏袒右肩である。胸部から腹部にかけての衣文は、ほぼ等間隔に彫られており、本数も通常よりかなり少ない。首に三道を彫るが、一度この部分で折損した痕跡がある。面容は極端に切れ長の目が特徴的で面幅が広く、表情は穏やかであるが、下から見上げると独特の威厳がある。頭部に肉髻の表現はあるが、螺髪までは彫られていない。

別石作りの二重円光背は、頭光の外区は八葉蓮弁で、間弁を入れる。内区は櫛状文の内側に円文（竹管文）を巡

写真Ⅱ－8　石仏寺阿弥陀三尊石仏

写真Ⅱ－9　阿弥陀三尊石仏光背と阿弥陀立像石仏

らせ、さらにその内に八稜の星状の文様が陰刻されている（**写真Ⅱ-9**）。この文様構成も、他にあまり例を見ないものである。身光には向かって右に蓮台を持した観音菩薩、左に合掌した勢至菩薩を半肉彫りで小さく表現しており、非常にユニークである。

別石となる台座の蓮弁は覆輪付きの八葉で、間弁を入れる。その下部には框を作り出した敷茄子・受座も備えるが、現在は木製の台に隠れて見えない[6]。

光背身光部、左右の脇侍の外側に「永仁二年甲午二月十五日造立／大願主行弘　大工伊行氏」という銘文が彫られている。すなわち本石仏は、永仁二年（一二九四）に伊行氏によって制作されたものである。この伊行氏は、生駒を中心に活動した石工で、伊派石工としては前項で紹介した末行の次世代にあたる。

行氏制作のこの阿弥陀三尊石仏の最も顕著な特徴は、極端な様式化と意匠の独創性にある。第Ⅲ章4項(1)節で紹介する浄光明寺地蔵石仏（大蔵派石工の作／160頁**写真Ⅲ-25・26**）が、慶派仏師の木像に迫る写実性を有しているのに対し、この一種の記号化ともいえる様式化は他に例を見ない。伊派内部においても、これほど極端な様式化を実践した石工は行氏以外には見当たらないのである。また、小型の脇侍を光背から作り出している点など、木像彫刻を視野に入れてもほとんど類例は存在しないであろう。

こうした顕著な様式化のせいで、明確な銘文があるにもかかわらず、この石像を「稚拙な技術で制作された近世のもの」とする意見も過去にあったが、実際は本像のデザインは高度であり、また、仏像体部の抑揚や、光背の彫造に見られる技術も卓越している。むしろ現代彫刻作家の目には、この石仏寺阿弥陀三尊石仏は、鎌倉時代の石仏全体の中で比較しても、最も優れた作品として映るのではないだろうか。

(2) 石仏寺二尊立像石仏

この阿弥陀三尊石仏向かって右に阿弥陀立像石仏（写真Ⅱ-9）。左に地蔵立像石仏（写真Ⅱ-10）が置かれている。二体とも花崗岩製で像高は一四〇センチを測り、舟形の光背から厚肉彫りとしている。阿弥陀立像は印相を来迎印とし、衲衣は通肩、坐像の方とは異なり、螺髪もしっかり彫られている。地蔵立像は右手に錫杖、左掌に宝珠を乗せる通形で、衲衣は通肩とする。

この両像は、あたかも中央の像の脇侍のように置かれているが、前述のように阿弥陀坐像の脇侍は光背から彫り出されており、また尊像の種類も異なるので、これらは脇侍ではない。坐像石仏とは別の堂舎に、おそらく阿弥陀・地蔵の並び仏として置かれていたものを、ある時期にこの場所にまとめ置いたのであろう。

写真Ⅱ-10　地蔵立像石仏

阿弥陀立像の光背に「嘉元四年七月日　近住行仏」という銘文がある。(7) 嘉元四年（一三〇六）の造立なので、先述の阿弥陀坐像より十二年後の造立であるが、願主が同じ行仏であり、また両立像の面様が坐像と酷似することから、作者は伊行氏と考えてよかろう。十二年の間に、阿弥陀の螺髪まできちんと彫り、また衣文の形状が流麗に表現されているあたりに熟練の様子が窺える。ただし、表現はやや大人しいものとなっていて、坐像の持つ強烈なインパクトには欠ける。坐像の方は、アグレッシブな青年期の作品と考えてよいのではないだろうか。

(3)　無量寺五輪塔

なお、銘文から行氏作ということが判明する石造物として、生駒市一分所在の無量寺五輪塔がある（写真Ⅱ-11）。花崗岩製。現状で高さ八六センチを測るが、火輪から上は別物で、また水輪は上下が逆転している。地輪幅に対し、水輪直径が卓越するのが特徴だが、こうした特徴を持つ五輪塔は生駒の輿山と呼ばれる大規模な墓地内にも存在する（山川二〇〇八）。

地輪の四面には、以下のような銘文がある。

（南面）
右為二親幷／法界衆生／平等利益也／夫以弟子慈／勝因有幸／生仏法流世
（西面）
善果感是／預行基之／益是則生々／値遇也世々／結縁也依之／且為報菩提
（北面）
恩徳且為訪／法界衆生／所造立之如／件敬白／嘉元二年／二月十八日
（東面）
願主慈勝／比丘入西／沙弥願永／尼心阿弥／大工伊行氏

写真Ⅱ−11　無量寺五輪塔

右に示した通り、東面に「入西」ら四人の願主と共に、「大工井行氏」と刻まれている。字は違うが、この時期の石造物の銘文に宛て字は珍しいものではないので、これは伊行氏のこととみて間違いない。地輪北面の紀年銘から、本塔が石仏寺阿弥陀立像より二年遡る嘉元二年（一三〇四）二月の作であることがわかる。

ところでこの無量寺五輪塔は、もとは一・一キロ南東にある竹林寺にあったものだ。竹林寺は奈良時代の高僧・行基（六六八〜七四九）の墓があることで有名な寺院である。平安時代には荒廃していたが、文暦二年（一二三五）に行基の舎利が出土したことを契機として復興が始まり、興福寺の良遍や東大寺戒壇院の円照らの手によって寺観が整えられた。

鎌倉極楽寺開山の忍性も、若い頃にここで修行の日々を送っている。また、興味深いことに東大寺僧の凝然が嘉元三年（一三〇五）に記した「竹林寺略録」[8]という文献には、先に無量寺五輪塔の願主として名の挙がっていた入西も、竹林寺の復興に功績のあった「次第之耆宿（学徳の優れた老人）也」として登場する。

鎌倉時代になって、この寺の四方には結界石が設置された。そのうち原位置を保つのは東北隅のものだけで、残りの三基は竹林寺境内に集め置かれている（**写真Ⅱ-12**）。その中で北西隅のものに「大界外相」[9]の銘の下に「勧進沙門入西」の名が刻まれている。

これら結界石に紀年銘や石工の名はないが、願主が無量寺五輪塔と同じ入西であること、さらに前述の無量寺五輪塔が元は竹林寺にあったことを勘案すると、これらも伊行氏が作ったものの可能性が高いであろう。

嘉元元年（一三〇三）に遷化した極楽寺初代長老の忍性は、遺言によって自らの遺骨を、自分と縁の深い寺院に分骨して埋葬するように指示した。それが極楽寺と額安寺（奈良県大和郡山市／7頁**写真Ⅰ-2**）、そしてこの竹林寺である。このうち極楽寺と額安寺には当時の五輪塔が現存するが、竹林寺のものは残念ながら現存しない[10]。

年代的にみて、この失われた竹林寺忍性五輪塔が伊行氏の作であり、また、その最高傑作であった可能性は高いであろう。竹林寺忍性墓からは、蔵骨器の外容器として行基の蔵骨器に倣ったと見られる花崗岩製の八角形外容器が出土しているが（**写真Ⅱ-13**）、きわめて丁寧で上質の造りである。これも行氏の作と考えてよいものと思われる。

写真Ⅱ-12　竹林寺結界石

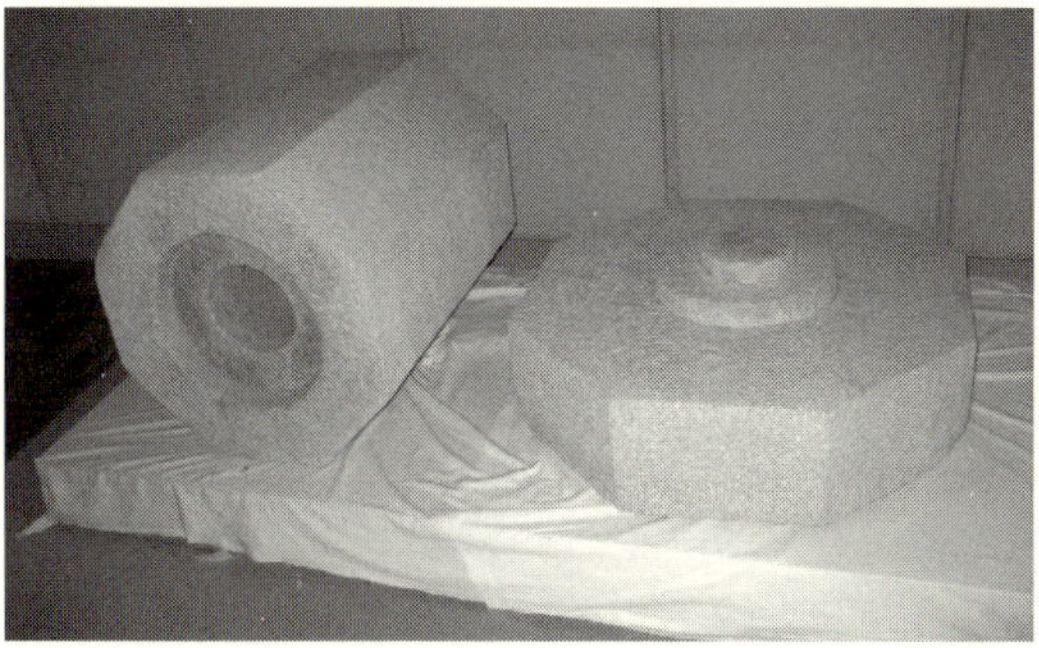

写真Ⅱ-13　竹林寺忍性五輪塔蔵骨器

4　伊行元

(1)　談山神社摩尼輪塔

奈良県桜井市多武峰にある談山神社は、藤原氏の始祖・藤原鎌足を祭神とする神社である。もとは多武峯寺（妙楽寺）という天台宗の寺院であったが、明治初年の神仏分離令によって神社としての整備がなされた。一般的には全国でもここでしか見られない木造の十三重層塔が有名であるが、実は、この多武峰一帯に石造物の名品が多いことはあまり知られていない。

写真Ⅱ-14　談山神社摩尼輪等

談山神社の一の鳥居から神社に向かう参道沿いには五十二町の町石が立てられており、菩薩五十二位を表している。その極位である五十二番目の妙覚位（菩薩が修行で到達する最後の位階）に立つのが、最初に紹介する摩尼輪塔（**写真Ⅱ-14**）である。

この摩尼輪塔は花崗岩製で、高さ三〇九センチを測る。低い基礎があるようだが、現状では埋もれていて見えない。八角柱に作られている塔身は単制石幢を想起させるが、屋根は平面四角の宝形造りで、八角形の屋根が乗る石幢とは異なる。屋根は大型に作られており、軒は薄めで隅が緩く反る。軒下には一重の垂木形が彫られ、屋蓋頂部には露盤と伏鉢が作り出されている。宝珠下の請花は単弁で小花を配し、低めに作られる。

全体に非常に優れた彫技を示す石塔であるが、本石塔の視覚上の最大の特徴は、塔身の正面上端に直径七五センチの宝珠形月輪が刻出されている点であろう。月輪の中には五点具足の胎蔵界大日如来種子が大きく薬研彫りされている。なお、月輪の下には、石造物の銘文としては珍しい達筆の草書体で、次のような銘文が刻まれている。

写真Ⅱ-15　白峯寺摩尼輪塔①（高松道沿い）

写真Ⅱ-16　白峯寺摩尼輪塔②（駐車場脇）

妙覚究竟摩尼輪　乾元二年癸卯五月日立之

本石塔の名称となる「摩尼輪塔」はこの銘文に由来する。「妙覚究竟摩尼輪」は前述のように菩薩の極位を示すもので、仏・如来と同格である。また、摩尼とは宝珠の意なので、本塔では月輪を特異な宝珠形としているのだろう。「乾元二年」という紀年銘より、この摩尼輪塔が鎌倉時代後期となる西暦一三〇三年の造立であることがわかる。

談山神社摩尼輪塔は、何といってもその特異な形状が特徴となる。石幢の場合、八角塔身の各面にホトケの像容や種子が刻まれるのが通例であるが、本塔では立体的に刻出された月輪内に大日種子が突出して刻まれているのみで、他の面には特に何も刻まれていない。このことから、川勝政太郎氏は本塔を石幢ではなく笠塔婆に分類している（川勝一九七八）。ところで摩尼輪塔の類例として、香川県白峯寺の二基が挙げられる（**写真Ⅱ-15・16**）。この二基に関しては、塔身上部に立体的な月輪を配するのは談山神社摩尼輪塔と同様であるが、塔身の平面形は八角ではなく四角である。四角柱の塔身に宝形造りの屋根ということであれば、これは明らかに石幢ではなく笠塔婆ということになる。白峯寺摩尼輪塔が談山神社のものと同種の塔である可能性は高いので、談山神社摩尼輪塔は笠塔婆の一種と判断すべきだろう。

(2) 談山神社層塔

摩尼輪塔のやや上手に、花崗岩製の十三重層塔があり、淡海公（藤原不比等）の墓と伝える（**写真Ⅱ-17**）。相輪を欠き、現状で高さ四八〇センチである。比較的高い基礎は、わざわざ別の石塔の部材の上に立てられているため、不安定な印象を受ける。塔身（初層軸）四面には枠一杯に月輪を線刻し、内に雄渾な筆体で金剛界四仏種子を薬研彫りとする。このように達筆で流れるような抑揚を持たせて彫られた梵字は、前述の摩尼輪塔月輪内に彫られていた梵字と共通する特徴である。

二層以上の屋根軒は厚めで、隅反りとする。軒裏には一段の垂木形を刻している。相輪が欠失しているほか、屋根などの破損が著しく[11]、早急な修理が望まれる。

基礎の正面に「大工井行元」、向かって右に「勧進六八願衆、永仁六年戊戌三」の銘文があるので、本塔が永仁六年（一二九八）三月に、「六八願衆」の勧進によって造立されたものであることがわかる。「六八」とは「六×八

写真Ⅱ-17　談山神社層塔

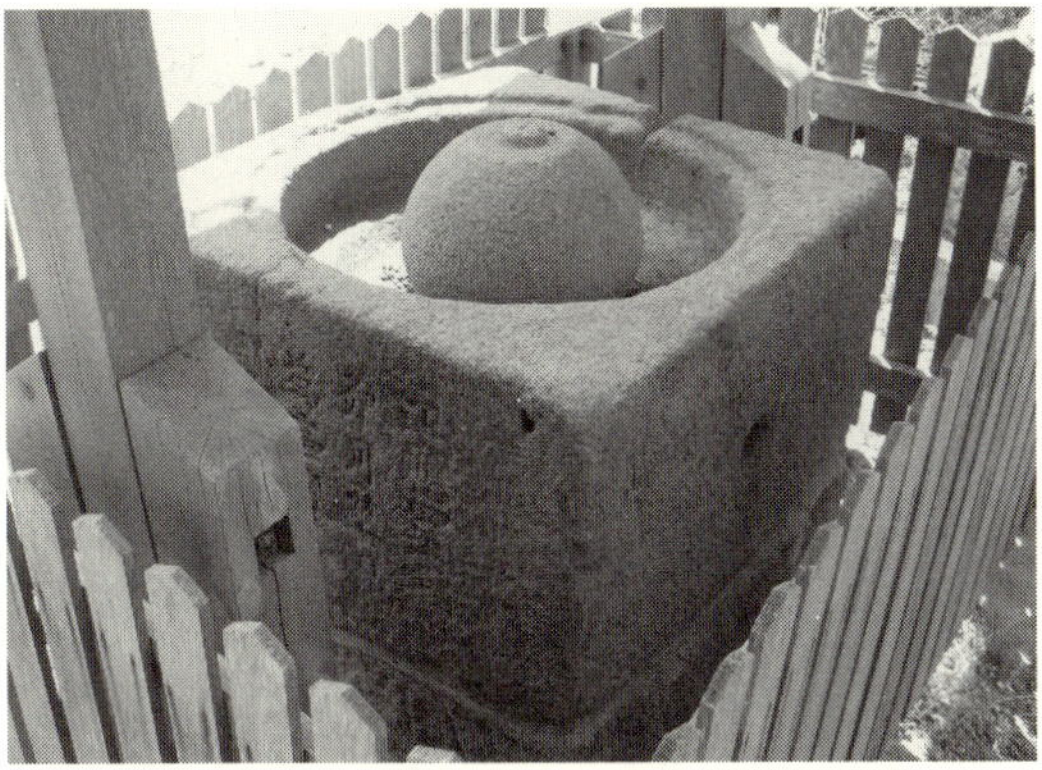

写真Ⅱ-18　春日神社五輪塔残欠（地輪）

＝四十八」で、阿弥陀の四十八願[12]に因むものである。つまりこの講衆は阿弥陀信仰を紐帯とする集団であったと思われる。

また、大工の井行元は、「井」字が「伊」に通じること、[13]さらに、通字として名前に「行」字を含むことから考えて、伊派石工の一人であったと思われる。行元の作品としては、従来は奈良県宇陀市の春日神社にある五輪塔残欠（地輪／写真Ⅱ-18）に正応四年（一二九一）の紀年銘と共に「大工井行元」の名が刻まれているのが知られているのみだったが、近年、永仁三年（一二九五）銘の伊賀市霊山寺奥院宝塔の基礎に、「大工伊行元」と彫られていることが判明した。

すなわち、これらの作品からみた伊行元の活動時期は、一二九一～九八年ということになり、前項で紹介した伊行氏の活動時期（一二九三～一三〇四年）に近い。この両名は、あるいは兄弟だったのかもしれない。

なお、前述の談山神社摩尼輪塔はこの層塔の五年後に造立されたものであり、さらに両者が隣接する場所に立っていることを勘案すれば、摩尼輪塔の作者も伊行元と想定してよいのではないだろうか。この両塔は、前述のように梵字の彫り口も酷似している。また摩尼輪塔に見られる優れた彫

技や、異形でありながら破綻のないデザインは、伊派の作品としてふさわしいものといえよう。

(3) 談山神社周辺の石造物

以下、伊行元とは直接関係ないが、談山神社周辺の主立った石造物を見ておこう。

談山神社本殿石鳥居の脇に、鎌倉時代末期に制作された石灯籠がある（写真Ⅱ-19）。花崗岩製で、高さ二五五センチ。宝珠は後補とする見解がある。六角型で、基礎側面はそれぞれ二区に分かち、内に格狭間を配する。上端には複弁の反花を各面に二弁（計十二弁）置き、弁間に小花を配する。また、竿の受座も仰蓮が刻まれる凝ったものとなっている。竿の中節四方には蓮座が配されており、特徴的である。

中台下端には覆輪付きの仰蓮、側面は各辺二区格狭間、上端は二段の段形である。火袋の一面が火口となり。その背面は周囲に蓮弁を巡らせる円窓が穿たれている。残りの面は蓮座上に配された月輪内に四天王の種子を置き、上区は二区横連子、下区は二区格狭間となる。笠は蕨手の巻きも美しく、全体のバランスも優れている。

竿の中節を挟んで上下に銘文があり、次のように刻まれている。

大工利弘

元徳三年辛未　二月日願主□□

すなわちこの石灯籠は鎌倉時代末期となる元徳三年（一三三一）の制作で、石工は「利弘」、願主名は不明である。利弘については他に作品が知られておらず、出自なども不明である。また、姓が彫られていないことから考え

写真Ⅱ-19　談山神社石灯籠

写真Ⅱ-20　多武峰弥勒石仏

て、これは本名ではなく法名の可能性もある。たとえば利弘と同時期に鎌倉で活躍した光広[14]も法名である可能性が強く、また「広」と「弘」字は音も通じる。いずれにせよ、伊派に匹敵する一級の腕を持つ石工であったことは間違いない。

なお、談山神社から飛鳥方面へ抜ける道沿いに西大門跡があり、その石垣の上に花崗岩製の弥勒石仏（写真Ⅱ-20）が置かれている。自然石の表面に高さ一五一センチの舟形光背を作り、蓮座上に座す如来形の石仏で、印相は右手を施無畏印、左手を触地印としており、弥勒と考えられる。

光背の右に「文永三年（一二六六）八月八日奉造立」の紀年銘が彫られ、左には「大勧進正延、大工藤井延清」と、勧進の中心人物と石工の名が刻まれている。この藤井延清については、当麻寺水船（奈良県葛城市）にも同姓同名の石工名が彫られているが、こちらは鎌倉時代後期の元徳三年（一三三一）まで下る作例なので、この両名は同一人物ではない。

5 伊行恒

(1) 保月石塔群

a 保月宝塔

伊行恒は、名工揃いの伊派石工の中でもとりわけ優れた手腕を有し、また、遺存する作例も最も多い。銘文中に「行恒（行経）」の名が彫られた石造物は八例に及び、さらにその活動時期も、銘文に示されたものだけで西暦一三〇五年から一三四八年に及ぶ長いものである。

このように長い作歴と優れた手腕を有した伊行恒は、大和を本拠地とする伊派石工の嫡流であるが、彼の名が最初に刻まれる作品は、意外なことに大和からは遠く離れた備中の山間部にある。岡山県高梁市有漢、保月の集落にある三基の石塔がそれである。

保月集落を抜ける街道から一段高くなっている場所に、かつて高雲寺という寺院があった。その跡地に、宝塔と石幢が並んで立っている。ここではまず、宝塔から見てみよう。この宝塔の塔身は失われており、代わりに層塔などの部材が入れられているので、現状で二層塔のように見える（**写真Ⅱ-21**）。花崗岩製で、高さは二四三センチである。

基礎は側面に輪郭を巻いて三区に分つが、この特徴のある意匠は、本項の後半で詳しく触れよう。適度な厚みを持つ屋根の軒には大胆な反りを持たせており、屋蓋が低めに造られていることなどと相まって、美しいバランスを見せている。軒裏には垂木形と隅木形が彫られており、隅木形の端には小さい方形の孔が穿たれている。川勝政太郎氏はここに風鐸を吊るしたと推測するが（川勝一九七八）、従うべき見解であろう。屋蓋上端に露盤を作り出し、降棟は表現されない。相輪は上半部分で欠けた部分を継いでいる。九輪下の請花は単弁の通形だが、宝珠下のものは異形で、水煙を持つ相輪の竜車に近い。

基礎の一面に三区に分けた銘文がある。向かって右の区画には「敬白／奉　彫刻／五輪塔婆一基」とあり、この宝塔が「五輪塔婆」と認識されていたことを物語る。本来、「宝塔」とは塔全般を修辞する用語で、個別の塔種を示すものではなかった。したがって、ここで本塔が「宝塔」と呼ばれていないことに特に大きな問題はない。ただ、宝塔であれば、相輪を一層とカウントすれば四重塔になるので、これは少し疑問に思われるところである。この点についても、本項の後半で改めて検討してみよう。なお、「彫刻」という言い方もあまり例がないものである。

次いで、中央の区画には「右為先考先妣幷結儀之／先妣等生死得脱造立如／斯乃至一切平等利益敬白」とあり、本塔が亡父母および妻の亡母の供養のために造立されたものであることがわかる。

そして、左側の区画には「嘉元三年二月十七日／願主　沙弥西信／大工　井野行恒」というように、紀年銘（嘉元三年＝一三〇五）・願主名（西信）・石工名（井野行恒）がそれぞれ彫られている。このうち石工名については、「伊行恒＝イノユキツネ」という読み方をそのまま漢字で音写しており、興味深い。

b　石　幢

保月六面石幢は六角の単制石幢で、請花と宝珠を欠き、代わりに五輪塔の部材を乗せる（**写真Ⅱ-22**）。花崗岩製で、高さは三二八センチである。泥石（方形の板石）上に六角形の幢身を置く。幢身は下の幅が上の幅より広めに作られており、この石幢を実際の数値以上に高く見せる効果を持たせている。

幢身正面の一番上に阿弥陀の像容を彫り、以下、右行に釈迦・弥勒・普賢、左行に薬師・地蔵・不動の像容を表す。その下に「右沙弥西信幷結儀西阿従初七日／至十三年相当　彫刻仏菩薩／十二尊為証大菩提指南敬白」という銘文があり、先ほどの宝塔の願主と同じ「沙弥西信」とその妻が、成仏するために初七日から十三回忌までの供養仏に願をかけている。

次の面から続けて各面に観音・勢至・阿弥陀・虚空蔵・不動の像容が彫られており、像容の下にはそれぞれのホトケの脇侍の種子、さらにその下にはそれぞれのホトケの讃文（功徳などが記される。たとえば勢至であれば、「成就衆生願」など）が彫られている。ただし、不動の像容と脇侍（制吒迦・矜羯羅童子）種子の下には讃文ではなく「奉仕作業者　願主沙弥西信結儀西阿／嘉元四年（一三〇六）十月廿四日／猶如薄伽梵　大工井野行恒」という銘文が彫られており、本石幢は、行恒が前述の宝塔の八カ月後に造立したものだということが判明する。

この石幢は、西信夫妻がその死後の初七日から十三回忌までの供養を、合計十二体のホトケに対して生前に予修するという性格を持つものである。こうした行為を逆修といい、死後の追善供養より功徳が大きいものと信じられていた。

室町時代以降、十三仏信仰が盛んとなるが、川勝政太郎氏はこの保月六面石幢にその初期の姿が見られるとした（川勝一九七八）。十三仏信仰は、死者の忌日や年忌を、十王の本地仏などで弔うもので、現在では初七日・不動、二七日・釈迦、三七日・文殊、四七日・普賢、五七日・地蔵、六七日・弥勒、七七日・薬師、百ヶ日・観音、一周忌・勢至、三回忌・阿弥陀、七回忌・阿閦、十三回忌・大日、三十三回忌・虚空蔵となる。

川勝氏も指摘するように、保月六面石幢に彫られているホトケは、現在のものとは若干異なる。具体的にいえば、

写真Ⅱ-21　保月宝塔

写真Ⅱ-22　保月六面石幢

写真Ⅱ-23　保月三尊板碑

石幢には阿閦・文殊・普賢がなく、不動と阿弥陀は重出する。つまり、両者は全く同じとはいえないが、この石幢に十三仏信仰の原形を見ることは可能であろう。このように仏教民俗学的な意味でも、本石幢は非常に重要な存在である。

c　三尊板碑

宝塔と石幢のある場所から街道を少し北に行くと、道端に大型の板碑が傾いて立っているのが見える（**写真Ⅱ-23**）。高さは三一五センチ。板碑とはいえ、通常それらの素材となる片岩製ではなく、花崗岩から制作されており、形状も板状ではなく角柱状となる。さらに造りも通常の板碑に比較して、きわめて精巧である。前述の石幢と同様、上に向けて徐々に幅を狭め、安定感を出している。

頭部は山形で、切り込みは二条。額部には日輪（日摩尼）と月輪（月摩尼）を並べて彫る。塔身上部に蓮座上に座す釈迦・阿弥陀・地蔵の三尊を二重光背の中に浮彫りとし、それらを縦に並べる。後述のように行恒は石仏において特に優れた作品を残すが、本作例でもその片鱗を見ることができる。

三尊の下に銘文が彫られており、上半に大きな字で「心王念法／不可破壊《ふかはえ》」と彫られている。これは『大悲空智経』の偈で、心王（大日）の念ずる法は、壊れようがない」と訳される。下に「嘉元三季（一三〇五）乙巳十一月十三日」「願主柒真時／結衆二十八人敬白／大工井野行恒」と銘文が彫られている。当時、中央[15]から来た石工にこのような大型の石塔を造立してもらうためには巨額の費用が必要であった。「結衆」とは「一結衆」ともいい、こうした大掛かりな作善行為に対して共同で費用を出資する中世特有のシステムである。ここの場合、最大のスポンサー、もしくは発起人である柒真時ほか二十八人が結衆を組んでいたことになる。

（2）笠神文字岩

以上のように、伊行恒は備中保月において、嘉元三年から同四年にかけて三基の石塔を造立しているのだが、本来は大和石工の行恒が、どうしてこの時期にはるばる備中まで来ていたのだろう。その謎を解く鍵となるのが、保月石塔群がある有漢から西南におよそ三〇キロの位置にある、「笠神の文字岩」と呼ばれる一種の碑文である。[16]

この碑文には、次のような銘文が刻まれている（藤沢一九六四）。

笠神船路造通事
徳治二年丁未七月廿日始之、八月一日平之畢、其時□□
右笠神神竜上下瀬十余ヶ所者、為日本無双難所之間、

薩埵慈悲大士□懐、不可不奉不可不□、依之、
相勧諸方十余ヶ月、平之功已畢、
大勧進沙門尊海　当国成羽善養寺
奉行　沙門実専　南都西大寺実□□
根本発起四郎兵衛
石切大工伊行恒
午□藤原□□

本銘文によれば、徳治二年（一三〇七）、行恒は西大寺僧実専の下で成羽川（高梁川上流）の船路開削に従事している。当時、この川は荘園の物資を運ぶための水路で、行恒は舟運をより至便とするために河床となる岩盤の掘削や幅員の拡大などを行ったものと思われる（藤沢一九六四）。中世では、優れた石工の技術は石塔造立のみならず、こうした土木作業においても活用されたのである（山川二〇〇八）。

当時、西大寺配下に置かれていた伊派石工の行恒は、この船路開削を主な目的として備中まで来ていたのであろう。行恒はこうした大規模な土木事業に先立ち、卓越した技術を駆使して優れた石塔を造立し、それを地域の有力者である西信や柒真時らに提供した。この時に、成羽川船路開削の奉行であった実専が導師を勤めた可能性もあるだろう。こうしたイベントを通じ、在地領主や有力農民の間に西大寺流（真言律宗）を浸透させることも、行恒に与えられた重要な使命だったに違いない。

(3)　地蔵峰寺地蔵石仏

行恒は大和に本拠を置く伊派石工の嫡流であった。しかし前項で見たように、その初期の作品は備中有漢保月に存在する。そして、行恒が次に足跡を残すのは、紀伊熊野街道に沿った藤白峠である。行恒はここに造立された地蔵峰寺の本尊として、一体の地蔵坐像石仏を制作している（写真Ⅱ-24）。

地蔵石仏は像高一四七・五センチ（光背の全高二二七センチ）、台座を含めた総高は三一七・三センチに及ぶ巨像で、素材には和泉砂岩という比較的軟質な石材が使用されている。切石組基壇の上に台座が置かれるが、台座は下から繰形・反花・請花から成り、全て一材から刻出されている。さらに驚愕すべきことに、像の本体部分もまた、光背や持物を含め全て一材から刻出されている。失敗を全く想定していないかのようなこうした大胆な彫法は、穏やかな容貌の本像に独特の緊張感と迫力を与えているように感じられる。

地蔵坐像は右手に錫杖、左掌に宝珠を乗せる通形である。衲衣は偏袒右腕とし、右腕は袖を通さない。衣文の表現は深く曲線的に流れ、石像によく見られる平板さは感じらない。結跏趺坐は右足を上にする吉祥坐で、裳先から右足を露出している。首に三道を表し、額には白毫を彫る。面相は穏やかであるが、威厳に満ちる。

舟形の光背は頭光と身光が刻まれる二重円光で、頭光の内輪には蓮華文が刻出されている。頂部に如来坐像、左右に地蔵立像を化仏として配する。光背の背後には三行の銘文があり、中央に大きな字で「元亨三年（一三二三）癸亥十月廿四日」と紀年銘が彫られ、向かって右に「勧進聖楊柳山沙門心静」、左に「大工薩摩権守行経」と彫られている。すなわち保月石塔群の造立から十八年後、行恒は紀伊において大型石仏の造立に従事するのである。この間、行恒は薩摩権守という官職を得たようだ。この十八年間の空白を埋める作品は現存していないが、行恒は石工

写真Ⅱ-24　地蔵峰寺地蔵石仏

写真Ⅱ-25　藤白峠宝篋印塔

として、相応の実績を重ねてきたものと思われる。

また、勧進聖の心静がいた楊柳山というのは、楊柳山宝光寺のことである（現在は廃寺）。心静については、地蔵峰寺に伝わる「由緒書上」によれば、この寺の開山である。また、地蔵峰寺は現在は天台宗に属するが、永享十年（一四三八）の「紀伊国藤白当（峠）下地蔵峰寺雑掌言上」によれば、当初この寺は真言律宗に属したようだ（和歌山県文化財研究会一九七八）。つまり行恒は、この時期も引き続き真言律宗の僧侶の下で活躍していたことが窺える。

ともあれ本石仏については、その規模や技法の精緻さから考えて、西日本における鎌倉時代の石仏を代表する存在といっても過言ではなかろう。

なお、地蔵峰寺本堂東方の覆屋内に、高さ三七三・五センチに及ぶ大型の宝篋印塔がある（写真Ⅱ-25）。地蔵石仏の素材と同じ和泉砂岩と、緑泥片岩と呼ばれる緑色の石材が交互に積み重ねられているが、こうした異種石材を組み合わせる使用例はほとんど例を見ないものである。制作者はおそらく、その色調や質感の変化が見るものに与える効果も意識していたのであろう。

基礎は現在、ほとんど土中で観察できない。基礎上の段形は二段である。塔身は輪郭を巻き、月輪内に金剛界四仏の種子を薬研彫りとする。屋根の段形は軒下二段、軒上は六段。隅飾は二弧輪郭付きでやや外反する。相輪も当初のものが完存している。

片岩は節理が明瞭で板状に割れることから、通常は板碑の材料として用いられることが多く、三次元の造形にはあまり向かない石材である。それをあえて選択したところに、この石塔を制作した石工の自身と力量が窺える。前述のように本塔は無銘だが、石工は伊行恒と考えてよかろう。

(4) 南田原阿弥陀磨崖仏

地蔵峰寺地蔵石仏造立の六年後となる元徳三年（一三三一）、行恒は奈良の東山間部、南田原の旧街道沿いに一体の阿弥陀磨崖仏を彫る（写真Ⅱ-26）。阿弥陀の右手には弥勒と思われる如来形の磨崖仏、左には六地蔵があるが、これらは後世の追刻である。

阿弥陀像は花崗岩の崖面を長方形（高さ約二〇〇センチ、幅約一〇〇センチ）に彫り窪め、その中に厚肉彫りとされている。像高は一六七センチと等身[17]に仕上げられている。蓮座上に立ち、印相は下品下生の来迎印である。

写真Ⅱ-26　南田原阿弥陀磨崖仏

表情は穏やかで、地蔵峰寺地蔵石仏に比較すると鼻翼がやや広くなり、唇も厚めに作られていることから、より柔和で親しみやすい表現となっている。こうした表情の円熟に、行恒の熟達した技術を感じることができよう。

像の左右に銘文があり、向かって右には「一念弥陀仏　即滅無量寿　受現無比楽　後生清浄土」という『往生本縁経』からの偈、左には「元徳三年辛未五月日　願主東大寺大法師定詮石大工行恒」というように、紀年銘（元徳三年）、願主名（定詮）、石工名（行恒）が刻まれている。東大寺僧の定詮について詳細は不明だが、磨崖仏の前を通る街道が旧東大寺領の荘園（伊賀）に通じる道なので、そのことと関係するとみる説もある。

(5)　高家五輪塔

行恒は南田原阿弥陀磨崖仏の造立の八年後となる暦応二年（一三三九）に大和盆地南部（桜井市）高家《たいえ》で五輪塔を、その翌年には摂津の多田院石灯籠を制作する。このうち石灯籠については、現在は個人所有となっていて見学は難しい。ここでは、五輪塔について見てみよう。

高家五輪塔は春日神社の本殿前に置かれている。現状で地輪と水輪のみが組み合わされているが、水輪の天地は逆転している（**写真Ⅱ-27**）。火輪は近在に見当たらず、空風輪は少し離れた場所で、近世の反花座の上に置かれている（**写真Ⅱ-28**）。

ここではわかりやすいように各部材を計測し、図上で正しく組み上げてみた（**図Ⅱ-2**）。火輪は想定だが、他の同規模の五輪塔の火輪はだいたいこれぐらいのサイズなので、大きな誤差はないものと思われる。想定高は一六〇センチ程度で、これに高さ二〇センチ程度の反花座か繰形座が付けば、本塔の計画寸法は六尺ということになろう。バランスの取れた美しい形状が特徴である。また、各部材のノミ切りも丁寧に行われており、行恒らしい美しい仕

写真Ⅱ-27　高家五輪塔（地輪・水輪）

写真Ⅱ-28　高家五輪塔（空風輪）

上がりである。

地輪の一面に銘文があり、次のように刻まれている。

奉　造立
大施主十三人
陀羅□□衆敬白
暦応二年己卯九月八日
猪行恒

最初の行の「大施主十三人」は、保月三尊板碑の銘文に見られたような「結衆（一結衆）」に類する集団であろう。すなわち、石塔造立などの大がかりな作善行為を力を合わせて遂行する集団である。

次の行は、土井一九六五などでは「陀羅尼衆敬白」と読むが、実際は「羅」の下二字の部分は削れていて読めない。「大施主十三人」を信仰面から言い換えた具体的な名称であろう。その次の行は暦応二年の紀年銘、そして最後の行に「猪（伊）行恒」と石工の名を刻む。

本石塔は、その美しい形状もさることながら、行恒が初めて大和国中《くんなか》（盆地部）で制作した作品という意味で重要である。保月石塔群の制作から三十五年が過ぎており、当時行恒が二十五歳の若者であったとしても、高家五輪

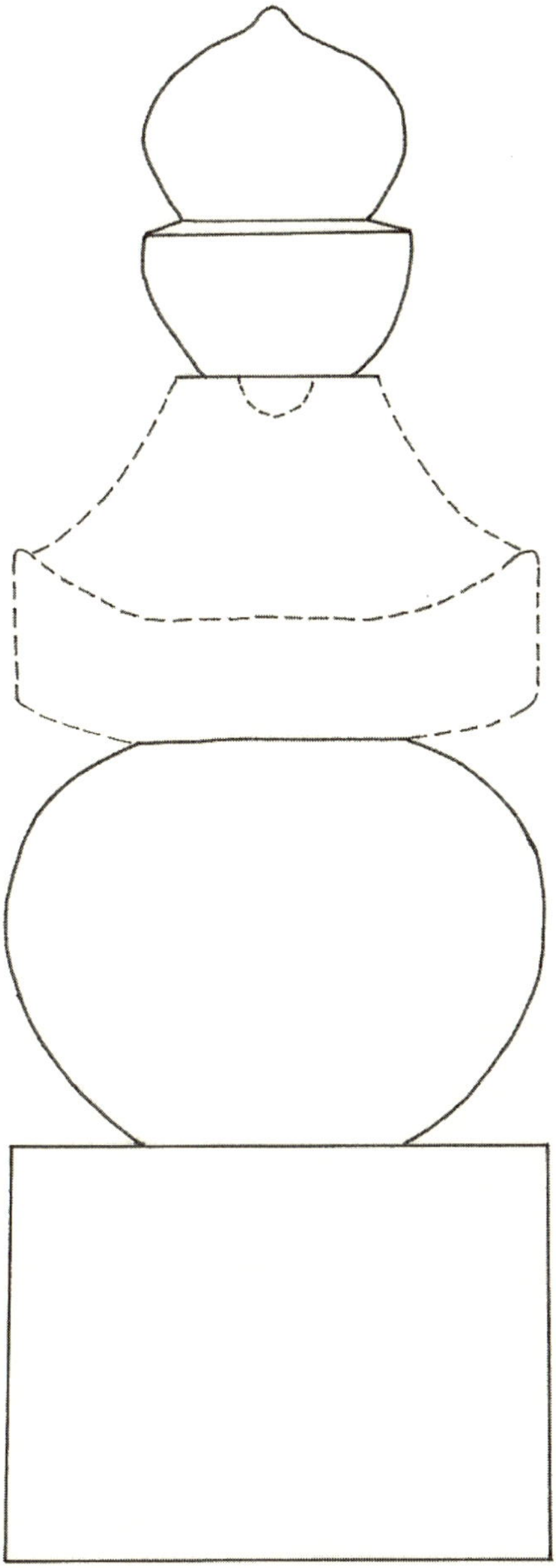

図Ⅱ－2　高家五輪塔復原図

塔の制作時にはすでに還暦に達していたものと思われる。

(6) 浅古宝塔と上之宮宝塔

a 浅古宝塔

前項で触れた多武峰の麓に位置する桜井市浅古集落の集会所脇に、大和では珍しい宝塔がある（写真Ⅱ-29）。相輪の上半部を欠失し、現状で後補の相輪を除く高さが一二九・二センチを測る。花崗岩製で、切石組基壇（現状でほとんど見えない）上に繰形座を置き、その上に珍しい二重の基礎を乗せる。基礎の側面は上下共に縦割り三区とする珍しいものである。

基礎一重目正面中心区画の中に銘文があり、「歴応二二季（一三四一）／四月十七日／願主田中重俊」と刻まれている。残念ながら石工の名はない。

塔身四方に唐桟戸（扉形）を表し、細めの首部には勾欄を表現する。屋根軒には段差を設けて桧皮葺きを表現する。また軒裏には二重の垂木形がある。屋蓋には降棟を刻出し、棟端に鬼板を表す。屋蓋頂部に露盤を作り出し、後補の相輪（途中で欠損）を受ける。宝塔としては小型であるが、作りはきわめて丁寧でシルエットも美しく、一級の石塔と評価し得る名品である。

b 上之宮宝塔

また、浅古から約五〇〇メートル西の春日神社境内に安置されている上之宮宝塔（無銘）は、浅古宝塔に酷似する様式・規模を示す（写真Ⅱ-30）。繰形座から屋根までの様式はほとんど同じであるが、こちらには当初の相輪が

写真Ⅱ-29　浅古宝塔

写真Ⅱ-30　上之宮宝塔

折損しながらも残っており、折損部までの高さは一六七・二センチを測る。また、重要な相違点として、塔身四面に刻まれた扉形の一つを開扉して、内に一体の如来の像容を刻んでいることが挙げられる。像は右手を挙げて施無畏印とするが、左手は伸展して触地印としているようだ。通常、天台系の宝塔であれば、開扉した中に釈迦と多宝の二仏並座を刻むのが通形なので（第Ⅰ章3項）、これは特異な表現である。

この両塔の作者が同じ石工で、ほぼ同じ時期に制作されたものだということは、両塔の規模や様式がほぼ共通し、それぞれが存在する場所も近いことから明らかといえる。では、その石工とは具体的には誰なのだろう。

ここで注目したいのが、両宝塔の基礎である。二重の基礎となっている点も特記すべき特徴であるが、その側面が縦割り三区となっている点には特に注意が必要であろう（写真Ⅱ-29・30）。なぜならば、その独特のデザインは、浅古宝塔が制作された三十六年前、ある宝塔の基礎でも採用されていたからだ。……そう、若き日の伊行恒が制作した保月宝塔である（**写真Ⅱ-21**）。

実は、浅古宝塔や上之宮宝塔がある場所と、行恒が西暦一三三九年に制作した高家五輪塔は、四キロ程度しか離れておらず、地形的にも同一と呼べる地域である。浅古宝塔と高家五輪塔は二年差の制作で、年代もかなり近いものといえる。先に本書では、高家五輪塔が行恒による大和国中における最初の作品だと指摘したが、行恒はその二年後、近接した場所に宝塔を二基制作したのではないだろうか。

c　縦割り三区の基礎

ところで、宝塔の基礎を縦割り三区とする例としては、石塔ではなく金属塔に見ることができる。弘安七年（一二八四）に西大寺の叡尊が大工（金工）の藤原宗安に制作された鉄宝塔がそれである（高さ一七二・七センチ／**写真Ⅱ-31**）。基礎が保月や浅古・上之宮宝塔と同じ縦割り三区となっているのがわかるだろう。

では、この基礎縦割り三区が具体的に何を表すものかということだが、それについては、同じく叡尊が文永七年（一二七〇）に鋳物師友吉入道西珍らに制作させた金銅製宝塔が参考になる（高さ九一・〇センチ／**写真Ⅱ-32**）。金銅塔は鉄塔に比べてより緻密な表現が可能ということもあり、本塔では基礎の四周に階段を置く構造が表されている。つまり、縦割り三区の基礎とは、壇上積み基壇を模式化し、三区中央の階段を省略した表現であることがわかる。

以上のように、石造宝塔に見られる基礎縦割り三区表現の源流は、西大寺金属製宝塔の壇上積み基壇にある。すなわち、基礎の縦割り三区表現とは、西大寺系のデザインであるといえよう。保月石塔群の制作時、行恒は西大寺僧の実専と行動を共にしているので、この宝塔の基礎が西大寺の影響を受けているのは理解しやすい。これを敷衍すれば、浅古・上之宮宝塔も西大寺の影響下で制作された可能性が高いということになろう。

写真Ⅱ-32　西大寺金銅宝塔
（奈良六大寺大観刊行会1976）

写真Ⅱ-31　西大寺鉄宝塔
（奈良六大寺大観刊行会1976）

写真Ⅱ-33　夫婦石

付言すれば、先述のように浅古・上之宮宝塔の台座は繰形座であった。これは、関西においては主に西大寺流直系の長老墓（五輪塔）において用いられる形式である。この点も、両塔が西大寺深い関わりを有することを示している。

ちなみに、浅古・上之宮宝塔は相輪頂部まで残存していた場合、高さは一八〇センチ（八尺）前後と想定されるが、これは、高家五輪塔の想定高より二〇センチ程度高い。しかし、高家五輪塔に浅古・上之宮宝塔と同じ規模（高さ約二〇センチ）の繰形座（もしくは反花座）を置けば、これも八尺塔となる。以上より、高家五輪塔も本来は台座上に置かれていたもので、浅古・上宮宝塔と同規模であったと推定される。

さらに、高家五輪塔がある地域では良質の花崗岩が産出したようで、崖面には現在も玉石が露出している。巨大な玉石の中には、「夫婦石」と名付けられ信仰の対象となっているものもある（**写真Ⅱ-33**）。肉眼観察による限り、これらと高家五輪塔、さらに浅古・上之宮宝塔の石材は同一なので、浅古・上之宮宝塔の石材は高家付近で採取されたものなのかもしれない。もしそうであれば、浅古・上之宮宝塔の作者が伊行恒である可能性は、さらに高いものとなるだろう。

d　五輪塔婆

前述のように、嘉元三年に行恒によって造立された保月宝塔は、その銘文中で「五輪塔婆」と呼ばれていた。このことについて、「宝塔と五輪塔はかつて錯綜する関係にあったから」という説明が加えられていたこともあるが、五輪塔の成立当初（十二世紀後葉）はともかく、十四世紀ともなれば五輪塔と宝塔は全く別の塔種として成立しているので、この説明はいかにも苦しい。

ここで、浅古・上之宮宝塔の形態的特徴についてもう一度復習しておきたいのだが、基礎の縦割り三区以外、この両塔の顕著な特徴は、基礎が二重になっている点である。本書ではこれを行恒の作例と見なしたが、これを保月宝塔にも敷衍したらどうなるか。

つまり、保月宝塔も当初は二重の基礎を有していたと考えたら、同塔は相輪も含めて五つの部材、すなわち五重で成り立っていたことになる。現在のところ理由は不明だが、おそらく何らかの思想・宗教的背景に基づき、行恒は宝塔を五重としたのではないだろうか。それから三十六年後、行恒は再び宝塔を制作するに際し、基礎を二重、すなわち全体としては五重としたのではなかろうか。

(7)　桃尾滝如意輪観音石仏

大和の東山中にある桃尾滝（天理市）は、古くから知られる行場であるが、ここに行恒作の如意輪観音石仏がある。高さ約一メートルの花崗岩に厚肉彫りされた、像高四三センチの小像である（写真Ⅱ-34）。立膝・六臂（六本の腕）で、儀軌に従い右第一手は頷に付けて思惟を表し、以下は如意宝珠・念珠を持す。左第一手は地に付けて不動のさまを表し、以下は蓮華と法輪を持す。舟形光背には二重円光が表され、岩座に座る。舟形光背の先端が尊像と同じ方向に傾いているのは、面白い表現である。像に向かって左に「奉起立行経」という銘文があるが、紀年銘はない。

本像は比較的小型ではあるが、細部まで神経が行き届いた佳品で、彫技も素晴らしい。いかにも行恒らしい作品といえよう。ただ、面容が摩滅しているのが残念である。

本像の右手に小さな堂があり、内に不動明王石像が祀られている。高さ約九〇センチの花崗岩に火焔光背を彫り、像高六四センチの不動明王立像を半肉彫りとする（写真Ⅱ-35）。また、左右には像高二五センチの矜羯羅童子と制吒迦童子も半肉彫りとしている。不動明王は右手に大刀、左手に羂索を持つ。忿怒の表情が通形の不動としては、例外的に柔和な表情が特徴である。光背の左上方に「奉起立貞和四年（一三四八）二月廿三日」という紀年銘があるが、石工の名は刻まれていない。

ところで内藤栄氏によれば、中世では如意輪観音・不動明王・愛染明王で三尊構成とするものがある（内藤二〇一〇）。有名なところでは、河内の観心寺や大和の岡寺がこの構成をとっている。こうした三尊構成を桃尾滝の石仏でも適用すれば、如意輪観音と不動石仏はセットであった可能性が浮上してくる。

この二体がセットならば、如意輪観音石仏は貞和四年前後の作となり、また、不動明王石仏は行恒作ということ

写真Ⅱ-34　桃尾滝如意輪観音石仏

写真Ⅱ-35　桃尾滝不動明王石仏

になるだろう。実際、両像は作風も似ており、また、不動明王像の面様は前述の南田原阿弥陀磨崖仏によく似た幅の広い鼻梁と厚い唇を特徴としている。両像は貞和四年前後に、行恒自身が願主となって造立したものと考えてよかろう。

ところで、行恒のデビュー作となる保月宝塔の造立が嘉元三年（一三〇五）のことなので、桃尾滝不動明王石像の造立まで実に四十三年の時が流れている。本像の造立時、行恒はすでに七十歳前後の齢に達していたものと思われる。不動、観音共に小品なのは、年齢的な意味もあったのかもしれない。しかし、不動が浮かべる柔和な表情は、この希代の石匠が晩年に行き着いた静謐な心象を表しているようにも思われる。

6　伊行長

(1)　鳳閣寺宝塔

「千本桜」で有名な吉野山（奈良県）から、羊腸の山道を車で一時間程度のところに、鳳閣寺という寺院がある。この寺の境内から、さらに尾根を巻いて走る細い山道を三十分ほど歩くと、覆屋に納められた風変わりな石塔にたどり着くことができる。

「風変わりな石塔」と書いたが、この塔は、石造宝塔としてはバランスの取れた美しいものである。ではなぜこの石塔を風変わりと呼ぶかといえば、基礎に珍しい亀形が付されているからである（**写真Ⅱ-36**）。

鳳閣寺宝塔は、総高二六五センチを測る花崗岩製の大型宝塔で、基壇から相輪に至るまで完存している。重厚な壇上積基壇の上に立てられており、塔身の下には請花（蓮座）を置く珍しいデザインである。第Ⅰ章3項⑵節で述べたように、宝塔は金剛界曼荼羅においては大日の三昧耶形であり、そこで描かれている宝塔には方形の基礎はなく、蓮座に直接乗せられている。こうした基礎の省略については、一石から彫成される天台系の宝塔において看取されるが、鳳閣寺宝塔における蓮座も明らかにそれを意識したものといえよう（第Ⅰ章3項⑵節）。

塔身軸部四方には唐桟戸が細密に刻出されており、それぞれの間に柱が彫られている。なお、正面の扉にのみ、連子の下に雲に乗る日月が彫られているが、『秘蔵記』付属の「密教観想道場図」には亀の背に乗った須弥山の左右に日月が表されており（内藤二〇一三）、両者の関係が注目される。

首部には勾欄が彫られており、斗栱など部材の表現もきわめて写実的である。屋根には隅に降棟が表現され、軒端には鬼瓦を配する。屋蓋上端には露盤を作り出す。相輪の花弁は覆輪付きの単弁。後述のように本塔は南北朝時代に造立されたものなので、鎌倉時代の豪放さは見られないが、全体的に精微で整った印象を受ける石塔といえるだろう。

問題の亀形は、基礎の正面に頭と前脚の先端が彫り出されている。甲羅は作られていないが、だれが見ても亀とわかる造形といえよう。ちなみに、基礎の他の三面は二区に分かち、区画内には普通に格狭間が彫られている。それでも構図としては、「亀が宝塔を乗せている」ということになるのだろう。石造塔の場合、亀の甲羅の上に宝塔を乗せると安定を欠くので、このようなデザインが採用されたものと思われる。石工の苦労が偲ばれよう。

基礎格狭間（二区×三面）の内部に銘文があり「鳳閣寺／尊師／□廟塔」「正平廿四／年己酉十月／廿七日」「勧進／円弘」「大工／薩摩権／守行長」「奉加僧／一万八千／二十三人」と彫られている。この銘文中「尊師」とは、京都醍醐寺開山の聖宝（八三二〜九〇九）のことである。密教の僧侶は一般的に山岳修行を実践するが、聖宝は主に

写真Ⅱ-37　唐招提寺金亀舎利塔
（奈良六大寺大観刊行会1969）

写真Ⅱ-36　鳳閣寺宝塔

吉野で修行しており、修験道当山派の祖ともされている。また鳳閣寺自体も、聖宝が寛平七年（八九五）にこの地に開いた真言院という寺が前身である。さらに、聖宝がこの地で亡くなったとする伝承もあることから、正平二十四年（一三六九）、聖宝の没後四百六十年を記念し、ここに廟塔が建立されたのであろう。この際、奉加僧、すなわち勧進僧円弘の求めに応じて金品を寄進した僧侶は一万八千二十三人にも及んだようだ[18]。没後長い時を経ても、全く衰えない聖宝に対する人々の追慕が偲ばれる一方で、当時、大型石塔の造立がいかに高価であったのかが判明する興味深い銘文だといえよう。現代風に考えて、一人の奉加僧が平均で一〇〇〇円寄進したとしても、これに一八万二三人を乗ずることになるから、寄進の総額は実に一八〇〇万円を超えることになる。

そして石工の「薩摩権守行長」は、名流伊派石工の血脈を引く最後の人物、伊行長である。先代となる伊行恒の最後の仕事は桃尾滝石仏群で、貞和四年（一三四八）前後の作品だから、鳳閣寺宝塔の二十一年前である。当時、行恒はすでに老齢にあったと思われるので（前項参照）、行長が行恒の嫡男であったかどうかは微妙なところだが、両者は官職「薩摩権守」も同じであり、親子であった可能性は高いものと思われる。

ところで、なぜこの鳳閣寺宝塔の基礎には亀が彫られているのであろう。真言宗では根本経典として『大日経』と『金剛頂経』という二つの経典を「両部の大経」と読んで重視するが、このうち『大日経』は胎蔵界（理性や母性を表す、普通の意味での宇宙＝マクロコスモス）を記しており、その教義に基づいて造形化された五輪塔は胎蔵界大日（＝宇宙）の三昧耶形である（第Ⅰ章1項(1)節）。

一方の金剛頂経では金剛界（知恵や父性を表す、それぞれの内にある宇宙＝ミクロコスモス）が示されているが、その宇宙観に「亀座に乗った宝塔」という教義がある。[19]『金剛頂経』から案出された金剛界曼荼羅において、宝塔は大日（金剛界大日）の三昧耶形なので、亀に乗った宝塔（大日＝宇宙）という構図は金剛頂経の説く宇宙（世界）観を忠実に造形化したものといえるわけだ。

ところで亀に乗った宝塔としては、金銅製品であるが、唐招提寺の金亀舎利塔（平安時代後期）が有名である（**写真Ⅱ-37**）。この金銅塔と鳳閣寺宝塔は、塔身下に蓮座を置く点でも共通しているので、鳳閣寺塔がデザイン面で唐招提寺塔の影響を受けた可能性はあると思われる。[20]

(2)　東大谷日女神社石灯籠

さて、伊派最後の石工・行長の確実な作例としては、鳳閣寺宝塔の他に東大谷日女神社（奈良県桜井市）の四角型石灯籠がある（花崗岩製／**写真Ⅱ-38**）。宝珠まで完全に残っていて、高さは二〇二センチを測る。

基礎上端の反花は複弁だが、これと対になる中台下端の請花は単弁となっている。この対照が効果的だと川勝政太郎氏はいうが（川勝一九七八）、確かに単調になりがちな四角形灯籠に動感を与えている印象を受ける。笠は緩やかな隅反りの軒に段を刻んで檜皮葺きを表現し、軒下には垂木形を配する木造建築の屋根形とする。笠・火袋・中台のバランスがよいので、瀟洒で整った印象を見る者に与える。また、中台の造形などに高度な技術も窺え、伊派石工の驥尾を飾るにふさわしい作例といえるだろう。

竿の正面、上半に以下のような銘文がある。

善哉灯炉　微妙光明
皈功於本　施徳於霊
无間煙滅　有漏水清
願我一念　利他衆生

これは、灯籠の功徳を讃える偈であるが、このように灯籠の「効能」が具体的に刻まれるのは珍しいことで、当時の人々の灯籠に対する信仰の一端が窺える。筆者の理解できる範囲で「功徳」の内容を記せば、二行目「皈功於本、施徳於霊」（現実世界には功を与え、祖霊には徳を施す）[21]。三行目「无間煙滅、有漏水清」（地獄は消滅し、

写真Ⅱ-38　東大谷日女神社石灯籠

煩悩は清められる）というところだろうか。

竿の下半には「永和元年（一三七五）乙卯八月一日造立之」という紀年銘が彫られており、これを挟んで、右に「勧進行念」、左に「大工行長」と刻まれている。

東大谷日女神社石灯籠は鳳閣寺宝塔の六年後の作ということになるが、後者では南朝年号「正平」が使用されていたのに対し、前者では北朝年号の「永和」が使用されている。鳳閣寺は南朝の本拠地であった吉野にある寺院なので、南朝年号の使用は自然だが、同じ石工が南北両朝の年号を併用するというのは興味深い事実といえよう。当時の石工は、こうした政治的なイデオロギーとは無縁の存在だったのかもしれない。

7　菅原行長

(1)　文永寺石室・五輪塔

信濃文永寺は、天竜川左岸の段丘上に立地する古刹である（**写真Ⅱ-39**）。開創は鎌倉時代中期の文永元年（一二六四）、檀越は伊那地方の土豪・知久信貞であった。近世の寺誌によれば、「文永寺」の寺号は亀山天皇の勅使を受け、当時の年号によって名付けられたものという。また、開山には京都の醍醐寺理性院から龍亮もしくは龍毫を迎えている。もとより醍醐寺理性院は大元帥法を通じて国体護持を旨とする寺院だから、文永寺は、朝廷からも非常に重視された勅願寺であったことがわかる。しかし、天文二十三年（一五五四）、武田信玄上洛に伴う兵火によって寺はことごとく焼失し、寺勢は徐々に縮小した（文化財建造物保存技術協会一九六七）。

この文永寺の正面に、見慣れない形状の石室がある（**写真Ⅱ-40**）。花崗岩製で、高さは一七七・五センチ。切石組で、平面矩形の切妻造り。壁面は大石二枚を目違い積としている。壁の正面が開いており、五輪塔を拝することができる構造になっている。

石室の中に納められている五輪塔は高さ一一六・七センチの四尺塔で、材質は石室と同じ花崗岩である（**写真Ⅱ**

写真Ⅱ-39　文永寺

写真Ⅱ-40　文永寺石室

−41）。地輪はやや低めで、水輪は球形に近い。火輪には厚めに軒を作り、ほぼ真反りとする。風輪は皿形に作り、空輪は比較的大型である。五輪塔五大種子を四方に刻む。空風輪が大きいため、やや上が重い印象を受けるが、中世五輪塔の主流となる西大寺様式五輪塔の最も初期の作例であり、その資料的価値はきわめて高い。

　石室の天井に大きな字で、二段にわたって以下のような銘文が彫られている。

写真Ⅱ−41　文永寺五輪塔

（上段）
弘安六年
癸未十二
月二十九日
神敦幸造
南都石工
菅原行長

（下段）
左衛門尉
神敦幸
生年六
十二歳

本銘文により、この石室が弘安六年（一二八三）十二月二十九日に、神敦幸の願いによって造られたものであること、さらに石工は南都の菅原行長という人物であったことがわかる。
神（知久氏の別姓）敦幸は文永寺開基・知久信貞の子息だが、この頃、長期にわたって病気療養を続けていたようだ。知久家の系図によれば、ちょうど紀年銘の一日前となる十二月二十八日に死去している（水野正一九七）。つまり敦幸は自らの死が近いことを知り、生前よりこの石室と五輪塔を制作させていたことになる。銘文は、遺族が敦幸の遺志を重んじ、その死の翌日、石工に刻ませたものと考えてよいだろう。

次いで石工の菅原行長だが、姓の「菅原」は西大寺（奈良市西部）のすぐ南側に現在も残る地名で、行基生誕の菅原寺（現在の喜光寺）や、「菅原荘」という西大寺領の荘園があったことで知られている。当時の西大寺は伊派や大蔵派の石工を配下に置いていたので、菅原行長はこの地に何らかの縁故があった人物とみておくのがよいだろう。また、「行長」の「行」字は伊派石工の通字なので、行長が伊派の流れを汲む石工であった可能性は高いと考えられる。

なお、五輪塔や石室に用いられている石材については、信濃産の石材ではなく、南山城産の花崗岩によく似ている。石材の同定は、厳密には専門家の鑑定に拠らねばならないが、仮にそれが正鵠を射ているならば、行長は採石地付近で五輪塔と石室をある程度まで形作り、それをはるばるこの地まで運んで、細部を仕上げてから組み上げたものと推定される。

(2)　和束の石造物

信濃からは遠く隔たった南山城（京都府南部）和束町湯船の熊野神社境内に、一基の宝篋印塔と宝篋印塔の残欠（基礎と屋根が当初のもの）がある（**写真Ⅱ-42**）。基礎や塔身にこれといった特徴はないが、隅飾は二弧輪郭付きで、特に輪郭付きの隅飾は、関西ではこの塔において初めて確認できるものである。相輪は後補だが、それも含んだ高さは一八四センチで、石材は地元産と思われる花崗岩が用いられている。

両塔ともに基礎に銘文があり、写真右の宝篋印塔基礎には「弘安十（一二八七）／丁亥八月／二日願主／佐伯包光」と刻まれている。一方、左の塔には「正応／四年（一二九一）／四月四日／大工行長」とある。川勝政太郎氏はこの行長を文永寺石室・五輪塔を制作した菅原行長とみており（川勝一九七八）、他の研究者の多くも同じ意見である。筆者も、この見解に異論はない。

写真Ⅱ-42　湯船宝篋印塔

写真Ⅱ-43　金胎寺宝篋印塔

この二つの塔には四年の差があるが、両方の基礎を実測して比較してみると、大きさや形はほぼ同じであることがわかる。したがって、石工の名が刻まれていない左の塔についても、行長が制作したものの可能性は高いと考えられる（山川二〇〇八）。

また、同じ和束町内にある金胎寺宝篋印塔（正安二年＝一三〇〇年制作／**写真Ⅱ-43**）は、高さは二二三センチとやや大型だが、これも実測してみると各部の形態や部材の比率などは湯船宝篋印塔にかなり似ている。したがって、この塔についても行長作の可能性がある。どうやら、菅原行長は和束周辺を主な活動の場としていたように思われる（山川二〇〇八）。姓となっている「菅原」はおそらく行長の屋敷や土地があった場所で、石工としての活動範囲は主にこの和束だったのだろう。

ところで和束は、「和束石」と通称される細粒の花崗岩の産地である（鈴木二〇〇九）。湯船宝篋印塔や金胎寺宝篋印塔に用いられている石材は、おそらくこの和束石と思われる。専門家による分析を経るまではっきりとしたことはいえないが、文永寺石室・五輪塔で用いられている石材としては、この和束石が最有力候補といえるだろう。

なお、菅原行長と同時期に活躍した伊派石工として、本章2項で紹介した伊末行がいる。末行の活動場所は和束から木津川を隔てた当尾だから、両者は比較的近接した地域で活動していたことになる。ほぼ同世代と思われる両名には、仕事やプライベートの面で交流があったと考えるのが自然だろう。

註

（1）同一工房の職人間において使用される通称。伊派は、初期の段階の文献では本名ではなく輩行で記される。

（2）中世において、大蔵荘という荘園がこの周辺に存在した。

(3) 実際の制作は、老齢の行末に代わって嫡男の行吉らが担当したと考えてよかろう。
(4) 本書附章で紹介している「一針薬師笠石仏」のように、線刻磨崖仏には顔面が磨滅しているものが散見される。これについては、信者によって顔が撫でられるためだとする意見もある。
(5) 右脚が前に来る坐法。反対は降魔坐。
(6) 本堂内部に掲げられた写真で、これら基礎構造を確認することができる。
(7) 「近住」とは在家信者を意味する。
(8) 『大日本仏教全書』第一一九冊、所収。
(9) 寺域と外の世界を区切る意味。
(10) 現在は新造の五輪塔が立てられている。
(11) 現在は各部材とも残りのいい部分を選んで正面に向けている。
(12) 阿弥陀が法蔵菩薩であった時に立てた四十八の願い。
(13) 類例として、無量寺五輪塔(本章3項(2)節)の「井行氏」など。
(14) 心阿(大蔵定安)の息子。俗名は不明(第Ⅲ章3項参照)。
(15) ここでは石造文化の先進地のことを指す。具体的には大和・山城・近江。
(16) 現在は新成羽川ダムの底に沈んでおり、見ることはできない。
(17) 仏像の高さが実際の人間とほぼ等しいもの。
(18) この部分を「六万八千二十三人」とする説もある(土井一九六五)。
(19) 『金剛頂経蓮華部心念誦法次第』(小林暢一九六九)。
(20) 唐招提寺金亀舎利塔については、近年内藤栄氏が新たな視点から分析を行っている(内藤二〇一三)。同論文中では金亀舎利塔に関する研究史も総括されており、有益である。
(21) 「功徳」という単語を分解して使用している。

第Ⅲ章　大蔵派石工とその作品

本章においては、伊派と並び称される石工集団・大蔵派の石工と作品について概観する。その中で、箱根山宝篋印塔銘文の解読を行い、従前不明瞭であった同塔造立の背景について、具体的な考察を加える。

箱根山宝篋印塔

1　大蔵安清

(1)　額安寺とその復興

近代的な工場が建ち並ぶ昭和工業団地（奈良県大和郡山市）を通り抜けると、田園の中に聖徳太子建立の熊凝精舎を前身と伝える古刹・額安寺がある。熊凝精舎は草庵的な小堂であったと思われるが、奈良時代、二度も唐に渡り、日本の仏教の進展に力を尽くした道慈（？～七四四／額田氏出身）が額田氏の氏寺として伽藍を整備したものと思われ、寺には道慈が本尊とした虚空蔵菩薩が現在も伝わっている（写真Ⅲ－1）。

写真Ⅲ－1　額安寺虚空蔵菩薩像

奈良時代、七堂伽藍の隆盛を誇った額安寺も、都が京都に移った平安時代以降は徐々に衰微したが、鎌倉時代に至り、額安寺の衰微を惜しんだ添下郡白土里（現在の大和郡山市）出身の叡尊や、その弟子の忍性が、この由緒ある寺院を復興した。

弘安五年（一二八二）、叡尊は仏師の善春と絵師の明澄に命じて虚空蔵菩薩像の修理を行った。また、永仁六年（一二九八）、忍性は額安寺の「御塔」に「本尊」（現存せず）を安置した。よって、鎌倉時代中期には、虚空蔵菩薩像を安置する本堂が、さらに後期には塔などの伽藍も、ある程度整備されていたものと思われる。嘉元三年（一三〇五）には西大寺二世長老・信空による結界修法が修され、一連の復興事業は一段落ついた。この信空（一二三一～一三一六）は額安寺住僧学春の子であり、仁治三年（一二四二）に額安寺で行われた叡尊の『梵網経』古迹に関する講義や授戒に感激し、直ちにその弟子となった人物である。[1]

(2) 額安寺宝篋印塔

本節で紹介する額安寺宝篋印塔も、この鎌倉復興当時の貴重なモニュメントである（**写真Ⅲ-2**）。この石塔は、近世には額安寺門前にある池中の島に立てられていたことが複数の絵図から判明するが（大和郡山市教育委員会二〇一二）、近代以降、塔身から上は倒壊していたようだ。昭和四十八年（一九七三）、当時額安寺住職であった喜多亮快師が池中より部材を引き上げ、島の上に組み上げた。

写真Ⅲ－2　額安寺宝篋印塔

その翌年、清水俊明氏が基礎に銘文が彫られていることを発見し、それが石造物研究の泰斗・川勝政太郎氏によって雑誌に紹介されたことから、この塔は一躍学界の注目を集めることとなった（川勝一九七四）。

額安寺宝篋印塔は相輪まで完存しており、高さは二七四センチ（九尺）を計る。石材は奈良石と呼ばれる、山添村（奈良県東部山間部）周辺で採取される良質の花崗岩が用いられている。基礎は二区に分かち、内に格狭間が配されている。基礎上の段形は三段。塔身は二重に輪郭を巻き、月輪内に金剛界四仏種子を薬研彫りとする。なお、塔身の上面には直径一五センチ、深さ二五センチの奉籠孔が穿たれていた。形状や規模からみて、経巻が納められていたものだろう(2)。

屋根は軒下の段形三段、軒上六段で、その上に二区格狭間入りの露盤が乗る。隅飾は茨が入らず、直立する小型のもの。伏鉢上に単弁の請花を置き、丁寧な浮き彫りの九輪を乗せる。単弁請花の上の宝珠も当初のものが完存する。ちなみに、宝篋印塔で相輪が完存する例としては、紀年銘があるものでは本塔が日本最古となる。

総じて装飾性に富む宝篋印塔であり、これに一年先行する輿山往生院宝篋印塔（19頁／**写真Ⅰ-12**）が基礎などをシンプルな素文とするのと対照的である。両者は直線距離にして一〇キロ程度しか離れていないので、この様式差は石工の系譜の違いに起因すると考えてよかろう。

基礎の一面、左右の格狭間内に銘文があり、右に「文応元年（一二六〇）十月十五日」の紀年銘と「願主永弘」の名、左に「大工大蔵／安清」の名が刻まれている。このうち願主の永弘については、現在の大和郡山市南井町付近（額安寺からおよそ三キロ）に田畠を所有していた在地領主と思われる人物であるが（大和郡山市教育委員会二〇一二）、法字を順長房としており、「永弘」はその法諱である。文永五年（一二六八）造立の元興寺極楽坊聖徳太子孝養像胎内文書には「永弘尊霊」とあり、この頃までにはどうやら物故していたと思われる。

額安寺宝篋印塔の銘文発見以前、すでに大蔵派は中世有数の石工集団として学界の注目を集めていた(3)。本章3項で紹介する箱根山宝篋印塔銘文から、大蔵派の出自が大和にあるらしいことは従前より知られていたが、額安寺宝篋印塔銘文の発見により、大蔵派が大和出身の石工であることが確実となった。

本銘文に記されている大工大蔵安清については、世代的には箱根山宝篋印塔を制作した大蔵安氏の一つ前である

写真Ⅲ－3　額安寺宝篋印塔基礎の矢穴

写真Ⅲ－4　寧波・朱貴祠武士石像基礎の矢穴

が、彼の作品はこれの他には知られていない。ちなみに、作者名が刻まれる宝篋印塔としては、この額安寺宝篋印塔が日本最古である。

ところで二〇〇八年の解体修理時、基礎の下部（土中に埋《い》け込まれた未調整の部分）より矢穴が六カ所確認された（**写真Ⅲ-3**）。矢穴は石材を割る矢を嵌め込むための穴だが、それまで知られていた最古の矢穴は弘長二年（一二六二）銘の東小阿弥陀石仏（京都府加茂町）だったので、紀年銘によって年代が確定できる矢穴としては、額安寺宝篋印塔のものが日本最古となった。[4]

しかし、額安寺宝篋印塔における矢穴の発見は、単に日本最古ということに止まらず、重要な問題を提起した。本塔の矢穴は、南宋代の中国・寧波の矢穴に非常によく似ていたのである。**写真Ⅲ-4**は寧波郊外の慈城という町にある朱貴祠武士石像であるが、その基礎部分（地中に埋まる部分）より、問題の矢穴が発見されている（佐藤亜聖二〇三a)。

第Ⅱ章1項で述べたように、伊派の始祖となる伊行末は中国寧波の出身だが、伊派と大蔵派は大蔵寺地蔵坐像に納入された摺仏の署名に両方の姓が見られたことから考えても（69頁／**史料Ⅱ-1**）、非常に近い存在であったことがわかる。

額安寺宝篋印塔の基礎から見つかった矢穴は、大蔵派も伊派と同様、寧波をルーツとする石工集団であったことを、如実に示しているのである。

2　大蔵安氏と心阿

(1)　箱根山宝篋印塔

「天下の嶮」と呼ばれる箱根山に、鎌倉時代の優秀な石塔や石仏が多数存在することはよく知られている。その中でも白眉となるのが、「多田満仲の墓」という伝承を有する大型の宝篋印塔である（**写真Ⅲ-5**）。

箱根山宝篋印塔は、台石と後補の相輪を除く高さが二六九・三センチ（九尺）の巨塔で、台石と相輪を含めると現状の高さは三八九・七センチに及ぶ。本来の高さは四メートルを軽く超えるものであったと思われる。

箱根山付近で採取される安山岩製で、現在採掘されている石材では小松石に近い。背の高い基礎は輪郭を巻き、内に異様に大きな格狭間が配されている。基礎上の段形は三段。塔身は輪郭を巻き、内に胎蔵界四仏の種子が配されるが、本来であれば天鼓雷音の種子が彫られる面に、蓮座上に座して法界定印を結ぶ胎蔵界大日と思われる如来

写真Ⅲ－5　箱根山宝篋印塔

像が浮彫りにされている。設計上、これが正面であったと考えてよかろう。屋根は軒下の段形が三段、軒上は六段で、最上部に二区に分けた露盤を置く。隅飾は茨が一つ入る二弧でほぼ直立しており、輪郭はない。

東面を除く基礎格狭間内には、それぞれ銘文が彫られている。このうち、南面銘文（写真Ⅲ－6）と北面銘文（写真Ⅲ－7）は比較的整った字体で読みやすく、また一連の文章として捉えることができる。一方、西面銘文のみ字体がやや稚拙で読みにくい（写真Ⅲ－8）。このため、従来の釈読でも南北面の読みに関しては各論大差ないが、西面のみ各論で大きく読みが異なる。[5] ここでは論を進めるために現地での詳細な検討を行い、西面銘文の解釈を従来とやや異なるものとした。以下、三面の銘文を全て翻刻し、その後、内容について検討を加えることにしたい。

（西面）

筥根山之勝地湛精進池之霊
泉是当六道之池法界衆生之□
建当山中之宝塔安金剛□之全
文是則為□□興国仏法之衆善
令祓鎮護国家之大願于時当文永
五年戊辰興国□□之□□□以
新□□□□六十六部之法華
奉納□□山已来重発大願□□
為一百余部之随求陀羅尼与幷
法華経六部令此石塔安之以功

徳之上分□二所諸社之□□廻
向之□□施主也四郎衛門尉崩而已
我精立塔教化馬台之慮
名留碑石永期龍華朝
　永仁四年丙申五月四日
大願主金剛仏子侍円房祐禅敬白

（南面）
結縁衆
武石四郎左衛門尉平宗胤
及月光源氏女　源宗経
真法　覚法　八田氏女　三善宗俊
西念　浄心　戒法　七宝　寂日

写真Ⅲ－6　箱根山宝篋印塔南面銘文

写真Ⅲ－7　箱根山宝篋印塔北面銘文

写真Ⅲ－8　箱根山宝篋印塔西面銘文

観阿　一如坊　平氏女及父母
平威氏　体妙　善妙
行事僧寂日随求陀羅尼持者
大工大和国所左衛門大夫
　大蔵安氏
願以此功徳　普及於一切
我等与衆生　皆共成仏道

（北面）
□□□□□□□□前
供養旦那行意幷平氏女
為四恩法界成仏得道
供養導師良観上人
正安二年八月廿一日　心阿

銘文全体の構成は、西面銘文において石塔造立の目的、発願の経緯が記されており、ここは一種の造立願文として捉えられる。南面は、造立に際して合力した結縁衆の交名、そして北面銘文には落慶供養時の関係者の名が記されている。

(2)　武石宗胤と京極氏信

これら三面の銘文のうち、まず南面銘文において「結縁衆」の筆頭として記されている「武石四郎左衛門尉平宗胤」とは、千葉氏庶流の武石宗胤（一二五一～一三一四）のことである。宗胤の曾祖父にあたる胤盛（一二一五没）の時、下総国千葉郡武石郷に居住し、そこを本願地として武石姓を名乗った[6]。そして、宗胤の次に記されている「月光源氏女」については、櫻井松夫氏による詳細な検討がある（櫻井一九九二）。それによれば、彼女は宗胤の妻で、京極氏信（?～一二九五）の四女と推測される。「月光」はその法名であろう。その次の「源宗経」についても櫻井氏の見解に従えば、京極氏信の長女の子で、越後国加地荘を本願とする佐々木加地四郎源宗経のことである。すなわち、宗胤以下三名は、京極氏信を中心とする姻戚関係で結ばれている。[7]

以上の点を確認した上で、いったん視線を西面銘文に移す。本銘文の十二行目三字以下（写真Ⅲ−9）の読みについては、従来「□誠施主四郎之尉崩而已」（鎌倉遺文）、「中□施主也四郎之尉崩而已」（神奈川県教育委員会一九七二）、「□□施右近四郎尉崩而已」（箱根町教育委員会一九九三）というように、大きく見解が分かれていた部分である。

このうち、箱根町教育委員会の読みのように、「右近」と「尉」（官途）を分離して「四郎」という輩行（字）が間に入ることはあり得ないので、この読み方は誤りである。また、鎌倉遺文、神奈川県教育委員会による読みはいずれも「四郎之尉」とするが、こうした呼称も通常用いられるものではない。[8]また、これでは特定の人物に比定することも困難である。すなわち後二者の場合、特にネックとなるのは「四郎」の下の「之」字であろう。逆にいえば、従来はここの読みが誤っていた可能性が高い。

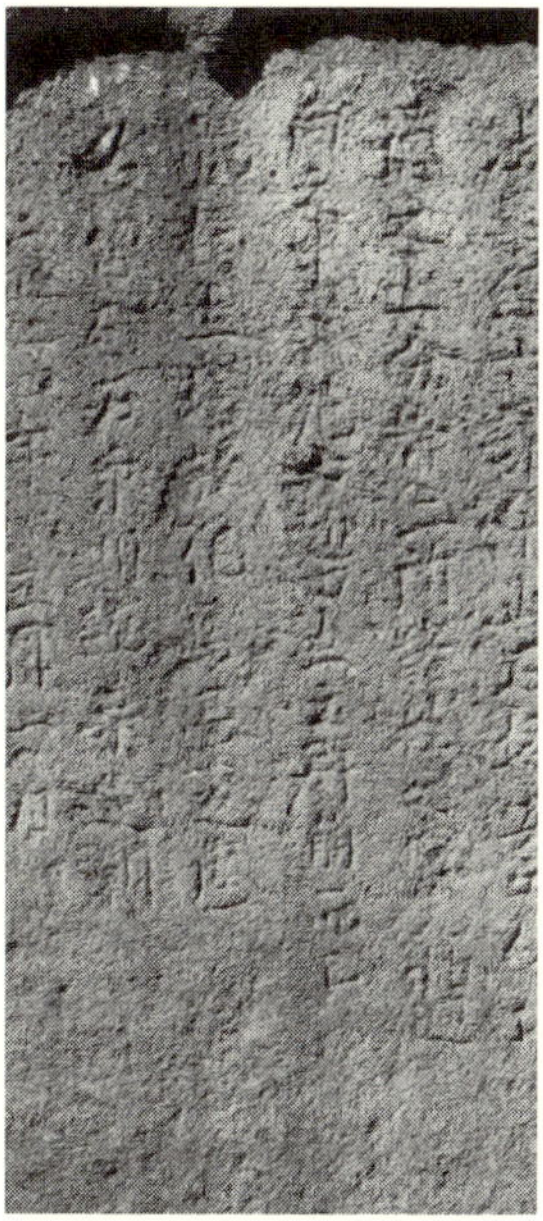

写真Ⅲ−9　西面銘文（部分）

ところで、官途を表す「衛門」の「衛」字は省略されると「小」字のようになり、さらに省略が進むと「｜」のようになる。また、「門」は同じく「つ」のようになり、この両者が接合すると「之」字に近い形状となる。[9]以上の点より判断して、この部分は「四郎衛門尉」と読むべきだと思われる。官途表記の場合、「左」は省略されることがあるので、特定の集団の中で対比される人物がいなければ、「四郎衛門尉」という標記は、個人を特定するのに十分である。

この場合、特定の集団とは京極氏信を紐帯とする姻戚グループ（南面銘文）であり、かつ後述のようにこの人物は永仁四年（一二九六）の段階で死去しているので、正和三年（一三一四）に六十四歳で没する武石宗胤ではあり得ない。一方、武石宗胤の岳父は京極氏信であるが、その字と官途は宗胤と同じ「四郎左衛門尉」であり、かつ氏信は永仁三年（一二九五）五月三日に没している。よって西面銘文における「四郎衛門尉」とは、他ならぬ京極氏信本人の可能性が高い。続項ではこの点を踏まえた上で、西面銘文の具体的な内容について見てゆくことにしよう。

(3) 西面銘文を読む

西面銘文は、先述のように性格的には石塔造立にかかる一種の願文である。願主は侍円房祐禅で、日付は永仁四年（一二九六）五月四日である。

構造は、まず冒頭二行に箱根山、とりわけ精進池が名だたる霊地であると紹介される。文永五年（一二六八）、興国仏法および鎮護国家の祈りを込め、この霊地である箱根の山中に宝塔を建て、『金剛経』全文を納めた。この宝塔がどのようなものだったのかは不明だが、ここでは「建」字が使われており、後半の箱根山宝篋印塔を指すとみられる「塔」は「精立」と表現されているので、この差異を重視すれば、文永五年に建てられた宝塔は木造塔であった可能性がある。いずれにせよこの宝塔は箱根山宝篋印塔より三十年程度遡り、また箱根山宝篋印塔は銘文十行目に「此石塔」と別表記されているので、少なくともこの宝塔は箱根山宝篋印塔とは別のものである。また、文永五年一月には蒙古のフビライハンから通交を促す国書が到来しており、「興国仏法」や「鎮護国家」の祈りがこうした変事に対応するものである可能性は高いと思われる。

京極氏信は文永二年（一二六五）六月に幕府引付衆となり、翌年十二月には評定衆に昇格する。その後は弘安七年（一二八四）四月まで、ほぼ二十年にわたって評定衆を務めた。箱根山中の宝塔内部に『金剛経』を納経したのが蒙古の国書到来と同じ文永五年で、氏信の評定衆時代の初期にあたる点は注目に値しよう。納経の目的は「仏法興国の衆」が「鎮護国家の大願」を果たすためであった。すなわち、箱根山中における宝塔造立の発願は、当時幕府の中核にいた氏信が、自らの肌で感じた生々しい危機感から発せられたものだったのである。

続く部分は読めない字が多く、内容は明瞭ではないが、やはり興国を目的とし、新たに『法華経』六十六部を「□□山」（箱根山＝箱根権現?）に奉納したようである。この時、新たに大願を発し、百余部に及ぶ随求陀羅尼と『法華経』六部を（新たに制作する）石塔内に安置し、その功徳をもって二所（箱根・伊豆山）および諸々の神社の資としようとしたが、その時点で「施主」であった氏信は死去した。よって我（祐禅）は塔造立の遺志を引き継ぎ、もって馬台（日本）の慮（思想）を教下しようとするものである、という意味になるであろうか。すなわちここでは、十三行目以下は祐禅（我）が主語となるものと解釈する。これに対し、十一行目以前は氏信と祐禅が共に行ってきた作業と理解したい。

また、末尾近くの十四行目に「名を永く碑石にとどめ、龍華の朝を期す」とあるのは、志半ばにして逝った氏信の名を「碑石」に刻み、弥勒の兜率天下生までの長い期間残そうという祐禅の意志を表すものであろう。もちろんそれは、この西面銘文のことにほかならない。

(4)　南面銘文と北面銘文

南面銘文は、前述のように石塔造立に合力した「結縁衆」の交名である。このうち、筆頭の武石宗胤以下三名に

写真Ⅲ-10　南面銘文（部分）

ついては前述した。本項⑵節で検討を加えたように、西面銘文の四郎衛門尉とは宗胤の岳父・京極氏信である。氏信は西面銘文のちょうど一年前となる永仁三年五月三日に死去している。ちなみに北面銘文（後述）が刻まれた正安二年（一三〇〇）段階では、宗胤は四十九歳であった。宗胤は、岳父・氏信の遺志を継ぎ、箱根山宝篋印塔の竣工に尽力したものと思われる[10]。

また、銘文末尾近くの八行目には、「行事僧」として「寂日」[11]の名がある（**写真Ⅲ-10**）。結縁衆の最後に記されていることからみて、「行事僧」とは、石塔造立に関して宗教的な指導を行う（儀軌に従うよう指導する）立場にあった僧侶のことではないかと思われる。ちなみに同時代の著名な日蓮宗の僧侶に寂日房日華（一二五二～一三三四）がいるが、この日華と武石氏、もしくは佐々木氏（京極氏）との関係は不明である。ただ、千葉氏は一族統合の象徴として妙見菩薩を特に篤く信仰しており（佐野二〇〇〇）、また、日蓮も伊勢常明寺で北辰（妙見）を感得したとされ、日蓮宗の寺院では守護神として妙見堂を祀る習わしが生じた（中村一九九九）。こうした妙見信仰を通じて、武石宗胤と日華の間に交流があった可能性は指摘し得るであろう[12]。

なお、「寂日」が日華のことだとすれば、本塔供養時には四十八歳だったことになり、武石宗胤とはほぼ同年齢であった。また、後述のように本塔の供養導師は良観上人（忍性）であるが、寂日＝日華であれば、本銘文はマイナス面で語られることの多い忍性と日蓮宗の関係を示す新たな史料ともなり得る。今後、検討を深めるべき重要な課題といえよう。

そして、末尾に近い九・十行目には「大工は大和国で生まれる所の左衛門大夫大蔵安氏」という著名な銘文が刻まれている（写真Ⅲ-10）。本銘文は、前章で取り扱った額安寺宝篋印塔銘文の発見（一九七四年）以前から知られていたので、額安寺塔発見以前にも、大蔵姓を称する大和出身の優れた石工がいたことは周知されていた。額安寺宝篋印塔銘文に記される「大蔵安清」については、年代的に箱根山宝篋印塔とは四十年近い差があるので、おそらく安氏の父にあたる人物だと思われる。また、箱根山塔の造立時、安氏は当時としては相当な高齢であったと想定される（山川二〇〇六）。

なお、南面銘文の最後の二行は、『法華経』「化城喩品」からの偈である。

次いで北面銘文であるが、これは石塔供養時の関係者の名を刻んだ部分である。最初の一行目は意図的に削られたような状態になっており、全く読めない[13]。続く二行目は「供養旦那」、すなわち供養行事のスポンサーとして「行意」ならびに「平氏女」が彫られている。この二者は、夫婦であったかもしれない。

三行目は「為」で始まる為書きの定型句。そして四行目に「供養導師」として「良観上人（忍性）」の名が刻まれ、一行空けて「正安二年（一三〇〇）八月二十一日」と紀年銘が彫られている。供養導師の良観には「上人」という尊称が付されているので自称ではなく、末尾の「心阿」は、ここでは供養文の起草者と捉えるのが妥当であろう[14]。さらに、南面銘文と北面銘文は字体が同じで、同一人物の筆跡と想定されることから、これも形式的には心阿が起草したものと捉えるべきである。

(5)　二つの紀年銘、二人の石工

以上、箱根山宝篋印塔の基礎三面にわたる銘文を見てきたが、本銘文には他の石塔銘文にはない顕著な特徴があ

る。それは紀年銘が二つあり、また、石工の名が二名彫られていることだ。まず、西面には永仁四年（一二九六）五月四日の紀年銘があるが、これは侍円房祐禅が草した石塔造立にかかる願文の日付である。そして、北面には正安二年（一三〇〇）八月二十一日の紀年銘が彫られている。これは、心阿が草したと思われる石塔供養の日付であり、先の永仁銘から四年三カ月余り後である。

また、石工の名として、南面に「大蔵安氏」の名があるほか、供養文起草者の「心阿」も、本書の以下の記述で紹介するように、多くの石造物を制作したことで知られている石工である。「心阿」は阿弥号による法名であり、石工ではない別の人物が「心阿」を称した可能性もあるが、後に詳しく論じるように、これが石工の心阿であることはほぼ確実である。

つまりこの箱根山宝篋印塔では、二つの紀年銘と二人の石工の名が刻まれているのだ。これは、きわめて異例のことである。石造物の造立に際し、合力した石工の名が複数刻まれる例は時々あるが、その場合は彼らの名前が列記されるのが普通で、箱根山宝篋印塔のように面を違えて二名の石工の名が刻まれることはない。

また、二つの年号に関しては、永仁四年に宝篋印塔が完成し正安二年に供養が行われた、と解釈することもできなくはないが、完成から供養まで四年もの間隔が空くのは不自然である。

この二つの疑問に対する手がかりして、やはり永仁四年の年号が刻まれた西面の銘文が、他の二面とは全く筆跡が異なるという点を重視すべきだと思われる。先述のように、西側の銘文は侍円房祐禅による願文であり、主語は祐禅および四郎衛門尉（京極氏信）である。これに対し、南面銘文は結縁者（石工も含む）の交名、続く北面銘文は供養文であり、この二面は石工の心阿を形式上の起草者としている。

以下、本書では、西面銘文の末尾付近に刻まれた「永仁四年丙申五月四日」という紀年銘に着目し、検討を進めてみることにしたい。

(6)　長谷寺宝篋印塔陽刻板碑

箱根山宝篋印塔銘文の謎を解くための重要な鍵として、鎌倉長谷寺にある宝篋印塔陽刻板碑がある（写真Ⅲ-11）。この板碑は昭和十八年（一九四三）に本尊の長谷寺式十一面観音立像（木像・高さ九・一八メートル）を現在の位置に移した際、像の基壇下から発見された（長谷寺一九六二）。出土位置からみて、本来、本尊の側に立てられていたもので、本尊に対して奉納されたものと考えるべきであろう。高さ二六六センチを測る大型の板碑で、石材は板碑に一般的に用いられる片岩ではなく、安山岩（小松石）が用いられている。

下端部は成形が粗く、この部分を土中に埋めていたものと思われる。その上に銘文があり、石材の上半部分には秀麗な宝篋印塔が陽刻されている。

写真Ⅲ-11　長谷寺宝篋印塔板碑

台座の幅は石材幅いっぱいに取られており、輪郭を巻いた内に格狭間を刻む。二区に分つ基礎の左右（台座の上）に華瓶を置き、三茎の蓮を挿す。基礎上の段形は二段である。塔身は輪郭を巻いた内に胎蔵界大日種子「𑖀𑖽」を薬研彫りとする。屋根軒下の段形は二段で、軒上は通常より少ない四段。隅飾は輪郭を巻き、二弧とする。また、塔の上部左右には光明真言が刻まれている。

台座の下には、次のような銘文がある（写真Ⅲ-12）。

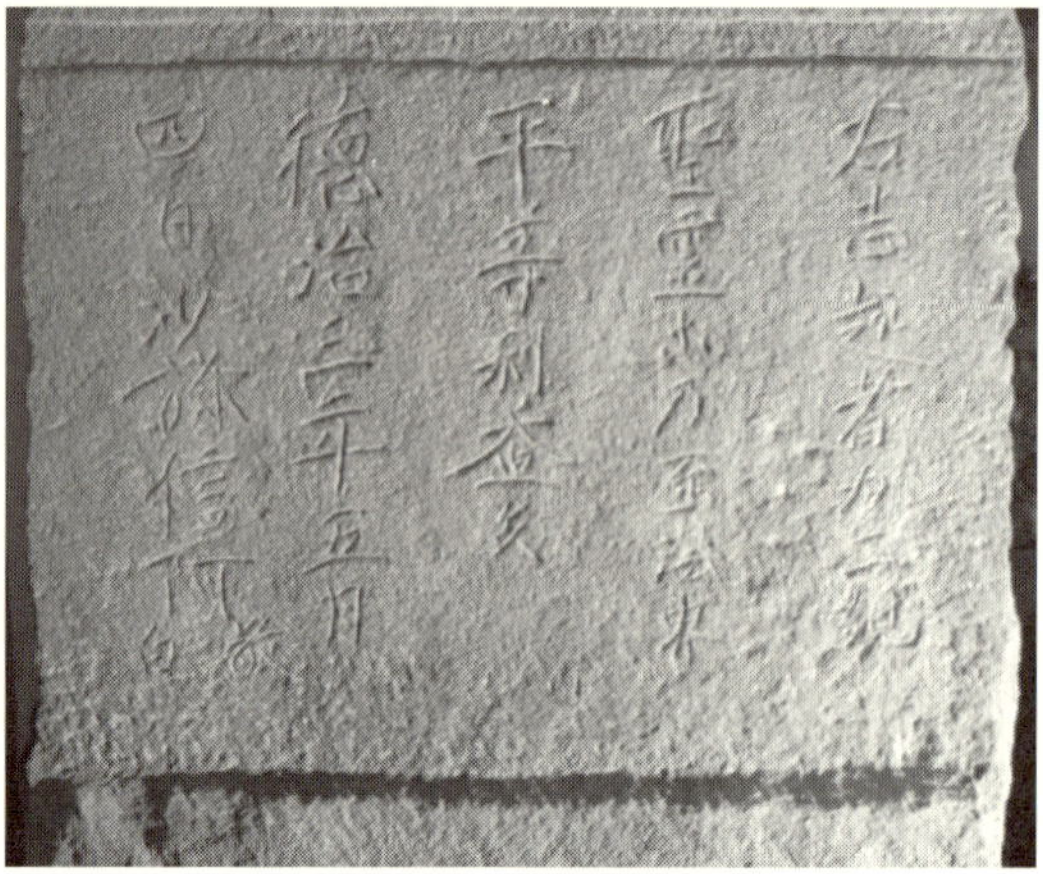

写真Ⅲ-12　板碑銘文

右志趣者為二親
精霊等乃至法界
平等利益矣
徳治三年五月
四日沙弥信阿敬白

比較的シンプルな銘文である。字は丸ノミで直線的に彫られており、字体は箱根山宝篋印塔南北面銘文のように整ったもの（墨書に近い字体）ではなく、やや稚拙で略字が多用されている[15]。前半三行が造立趣意であるが、このうち定型句を除くと、造立の目的は死んだ両親の供養にあったことがわかる。日付は徳治三年（一三〇八）五月四日、願主は「沙弥信阿」とある。「信阿」は、異字ではあるが、次項で紹介する安養院宝篋印塔の事例も勘案すれば、箱根山宝篋印塔南面銘文中の「心阿」と同一人物と考えられる[16]。導師の名は記されておらず、願主の心阿が兼ねたようだ。銘文の素朴な字体は、おそらく心阿の真跡を示すものであろう[17]。

本尊の長谷寺式十一面観音は観音として現世の衆生を救済する一方、地蔵の持物である錫杖を持するので、死者を救済する力を併せ持つと信じられていた（三浦二〇〇五）。罪障消滅は宝篋印塔が本来持つ機能であり、また光明真言も死者の罪障を消し、死者の往生に功徳がある呪である。阿弥陀名号を極楽往生の切り札とした浄土教系の思想に対し、西大寺の叡尊は光明真言による罪障消滅を庶民教下の中核に据えていた（佐伯二〇〇六）。以上の点より判断して、この板碑は心阿が亡くなった両親の往生を祈願し、長谷寺本尊十一面観音像の脇に自らの手で造立したものと考えて大過ないだろう。

次に問題としたいのは、本銘文中に記された紀年銘である。その「徳治三年五月四日」とは、先に紹介した箱根山宝篋印塔西面銘文の紀年銘「永仁四年（一二九六）五月四日」の日付から数えてちょうど十二年後にあたるのである（山川二〇〇六）。次節で考証するように、心阿の俗名は大蔵姓であったと思われ、箱根山宝篋印塔で「大工」としてその名が刻まれている大蔵安氏の次世代にあたる人物である。すなわち、心阿は安氏の実子である可能性がある。その心阿が両親の供養目的で造立した板碑の紀年銘が、箱根山宝篋印塔の古い方の紀年銘のちょうど十二年後の日付であるという点に注目したい。

推測になるが、箱根山宝篋印塔の造立に従事していた安氏は、永仁四年五月四日に死去したのではないだろうか。死因は不明だが、この日が宝篋印塔の本来の願主であった京極氏信の死去から一年と一日後であり、その一周忌にきわめて近い点には留意した方がよいのかもしれない。願主の祐禅は、何らかの事情で安氏逝去の日付を制作途上の宝篋印塔に刻んだものと思われる(18)。

すなわち、長谷寺宝篋印塔陽刻板碑は、永仁四年五月四日に逝去した大蔵安氏の十三回忌に造塔されたものと、ここでは措定しておきたい。なぜそれが鎌倉の長谷寺に造立されたのかについては、次項で改めて考えてみることにしよう。

(7) 箱根山宝篋印塔の基礎

箱根山宝篋印塔の西面銘文には、四郎衛門尉すなわち京極氏信の名を「石塔」に留めるのではなく、「碑石」に留めると表現されている。それは、永仁四年の段階では宝篋印塔は未完成であったことを示している可能性がある。

このことに関連して、南面と北面は格狭間の中の広い範囲に水磨きが施されており、特に比較的長文となる南面では、配字も格狭間の内部空間を広く活用しているのに対し、西面銘文の場合、文字彫りがある部分（長方形の区画）限定で水磨きが施されており、銘文は上半三分の二に収まっている。また左右の空間も不自然に広い（**写真Ⅲ-8**）。あるいは、西面銘文は格狭間の彫刻以前に、長方形の枠内に彫られていたのではなかろうか。

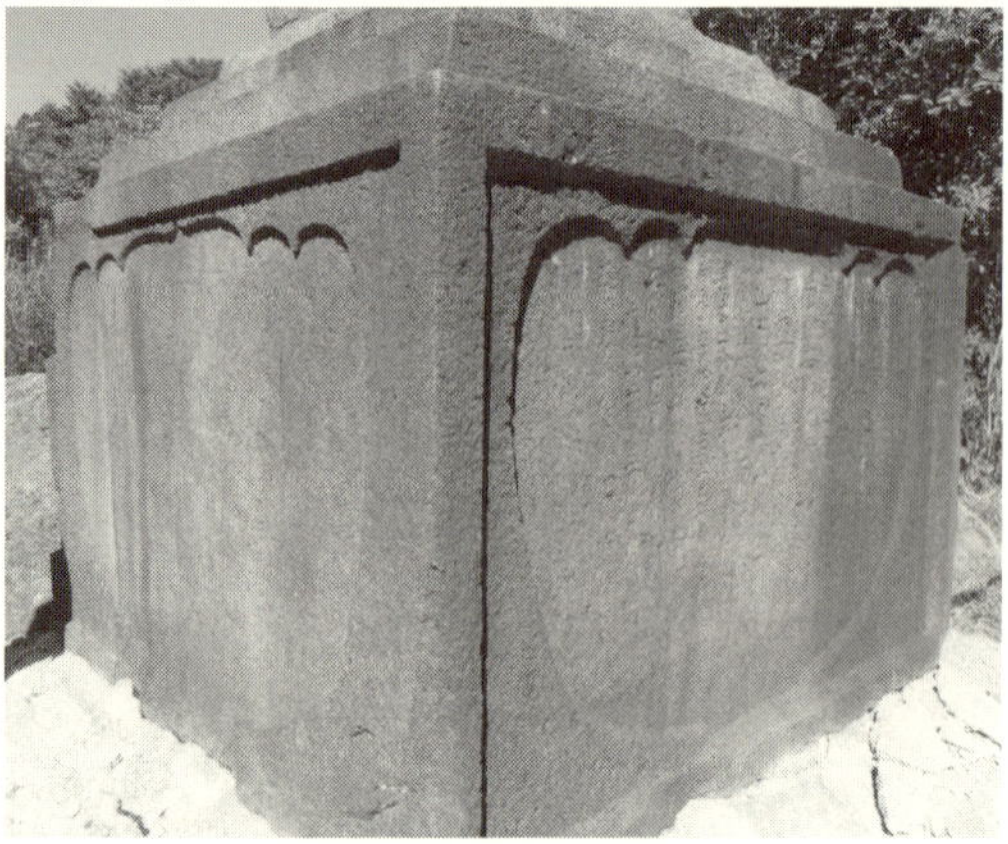

写真Ⅲ-13 箱根山宝篋印塔基礎（右側が西面銘文）

次いで、箱根山宝篋印塔基礎銘文が彫られた区画および格狭間の深さについて見てみよう。**写真Ⅲ-13**は同塔基礎の斜め方向からの写真で、向かって右が永仁四年銘（古い方の紀年銘）の彫られた西面で、左は心阿の名が彫られた北面である。よく見ると、西面の区画および格狭間が、北面より深く彫られているのがわかる。

具体的な数値を示すと、西面の輪郭の深さは二一・七ミリ[19]であるが、他の面は一四〜一五・三ミリで、平均値は一四・六ミリ。西面との差は七・一ミリとなる。次いで、格狭間の深さは西面の平均値が一六・

八ミリに対し、他の三面は一〇・八～一四・九ミリで、平均値は一二・九ミリとなる。よって、西面との差は三・九ミリである。輪郭と格狭間の合計値（輪郭から銘文が彫られている面までの深さ）は、西面三八・五ミリに対し、他の三面は二六・一～二九・四ミリで、その差は一一ミリとなる。

こうした彫りの深さの差は、通常の石塔では看取されるものではなく、何らかの事情があったことを窺わせるものだ。先述のように西面銘文は「石塔」に名を留めるのではなく、「碑石」に留めると記されていた。この点を重視するならば、西面銘文は未完成の基礎石に方形枠を彫り、そこに彫られた銘文だったと考えることができる。西面銘文に記された「碑石」とは、このような状態の基礎を指すものであったのではないだろうか。すなわち西面の区画や格狭間が深く彫られているのは、そこに存在した方形枠を消すためであり、また同時に、箱根山宝篋印塔の格狭間が不恰好とも形容できるレベルで巨大なのも、事前に方形枠ありきで考えるならば理解しやすい。

そもそも、大蔵派の祖である大蔵安清が制作した額安寺宝篋印塔の基礎も二区画であり（124頁／**写真Ⅲ-2**）、心阿作の安養院宝篋印塔も基礎下に二区画を置く（次項で紹介／**写真Ⅲ-19**）。また、長谷寺宝篋印塔陽刻板碑（**写真Ⅲ-11**）は、基礎下の台座側面に一区画の格狭間を彫るが、これは浮き彫りのため二区画が省略された可能性がある上、格狭間自体の高さは低く抑えられており、スタイリッシュである。これらの事例と比較した場合、箱根山宝篋印塔の格狭間が不恰好な印象を受けるのは否めない。

(8)　余見宝篋印塔

ところで、忍性は箱根山宝篋印塔の造立に先立つ正応四年（一二九一）、金沢称名寺（横浜市）三重塔の供養導師を勤める。

「堂建立書」[20]

供養導……住持比丘忍性
称名寺大願主　比丘　審海
大行事比丘祐範　比丘覚意
彩色比丘理円　覚意　寂尊
大工前大和権守大蔵康氏
同近衛大夫　大蔵定康
左近将監　藤原依充
右近将監　藤原有広

本史料によれば、この作事の大工は大蔵康氏（安氏）であった。優れた石工であった安氏は、忍性が関与した木造塔の造立に際しても、大工として起用されたものと思われる。なお、「堂建立書」にはもう一人の大工に大蔵定康（定安）の名が並んで記されているほか、工人として藤原依充と藤原有広の名も見える。

「堂供養書」に見える安氏の官職は「前大和守」で、箱根山宝篋印塔の銘文では「左衛門大夫」であった。一方、定康の方は「近衛大夫」を称しているが、安氏・定康ともに官位では従五位相当となる。よって、両者は大蔵派嫡流であり、親子とみるのが最も自然である。この場合、「定康」は「定安」（大蔵派石工において通字の「安」）が正しい表記ということになるだろう。

また、両者は官位の上で同格なので、息子とみられる定安も、それなりの年齢に達していたものと推定される。

写真Ⅲ−14　余見宝篋印塔

箱根山宝篋印塔を完成させ、長谷寺宝篋印塔陽刻板碑を安氏の十三回忌に制作した心阿こそ、この大蔵定安であったものと思われる。

箱根山の麓となる神奈川県足柄郡大井町に、高さ一五二センチを測る小型の余見宝篋印塔がある（相輪上半欠損／**写真Ⅲ−14**）。切石組基壇の上に側面を二区に分かつ反花座を置き、基礎の側面も二区に分かつ。基礎上の段形は三段。塔身は輪郭を巻き、内に金剛界四仏の種子を刻む。屋根軒下の段形は三段、軒上は六段で、最上部に側面を二区に分かつ露盤を置く。隅飾は二弧で、輪郭はない。

基礎の輪郭内に次のような銘文が彫られている。(21)

大勧進
僧覚一
大仲臣金光
一結衆五十人
大工藤原頼光
大倉[貞]安

嘉元二年大才甲辰十二月廿日

本銘文より、本塔が嘉元二年（一三〇四）十二月二十日に造立されたものであること、大勧進が「覚一」であったことが判明する。覚一とは泉涌寺第七世長老の覚一坊覚阿のことで、忍性から通受を受けるなど、その弟子筋にあたる僧侶である（山川二〇〇八）。弘安二年（一二七九）には称名寺大伝法灌頂の色衆として「大法師　覚阿」とその名を記され、傍注には「飯山寺長老覚一房」とある（瀬谷二〇〇五）。飯山寺は余見宝篋印塔から約三〇キロ東方にあった寺院で、[22]当時関東における北京律の拠点的寺院であった。弘安二年当時、覚阿は飯山寺の長老であったが、余見宝篋印塔が造立された嘉元二年頃には京都泉涌寺にあり、東寺の復興勧進を勧めていた（山川二〇〇二）。

そして、石工の名は藤原頼光と大倉貞安。このうち前者は称名寺三重塔の「堂建立書」に見えた藤原依充、後者は大蔵定康と同一人物であろう。称名寺三重塔供養時（一二九一）には定康（安）の下位にあった依充は、余見宝篋印塔の銘文では定安より前に名前が刻まれている。相応の腕を持った石工だったのだろう。

ともあれ、大蔵定安と覚阿は、称名寺や忍性を仲介しての知己であったと思われる。よって、覚阿が導師を勤めた余見宝篋印塔の制作に定安が関与するのは、自然な流れといえよう。

3　心阿と光広

(1)　定証と尾道浄土寺

「しまなみ海道」（西瀬戸自動車道）は、尾道と今治の間を点在する島々を繋ぐ、文字通り「海の道」である。中世において、この地域は豪族越智氏、あるいはその支族である河野氏の本拠地であった。余談であるが、この河野氏の中から、「捨聖」として著名な一遍が出ている。

このしまなみ海道の、本州側の出発点になるのが尾道浄土寺である。境内には国重文に指定されている宝篋印塔二基や宝塔一基があり、このほか五輪卒塔婆一対がある。主題からそれることになるので、石造物については本書第Ⅳ章に譲ることとし、ここでは寺の歴史について簡単に触れてみたい。

浄土寺は聖徳太子創建とも伝えられる古刹だが、鎌倉時代までには衰微していたようだ。その中興を成したのが、永仁六年（一二九八）に鎮西（九州）まで行く途中に尾道浦に立ち寄った西大寺叡尊の高弟・定証である。定証は浄土寺に隣接する曼荼羅堂で「一夏」を過ごした[23]。

その後、予定通り鎮西に赴こうとした定証は、しかし土地の古老に説得され、この地に留まって浄土寺の復興に励むこととなった。八年後の嘉元四年（一三〇六）、復興は成り、浄土寺は本堂、宝塔、地蔵堂、金堂などが建ち並ぶ往時の威容を取り戻し、十月十八日、叡尊の跡を継いで西大寺二世長老を襲った信空が供養導師を勤めた。

ところで復興成った堂舎のうちでも、金堂は最も定証が力を注いだ建造物であった。その本尊については「本尊者摸長谷寺観音、造立十一面聖容、奉安置石座」と記されている。すなわち本尊は長谷寺式十一面観音像とし、これを石製の台座に置いた。これはどうやら本家・大和の長谷寺観音の石座に倣ったもののようである。そして、結縁交名帳がこの台座の中に納められた。「定証起請文」では、「本尊用石座事」として観音の台座がなぜ石製なのかについて、「四十華厳（『華厳経』入法界品）」や『長谷寺縁起』を引用して詳細な説明が加えられている。すなわち定証は、観音の石製台座に非常なこだわりを持っていた。

残念ながら浄土寺金堂は正中二年（一三二五）に火災によって全焼したため石座は現存しないが、その作者については興味が持たれるところである。その点については本章で後述するが、ともあれこの文献から、定証が石造物に一定の関心と理解を示していたことがわかる。

(2) 光明坊層塔

生口島は、前節で触れた尾道を始発とした場合、しまなみ海道では三番目の島となる。この島では、一般的には豪華絢爛な堂塔を誇る耕三寺が有名であるが、歴史の面からいえば、ちょうど山を隔てて島の反対側にある光明坊の方がはるかに古い。

光明坊は、正式には光明三昧院といい、奈良時代に聖武天皇の勅願によって行基が開いた寺院である。鎌倉時代になって、後白河法皇の娘で法然に深く帰依していた尼如念を檀越として再興がなされた。すなわち光明坊は、京都や奈良の大寺院に勝るとも劣らない由緒を誇る寺である。

この光明坊に、高さ八一五センチに及ぶ大型の層塔があり、寺のシンボルとなっている（写真Ⅲ-15）。基礎から相輪までほぼ完存しており、塔身（初層軸）は月輪内に蓮座を線刻し、その上に金剛界四仏を薬研彫りとする凝ったものである。

基礎は素文であるが、東側面には次のような銘文がある。

釈迦如来遺法

二千二百二十

参年奉造立之
永仁二年甲午七月日

すなわち本塔は、釈迦如来の遺法（入滅）から二千二百四十三年後となる永仁二年（一二九四）七月に造立されたものである。ちなみに釈迦の入滅年には諸説あるが、一般的には周王朝・穆王の五十三年（紀元前九四九年）とされているので、ここに記された年数はそれに合致する。

屋根は軒が厚く、隅反りも自然で美しい。各層の逓減も緻密に計算されており、この塔を実際以上に高く見せる効果を果たしている。初層屋根の上端部に奉蘢孔があり、五輪塔形の印影を摺った巻子十一巻が納められていた（光明坊十三重石塔修理委員会一九六八）。十三層屋根の上端に露盤を作り出し、相輪を乗せる。伏鉢とその上の請花は珍しい方形で、計十六弁が配されている。九輪の上に乗せられた宝珠は後補である。

なお、本塔の西面（正面）に方形の石（「前石」と呼ぶ）が置かれており（**写真Ⅲ-16**）、その正面に次のような銘文がある。

永仁六年戊戌
四月廿九日造立之
願主　名善
大工心阿

写真Ⅲ-15　光明坊層塔

写真Ⅲ-16　光明坊層塔前石

すなわちこの前石の銘文は、永仁六年（一二九八）四月二十九日に彫られたものである。先述の基礎銘文とは四年の差があるが、従来、この前石の存在をもって、層塔の石工も心阿だと考えられてきた。つまりこの前石は、層塔に対する一種の石碑とみなされていたのである。

ところで、光明坊境内には五輪塔が四基ある。このうち近世に下る北側二基を除く南側の二基は、法然と尼如念の墓という伝承を有する（**写真Ⅲ-17**）。佐藤昭嗣氏は、先述の層塔前石と同じ大きさの石をもう一つ横に並べると一辺が八〇センチ余りの正方形になることから、前石は本来、この五輪塔のどちらかの「台石」[24]であったと推定している（佐藤昭二〇〇二）。

この場合、五輪塔の作者は心阿ということになり、一方、層塔の作者は不明となる。ただ、筆者は五輪塔に限らず石塔の切石組基壇の側面（小口）に銘文が刻まれている例は一例も知らず、この点を佐藤説

写真Ⅲ-17　光明坊五輪塔

に対する疑問としたい。

ところで、先述のように浄土寺を中興した定証が曼荼羅堂に入ったのは永仁六年の「一夏」であった。一夏とは、一般的に旧暦の四月十六日から七月十五日までの九十日間なので、前石にあった永仁六年四月二十九日とは、ちょうど定証が尾道に着倒した時期に一致する。定証は、先述の通り浄土寺金堂本尊の長谷寺式十一面観音の台座を石製とするなど、石造物とも関係の深い僧であった。

すなわち、永仁二年に概形が完成していた層塔に対して、永仁六年、定証が造立供養を行い、前石はその記念として置かれたものではなかっただろうか。前掲の「定証起請文」では、定証は「辺土衆生」に利するため西国に赴く途中、何気なく尾道浦に立ち寄ったような書き方がなされているが、実際は浄土寺復興や光明坊層塔の供養などは、当初より予定された西大寺流律宗の教線拡大プランに沿った行動であった可能性がある。想像を逞しくすれば、定証と心阿はここで予定通り合流し、しまなみ周辺の石造物造立に当ったのではないだろうか。

(3) 再び鎌倉長谷寺宝篋印塔陽刻板碑をめぐって

本章前項において、心阿が両親の供養のために徳治三年（一三〇八）に造立した鎌倉長谷寺の宝篋印塔陽刻板碑は、本来は本尊の長谷寺式十一面観音像の脇に立てられていた可能性が高いという点を指摘した。長谷寺にも、すでに鎌倉時代の観音台座は残っていないが、これが尾道浄土寺と同じ石製であったならば、心阿が長谷寺に両親供養の板碑を造立した背景が浮かび上がる。おそらく心阿は、両親供養の板碑を自らが制作を担当した長谷寺十一面観音の石製台座の脇に立てたのである。

このことに関連し、近世の地誌『新編鎌倉志』には鎌倉長谷観音について、大和の長谷寺から流されてきたものが相模川を遡って飯山長谷寺に納められ、それを忍性と大江広元が鎌倉の長谷寺に移したとある（瀬野二〇〇五）。瀬谷貴之氏はこの記述から、飯山と鎌倉長谷の繋がり、そして仲介者としての忍性の存在に着目するが、一方、馬淵和雄氏は同記事について、長谷寺の再建に忍性が関係した証拠とする（馬淵一九九八）。馬淵氏によれば、この記事において忍性が登場する必然性はないのに、あえてここにその名が記されている点が、長谷寺再興に忍性が関与したことを示すという。瀬谷氏もいうように（瀬野二〇〇五）、馬淵氏のこの指摘には確かに一定の説得力がある。そして、鎌倉長谷寺の復興に忍性が関与したとすれば、忍性と行動を共にする機会の多かった心阿がここで活動した理由も説明しやすい。

浄土寺の復興は前述のように嘉元四年（一三〇六）に成り、この頃、すでに心阿は鎌倉に住んでいたと思われるが（後述）、石製台座の制作は、心阿の関東下向に先行して、すでに終了していた可能性はあるだろう。すなわち筆者は、尾道浄土寺十一観音の石製台座も心阿の作であったと考える。その数年後、心阿はこの時の経験を活かし、鎌倉長谷寺で同じ形式の長谷寺式十一面観音石製台座を制作したのではなかっただろうか。もちろんそこには、忍性の関与があったものと思われる。

以上のように解釈することにより、光明坊層塔前石銘文の謎や、心阿銘の宝篋印塔陽刻板碑が鎌倉長谷寺に存在する理由についての合理的な説明が可能となるのである。

(4)　忍性・定証・心阿

光明坊層塔の造立に近い時期、心阿は、しまなみ海道の北にあたる三原市宗光寺の七重層塔も制作している（写真Ⅲ-18）。相輪を欠き、現状で高さ二五〇センチを測る。二段の切石組基壇上に立ち、基礎は側面に輪郭を巻いて内に格狭間を配する（基礎・塔身共に背面は剝落）。塔身（初層軸）は月輪内に金剛界四仏の種子を配するが、光明坊層塔のように蓮座は置かない。このうち、[梵字]の月輪左側に「大工心阿／第二天造立之　沙弥了願」の銘文が刻まれている。月輪の右側にも銘文があったようだが、剝落していて読めない。屋根は軒下に垂木形を作る。軒は比較的厚く、隅反りである。七層屋根の屋蓋頂部に露盤を作り出す。

写真Ⅲ-18　宗光寺層塔

本層塔について田岡香逸氏は、様式的特徴から永仁年間に近い頃の制作とした（田岡一九七九）。心阿はこの他にも、永仁四年（一二九六）に兵庫県朝来市の鷲原寺不動明王石仏および阿弥陀石仏を制作していることが知られており（八田二〇一二）、永仁二年から六年頃にかけて、瀬戸内周辺で活動していたことが知られる。

しかし心阿の名は、どちらかといえば光明坊層塔前石銘の二年後となる正安二年（一三〇〇）に、鎌倉極楽寺長老の忍性を導師として行われた箱根山宝篋印塔の竣工に関わったことで広く知られている（前章参照）。このことが端的に示すように、心阿は忍性と関わりの深い石工であった。また、金沢称名寺の「堂建立書」に記された「大蔵定康（安）」が心阿だとする前項の推定を是とすれば、心阿は瀬戸内に来る以前から、父・安氏と共に忍性に従って行動していたことになる。

忍性は正応五年（一二九二）、師であった叡尊（西大寺長老）の三回忌を修するために大和に帰り、さまざまな事業に着手する（山川二〇〇八）。その中には西国への西大寺流教線の拡大という仕事も含まれていたようで、光明坊層塔の造立を企画し、また竣工時に供養したのは忍性であるとする伝承もある（和島一九五九）。

とはいえ、当時七十八歳の高齢であった忍性がはるばるこの地まで来たかどうかは疑問であるが、生涯を通じて行基への強い思慕を持ち続けた忍性が、層塔の造立を心阿に指示した可能性はあるだろう。そして供養導師として、忍性は叡尊高足の定証を派遣した。供養後に鎮西へ下るはずであった定証は、土地の古老に乞われるまま浄土寺近くに住み、その復興に努めたというのが実相に近いのではないだろうか。

忍性は大和にあること約八年、正安二年（一三〇〇）閏七月には師・叡尊に「興正菩薩」の勅号が下ったことなどを契機に、翌八月には鎌倉に戻る（山川二〇〇八）。その帰途、前項で述べたように箱根山で宝篋印塔の供養導師を勤めるのだが、心阿はその竣工を担当した。そしてその後は、忍性に従う形で鎌倉に入り、複数の石塔を造立するのである。

(5)　安養院宝篋印塔

正安二年（一三〇〇）、心阿は忍性に従う形で鎌倉に入った。正応四年（一二九一）には父・安氏と共に金沢称名寺三重塔の造立に従事していたと思われるので、約八年ぶりの武家の首府への還住であった。その後、心阿は大和に戻ることはなく、忍性の死後も鎌倉で活動を続けたようである。

写真Ⅲ-19は、鎌倉安養院にある心阿作の宝篋印塔である。相輪は後補であるが、現状で高さ三三二・七センチを測る。基礎の下に反花座が置かれるが、その側面は輪郭を巻いて二区に分かたれ、内に格狭間が配される。基礎は高く、輪郭を巻いて二区に分かつが、区画内部は素文である。基礎上の段形は二段。

塔身は輪郭を巻き、各面には月輪内に蓮座に乗った金剛界四仏の種子を薬研彫りとする。屋根の段形は軒下二段、軒上四段と少なく簡潔だが、この段数は本章前項(6)節で触れた鎌倉長谷寺宝篋印塔陽刻板碑に共通する。段形の最上部には側面を二区に分かつ露盤が作り出されている。

写真Ⅲ-19　安養院宝篋印塔

隅飾は二弧で輪郭を巻き、茨が深く入る。ちなみに、側面二区の反花座や、茨が深く入る二弧の隅飾などは、この後、関東地域の宝篋印塔に長く引き継がれる要素であり、その意味で、この安養院宝篋印塔は、関東様式宝篋印塔の祖形ともいえる存在である。

基礎三面の東に銘文があり、それぞれ次のように記されている。

（北面）
□慶□□塔婆／……観上人之
（東面）
……結縁衆之／名字所奉造立如件／徳治三季戊申七月　日
（西面）
大工沙弥心阿／大旦那沙弥観杲

すなわち本塔は、徳治三年（一三〇八）七月に造立されたものである。大旦那《スポンサー》の観杲という人物については不詳だが、「□観上人」については、これを「尊観」と読むのが一般的である。尊観は浄土宗第三祖・然阿良忠の高弟で、安養院の前身であった鎌倉名越の善導寺を拠点として活動を続けたことから、その法流は「名越流」という。本塔を尊観の墓塔とする説もあるが、尊観は正和五年（一三一六）まで生存しているので、この意見はあたらない。ただ、いずれにせよこれを「尊観」と読めば、心阿は忍性の死後は浄土宗の僧侶の下で造塔を行っていたということになる。

一方、この部分を「良観」（忍性の房名号）と読む説もある。この場合、忍性の遷化は嘉元元年（一三〇三）七月十二日なので、本塔はその忌月に造立されたことになり、安養院宝篋印塔は忍性の供養塔として、心阿が観杲をスポンサーに仰いで造立したものである可能性が出てくる。

この両説のどちらが正しいのかについては、肝心の銘文が不明瞭なので決定打に欠ける。ただ筆者は、やはりここは「良観」すなわち忍性と読むべきではないかと思う。心阿や、その他の大蔵派石工が浄土宗僧侶のもとで造塔を行った事例は管見に入らないし、本書でたびたび述べているように、心阿と忍性の深い関係はやはり重視すべきであろう。安養院の前身は確かに善導寺であるが、北条政子が源頼朝の菩提を弔うために造立した長楽寺という寺院を、元弘元年（一三三一）の火災による焼失後、善導寺と併合して安養院長楽寺と称したという経緯がある。よって、宝篋印塔は、かつては長楽寺境内に存在した可能性も否定できないのである。

長楽寺の開山は京都泉涌寺第六世長老の願行房憲静（?～一二九五）であり、その弟子で忍性にも師事していた覚一房覚阿は、泉涌寺第七世長老を憲静から継いだが、覚阿が中心となって造立した余見宝篋印塔は、藤原頼光と大倉貞安（心阿）によって、安養院宝篋印塔の四年前となる嘉元二年（一三〇四）に造立されたものである（前項(8)節）。こうした経緯を考慮すると、心阿は忍性の死後も引き続き鎌倉に在住し、京都泉涌寺長老・覚阿の下で石造物の造立に携わっていた可能性が浮上する。

このことを証明するように、心阿の息子である光広は、憲静や忍性の弟子であった心慧智海や、泉涌寺第九世の大燈源智の供養塔を覚園寺に造立している（本項(7)節で後述）。つまり安養院宝篋印塔は忍性の供養塔として心阿が制作したものであり、供養導師は覚阿、もしくはその周辺（泉涌寺系北京律）の僧侶が勤めたのではないだろうか。

(6)　極楽寺忍性五輪塔

忍性は嘉元元年（一三〇三）七月十二日に、鎌倉極楽寺で八十七歳の生涯を終える。遺骨は遺言によって、大和竹林寺と額安寺、そして鎌倉極楽寺の三所に分骨埋葬された。このうち極楽寺忍性五輪塔は、心阿が制作した可能性が高いと思われる。

極楽寺忍性五輪塔は、反花座を含めた高さが三五六・九センチ（一丈二尺）を測る、当時としては最大級の五輪塔である（写真Ⅲ-20）。二段築成の切石組基壇は、築造当初のものと考えられる（文化財建造物保存技術協会一九七七）。反花座の側面は二区に分けて輪郭を巻き、内に格狭間を配するもので、先述の安養院宝篋印塔の反花座と同じ様式である。地輪は背が高く、水輪は押しつぶされたような形状で、上半部に最大径が来る。火輪は背が低く、厚めに作られた軒は真反りに近い反りを見せる。反花座も含め、総じて関東地方の定形化された五輪塔の先駆けとなる作品であり、また随所に、先行する箱根山五輪塔（箱根町教育委員

写真Ⅲ-20　極楽寺忍性五輪塔

写真Ⅲ-21　反花座の比較（左：安養院宝篋印塔、右：極楽寺忍性五輪塔）

会一九九三）の様式を残している。

本五輪塔を心阿作と推定する根拠としては、これまでたびたび述べてきたように、まずは忍性と心阿の深い関係がある。生前に分骨を指示した忍性が、お膝元の極楽寺に墓塔を造立するにあたり、心阿以外の石工を指名するとは考えにくいであろう。また、こうした推量の他に、最大の根拠として反花座の蓮弁の形状が心阿作の安養院宝篋印塔のものと酷似する、という点が挙げられる（写真Ⅲ-21）。

心阿が忍性に従って鎌倉に入ったのは、その遷化のわずか三年前のことであり、この頃にはまだ、心阿のもたらした新しいスタイルは関東では定着していなかったはずである。この時期にこうした抑揚に富む蓮弁を彫ることができたのは、心阿を除いて他に考えられない。心阿は、おそらく自らが心酔していた忍性の墓塔制作に際して渾身の仕事をしたものと思われ、蓮弁の出来は安養院のそれを大きく上回っている。

(7)　光広と心阿

安養院宝篋印塔以降、心阿の作品は知られていない。しかし、心阿はそれ以降も十五年ほど鎌倉で暮らしていたようである。正慶元年（一三三二）、大蔵派最後の石工となる光広[25]は、自らが造立した覚園寺開山（心慧智海）宝篋印塔の塔身内に、高さ一〇・二センチを測る金銅製五輪塔を奉納した（写真Ⅲ-22）。地輪正面に「右為信阿精霊也」、右側面に「元亨三年三月十九日」、左側面に「孝子光広敬白」の刻字がある。水輪内に歯牙が数片認められた（覚園寺一九八八）。心阿のものであろう。ここから、心阿が元亨三年（一三二三）頃まで鎌倉で生存していたこと、光広はその嫡子で、やはり鎌倉に在住していたことが判明する。何らかの事情でこの父子は、本貫地の大和に帰ることはなかったようだ。

光広が正慶元年（一三三二）、覚園寺に造立した宝篋印塔は、開山の心慧智海（?～一三〇六）塔（写真Ⅲ-23）のほか、二世長老の大燈源智（生没年不詳）塔（写真Ⅲ-24）の二基である。いずれも地下に石室（石槨）を有し、その上に切石組基壇を乗せる（覚園寺一九六六）。基壇を含めた高さは開山塔が四二七センチ、二世塔が四一一センチである。反花座の側面は輪郭を巻いて二区に分かち、内に格狭間を配する。また、上端の反花は安養院宝篋印塔に比べると彫りが浅く、やや形骸化が認められる。基礎側面を二区に分かつのは安養院塔と同じであるが、覚園寺塔では区画内に月輪を配し、内に蓮座上の八大菩薩種

写真Ⅲ-22　覚園寺宝篋印塔納入金銅五輪塔

写真Ⅲ-23　覚園寺宝篋印塔（開山塔）

写真Ⅲ-24　覚園寺宝篋印塔（二世塔）

子（二世塔は八大仏頂種子）を刻んでおり、さらに装飾的なものとしている。なお、基礎上端の段形は二段である。塔身は輪郭を巻いた内に月輪を配し、蓮座上に金剛界四仏種子を置く。屋根の段形は軒下が二段で軒上が六段となり、安養院塔の軒上四段からオーソドックスな段数に戻している。上端に露盤を作り出すが、これは側面を二区に分け、内に格狭間を配する装飾的なものである。また、相輪が完存するのも、大蔵派の作例ではこの覚園寺塔二基と額安寺塔のみであり、貴重である。

銘文は、それぞれ基礎の束に刻まれている。文章としては繋がりにくく、法則性も認められない。個別に必要な事項を刻んだ感じのものとなっている。開山塔は北面に「開山大和尚」、南面に「営事恵秀／願主尼良阿／大工光広」、東面に「正慶元年壬申／仲冬廿七日造立／沙弥禅門□阿」、西面に「住山鑑恵《かんけい》」と彫られている。二世塔は北面に「大燈大和尚塔／正慶元年壬申／仲秋廿八日造立」、南面に「建立尼円観」、東面に「住持比丘鑑恵」、西面に「営事比丘恵秀／大工光広」と彫られる。すなわち開山塔は正慶元年（一三三二）十一月、二世塔は同年八月に造立されたものである。人名のうち、鑑恵は覚園寺第三世長老で、後の人名は光広を除き不詳である。

なお、大蔵派の系譜はこの光広で絶え、またそれを引き継ぐと思われる作例も以後は見出せなくなる。鎌倉幕府の滅亡（一三三三）がそれと関係するのかどうかも、現時点では不明とせざるを得ない。

4　その他の大蔵派の作例

(1)　浄光明寺地蔵石仏

泉谷山浄光明寺は、建長三年（一二五一）に鎌倉幕府第五代執権の北条時頼と、後にその跡を継いで第六代執権となる北条長時の発願により、浄土宗所行本願義の真阿を開山として開かれた寺院である。第二世（一説に第三世）住持は性仙道空で、元僧の竺仙梵僊をして「猶海東之律龍歟」（日本の律龍）といわしめたほどの俊英であった。この性仙が住持を勤めていた頃、浄光明寺は伽藍の整備などが行われ、本格的に寺観を整えたようである（大三輪二〇〇五）。

浄光明寺の山門をくぐり、仏殿や客殿のある場所から裏手の丘に向けて急な階段を登るとテラス状の平地があり、その奥に鎌倉でよく見かける「やぐら」がある。「やぐら（窟）」とは、鎌倉を中心に分布する中世の横穴のことである。凝灰岩の崖面を掘って平面矩形の石窟とし、壁面に直接仏塔や石仏を浮彫りとしたり、あるいは石窟内部に仏像や石塔を安置する。納骨施設を持つものが多く、木造建築物を意識した部分も見られることから、一種の墳墓堂として造営されたものと考えられている（青木二〇〇二）。

この浄光明寺裏山・地蔵院跡のやぐらにも奥に納骨用の龕が掘られており、墳墓堂であることは間違いないが、壁面に木材を差したと思われる枘穴が見られることから、これは仏堂的な機能を併せ持ったやぐらだとする説もある（大三輪二〇〇五）。

写真Ⅲ-25　浄光明寺地蔵石仏

写真Ⅲ-26　地蔵石仏の背面

このやぐらの本尊が、像高八六センチの安山岩製の地蔵石仏坐像である（写真Ⅲ-25）。「網引地蔵」の異名を持ち、鎌倉由比ガ浜から引き上げられたものとする伝承がある（大三輪二〇一二）。後補の基壇の上に置かれており、高さ三一センチの蓮座は下半部の複弁反花と上半部の大振りな単弁請花から成る。蓮座背面に大型の枘が作られており（写真Ⅲ-26）、ここに別作の光背が嵌め込まれていた[26]。

像本体は背面まで完全に彫成される「丸彫り」形式である。左掌に宝珠を置き、右手には金属製の錫杖を持していたものと思われるが、現在は欠失している。結跏趺坐を組み、右足の一部を衲衣から覗かせている。通肩で、頸部に三道を表す。流麗な衣文や怜悧な表情は写実的で、深い彫りも相まって、本像に一流仏師の木彫に匹敵するシャープな印象を与えている。

本像の背面には、次のような銘文がある。

供養導師性仙長□

正和二年十一月□
施主真覚
大工宗□

すなわち、本石仏は正和二年（一三一三）十一月に開眼されたもので、供養導師は性仙であった。この性仙とは、先述の性仙道空のこと。また、施主は真覚で、石工は宗□であった。ここではまず、施主の真覚について考えてみよう。

浄光明寺には、この地蔵石仏は冷泉為相（一二六三～一三二八）が造立したものとする伝承が残されている。また、地蔵のちょうど真上には、為相の墓と伝えられている宝篋印塔が立っている（写真Ⅲ-27）。安山岩製で、後補の相輪を除く高さは一三一センチを測る。比較的小規模ではあるが、側面を二区に分かち、内に格狭間を入れる反花座や、二区に分かった背の高い基礎など、安養院宝篋印塔からの伝統を引き継ぐ様式である。塔身は輪郭を巻くが、区画内は素文としている。屋根は軒下二段、軒上四段で、これも安養院塔と同じである。頂部には側面を二区に分かつ露盤を作る。型式的には為相の没年頃の造立と考えて矛盾はない。

為相は歌人として著名な藤原定家の孫であり、またその母の阿仏尼は『十六夜日記』の作者としてよく知られている。為相は阿仏尼と共に領地問題で異母兄の二条為氏と争っていたが、ちょうど地蔵石像が造立されたのと同じ正和二年（一三一三）七月二十日に、この係争に事実上の勝訴を収めた。大三輪龍哉氏は、地蔵石仏はそのことを記念し、為相によって造立されたものと推定している（大三輪二〇〇五）。とすれば、先の銘文中にあった「施主真覚」とは為相の法名ということになるだろうか。

写真Ⅲ-27　浄光明寺宝篋印塔

写真Ⅲ-28　箱根山六道地蔵磨崖仏

また、大三輪氏は続けて、この年が浄光明寺開基・北条長時の五十回忌にあたることも指摘しており、石仏があるやぐらは、もともと長時の墳墓堂として掘られたものであった可能性も示唆する。この場合、為相は自身の勝訴を浄光明寺の仏恩とみなし、その開基である長時の墳墓に、この地蔵石仏を奉納したのだ、という解釈になるだろう。

次に石工についてだが、蓮座の複弁反花（下半分）に目を向けると、その形状が前項で取り扱った安養院宝篋印塔や極楽寺忍性五輪塔の反花と全く同じ様式であることがわかる（写真Ⅲ-21）。本書ではこの両者共に心阿の作と考えたが、心阿の没年は先述のように元亨三年（一三二三）頃と思われるので、正和二年（一三一三）に制作された本石仏に心阿が関わった可能性はある。

しかし、心阿の本名は、「大蔵定安」の可能性が高いので、「宗□」が大工を務めているこのケースでは、少なくとも心阿は中心的な役割は果たしていない。とはいえ、心阿の父である大蔵安氏、もしくは心阿本人が造立

写真Ⅲ-29　多宝寺跡五輪塔

した箱根山六道地蔵磨崖仏（写真Ⅲ-28）の蓮座は浄光明寺像のそれとよく似ており、石工の宗□は、大蔵派に属する石工であったことは間違いないだろう。同じように、冷泉為相墓とされる宝篋印塔も、屋根の段数などは心阿作の安養院宝篋印塔を踏襲しており、全体的な様相も大蔵派石工の関与を想定させるものである。もとより安養院宝篋印塔や極楽寺忍性五輪塔などの大型石塔の造立には多くの石工が従事していたはずなので、宗□はそのような石工の一人であったのかもしれない。

(2)　多宝寺跡五輪塔

多宝寺は浄光明寺の北東にかつて存在した南京律の寺院で、開山は忍性、開基は北条業時とされる。忍性は弘長二年（一二六二）から文永四年（一二六七）までの五年間をこの寺で過ごした。享徳四年（一四五五）以降に廃絶したものとみられるが、その跡地に大型の五輪塔があり、忍性塔と伝えられてきた（写真Ⅲ-29）。しかし、関東大震災によって本塔が倒壊し、その際に発見された蔵骨器に線刻銘「多宝寺覚賢長老／遺骨也／嘉元四年（一三〇六）二月十六日／入滅」があったことから、この五輪塔は覚賢（多宝寺第二世長老）の墓塔であることが判明した。昭和五十一年（一九七六）に解体修理に伴って実施された発掘調査では、五輪塔は覚賢の荼毘所に造塔されたことが明らかになっている（文化財建造物保存技術協会一九七六）。

五輪塔は安山岩製で、高さ三二八・一センチを測る大型塔である。極楽寺忍性五輪塔より二八・八センチ小さく、一尺小型に設計されたことがわかる。形状は忍性五輪塔によく似ているが、地輪の幅をやや大きくし、火輪の軒を薄めとしているので、こちらの方が安定感に勝る印象がある。また、反花座の側面を壇上積み風としており、葛と地覆を削り出す。蓮弁は忍性塔よりやや背が高く、様式的にはより精美である。忍性塔で経験を積んだ石工が、さらに形状に改良を加えたイメージがある。造塔に、当時の大蔵派棟梁であった心阿が関わっていた可能性は高いものと思われる。

註

（1）細川涼一訳註『金剛仏子叡尊感身学正記』東洋文庫、一九九九年。
（2）二〇〇八年に実施された解体修理時に発見。なお、解体修理に伴う調査報告書（大和郡山市教育委員会二〇一二）では、本宝篋印塔に関する多角的な分析・検討が試みられている。
（3）大蔵派に関する研究史は、岡本二〇〇三に要領よくまとめられている。
（4）附章で述べるように、一針薬師笠石仏から本例より七十年以上さかのぼる矢穴が発見されている。
（5）箱根山宝篋印塔の銘文については、今回、『鎌倉遺文』（一九〇六三）のほか、神奈川県教育委員会一九七二、箱根町教育委員会一九九三の釈読を参照した。また、百瀬今朝男氏には多くのご教示を頂いた。
（6）千葉市武石町所在の真蔵院阿弥陀一尊種子板碑には、胤盛が母の菩提を弔って造立した七基の板碑のうちの一とする伝承があるが、実際はこの板碑には「永仁第二暦（一二九四）」の紀年銘があり、当代の胤晴による亡母供養塔である可能性が高い（早川二〇一三）。
（7）なお、櫻井氏は交名中、「真法」以下は不明としている。
（8）鎌倉遺文では当該部分を疑問としたようで、脇に「マヽ」と注記されている。

(9) 「衛門」の略字については、細川重男氏よりご教示を得た。

(10) この点は、西面銘文を「四郎衛門尉」と読み、それを京極氏信に比定したことによって導かれる見解である。

(11) ここを「寂円」と読む説があるが、「寂」の下字の下端部は開いておらず、明らかに閉じている（**写真Ⅲ-10**）。よってここは「寂日」と読むのが正しい。

(12) この点について日蓮宗研究者の坂井法曄氏に照会したところ、否定的な見解であった。ここでこの問題を詳細に論じる余裕はないのだが、拙著『歴史の中の石造物』吉川弘文館（二〇一五年七月刊行予定）ではこの点に踏み込んでいる。

(13) おそらくここには供養の趣意が彫られていたと思われるので、惜しいことである。

(14) 重源のように、「勧進上人南無阿弥陀仏」と「上人」を自称するケースもまれに見られる。また、石工の心阿が定形的な文章を書けたとは想定しにくい（「心阿」の宛て字である「信阿」を別の石造物銘文で使用している→本文中で後述）ので、南面および北面銘文に関しては、寂日など体系的に学問を学んだ僧侶が起草したと考えるのが自然であろう。

(15) 資料実見に際し、三浦浩樹氏（長谷寺宝物館）より格別の配慮をいただいた。

(16) 中世石工の場合、銘文などで宛て字が使用される例は枚挙に暇がない。

(17) この点からみても、箱根山宝篋印塔南北面の起草者は、実際は心阿ではないと思われる（註(7)参照）。

(18) 西面銘文十一～十二行目にかけて「廻向之」と刻まれている。また、その前後の字が読み取れず、主語のない「施主也」に続く。安氏逝去に関する情報が刻まれているとすれば、おそらくこの部分であろう。3D計測技術等の先進的方法の発展により、近い将来に当該部分が解読されることを期待したい。

(19) 計測部位四点の平均値。以後記載のデータも同様に計測部位四点の平均値である。なお現地調査に際し、佐藤亜聖氏および馬淵和夫氏のご協力を得た。

(20) 金澤文庫文書（『神奈川県史』資料編2「古代・中世(2)」所収）。

(21) 銘文の翻刻は松井二〇〇八に拠る。

(22) 現在の厚木市長谷寺《ちょうこくじ》（高野山真言宗）。

(23)「定証起請文」(鎌倉遺文、二二七四七)。本文中以下の定証の事蹟も、本文献に拠る。
(24) 台石とは通常、反花座もしくは繰形座を指す用語なので、このケースでは「切石組基壇」と称するのが適切であろう。
(25) 光広《こうこう》は法名の可能性が高い。俗名は大蔵姓であったはずだが、関連する史料を見出していないため不明である。
(26) 現在は別の場所で保存されている。

第Ⅳ章　京都の石造物

千年の都であった京都とその周辺には、他の文化財と同様、石造文化財も数多く残る。また、その様式は、もう一つの石造文化財の中心である大和とは異なる部分が多いが、一方では大和の石造文化が直接流入したと思われる部分もあり、多様性に富む。石造物に関連する文献や銘文が比較的多い大和に比べ、京都の石造物にはそうした情報が少なく、その反面、「誰々の墓」というような事実と伝承の境界が不明瞭なサブネームが付いていることが多い。

本章では、著名な石造物が最も集中する大原および嵯峨野を中心に、北白川や山科など、京都周縁部（旧平安京の外縁部《マージナル》）の代表的な石造物を見てゆくことにしよう。本章は他章とは異なり、問題意識に基づいて一定の結論を得ようとするものではなく、京都の石造物の特性を紹介することを一義として記述を進めたい。

覚勝院墓地宝篋印塔（伝導御墓）

1　大原の石造物

(1)　勝林院宝篋印塔

京都大原・三千院の門前から北に徒歩わずか二分の場所に、木立に囲まれた勝林院（天台宗）の伽藍がある。多くの観光客で賑わう三千院とは対照的に、閑静な佇まいを見せている。魚山大原寺勝林院と号し、円仁の開山と伝えられる。長和二年（一〇一三）、天台僧の寂源によって声明の道場として中興された。一般には浄土宗宗祖の法然が、天台宗の顕真と浄土教義について問答を行った「大原談義」の場としてよく知られている。

この勝林院本堂の向かって右の丘陵斜面に、一基の大型宝篋印塔がある（写真Ⅳ-1）。花崗岩製で、高さは二六四センチを測る。切石二段組みの基壇上に立ち、側面無地の低い基礎の上に別石作りの反花が置かれる。基礎東面に「正和五季（一三一六）丙辰五月日建立之／金剛仏子仙承」の銘文がある。「金剛仏子」は灌頂を受けた者の自称なので、仙承は勝林院でしかるべき地位にあった僧侶だと思われる。本塔造立の願主か、造塔の供養導師を勤めたのだろう。

反花の蓮弁配置は各辺の中央と隅角に蓮弁を置き、弁間にしっかりした作りの間弁を配するもので、鎌倉時代後期以降、京都を中心に西日本全域で広く見られる様式である。

写真Ⅳ-1　勝林院宝篋印塔

写真Ⅳ-2　誠心院宝篋印塔

塔身は月輪内に胎蔵界四仏の種子を配する。屋根の段形は軒下二段、軒上六段。隅飾は別石作りで、茨が二つ入る二弧輪郭付きの大型となる。ちなみに低い基礎と大型の隅飾は、京都の宝篋印塔によく見られる特徴である。相輪も完存しており、紀年銘もあることから、鎌倉時代後期における京都（市内）宝篋印塔の標識的な作例として貴重である。

ところで、石造物研究の泰斗・川勝政太郎氏は、勝林院宝篋印塔と酷似した塔として、京都の繁華街・新京極の中ほどにある誠心院宝篋印塔（**写真Ⅳ-2**）を挙げている（川勝一九七二）。この誠心院宝篋印塔は花崗岩製で、高さ約三四〇センチを測る巨塔である。勝林院宝篋印塔より大型だが、切石二段組の基壇や低い基礎、上端の反花や屋根の段数など、確かに両者は非常によく似ている。

隅飾の形状は若干異なるが、やはり別石作りで三弧輪郭付きである。相輪は伏鉢を欠失するほか、上端の請花や宝珠は後補である。基礎の背面に銘文があり、

図Ⅳ-1　誠心院宝篋印塔塔身の阿弥陀三尊種子（川勝1972より）

本塔が勧進僧の浄心ら十二名の合力によって、正和二年（一三一三）五月に造立されたものであることが判明する。

　このように勝林院宝篋印塔と誠心院宝篋印塔は様式的に酷似し、造立年も三年しか違わない。しかし、前者が塔身に顕教四仏の種子を刻むのに対し、後者には四仏の種子は見られず、それに代えて塔身正面に阿弥陀三尊種子を刻む（図Ⅳ-1）。こうした例は、関東の板碑にはよく見られるものの、宝篋印塔の塔身に彫られた例はほとんどなく、きわめて特殊な事例である。密教的な教養から生まれた宝篋印塔に浄土教的な要素が加味されており、当時の京都都市民の信仰を知る上で貴重な資料といえよう。

　また、謡曲『誓願寺』では和泉式部の霊が一遍に対して、誠心院宝篋印塔のことを「私の今の住処の石塔」と述べており、現在もこの宝篋印塔は「和泉式部の墓」として信仰を集めている。和泉式部が没したのは十一世紀前葉と思われるので、この石塔とは三百年近い時期差があるが、それにもかかわらず本塔が和泉式部の墓塔（もしくは供養塔）としての信仰を集めたのは、当時、おそらく女人往生の理想形として、和泉式部に対する信仰があったためであろう（柳田一九三二）。

(2)　大原北墓地の石造物

a　大原北墓地宝篋印塔

勝林院本堂脇の山道を十分ほど歩くと、大原北墓地に至る。その入り口付近に、比較的小型の宝篋印塔がある

写真Ⅳ－3　大原北墓地宝篋印塔

写真Ⅳ－4　大原北墓地石鳥居

（写真Ⅳ－3）。花崗岩製で、高さは一九七センチ。基礎の側面に輪郭を巻いて、内に格狭間を配する。正面に「念仏諸衆／為極楽往生／正和二年（一三一三）十一月日」の銘文が彫られる。念仏信仰を紐帯とするグループが、自分たちの極楽往生を祈願して造立した石塔だということがわかる。基礎上の段形は二段である。塔身は蓮座上に月輪を置き、内に胎蔵界四仏の種子を配する。屋根は軒下の段形二段、軒上は六段。隅飾は二弧輪郭付きである。相輪も完存しており、通常より高めに作られている。

本塔は、前項で紹介した勝林院宝篋印塔とは造立時期が三年差で、所在地もごく近いが、その様式は大きく異なる。このようにやや高めの基礎側面に格狭間を入れる意匠は、低い基礎のもの（勝林院宝篋印塔など）と並び、京都近辺でよく見られる様式である。これが石工の差によるものか、造立主体の違いに基づくものなのかは、現時点では明らかにされていない。ただ勝林院宝篋印塔の場合、供養導師（または願主）は正規の密教僧であったが、大原北墓地宝篋印塔は、念仏講の集団が主体となって造立されたものである。両者の様式差は、あるいはこのあたりに原因があるのかもしれない。

b　大原北墓地石鳥居

この大原北墓地にはたいへん愛らしい石鳥居がある（**写真Ⅳ-4**）。高さはわずか一〇六センチ、笠木の下に島木を入れ、額束を掲げる神明鳥居だが、貫は柱から外に出ないタイプである。額束には「如法経」と彫られており、川勝政太郎氏は経典を埋めた場所の標識として造立されたものとするが（川勝一九七八）、なぜ鳥居の形態が選択されたのかは不明である。左右の貫に「奉造立石鳥居、寛正二年（一四六一）辛巳十一月□」と銘が彫られており、室町時代前期の作であることが判明する。非常に珍しい作例であり、この墓地では先述の宝篋印塔に勝るとも劣らない重要な存在といえよう。

(3)　来迎院の石造物

a　来迎院層塔

勝林院からいったん三千院の方向に戻り、その南側にある小川沿いの道を辿ると、来迎院の山門に出る。来迎院は聖応大師良忍（一〇七三～一一三二）が晩年に暮らした寺で、その遷化の地でもある。良忍は融通念仏宗の宗祖で、声明を中興した高僧である。音楽的な素養に富み、良忍がアレンジした優雅な曲調は、多くの人を魅了した。

良忍の墓とされる三重層塔は、境内奥手に立っている（**写真Ⅳ-5**）。花崗岩製で、相輪を含めてほぼ完存しており、高さは二八二センチを測る。長方形に粗く加工された基礎の上に四面無地の塔身（初層軸）が乗り、二層目以

写真Ⅳ－5　来迎院層塔

写真Ⅳ－6　来迎院五輪塔

上についても、屋根と軸部をそれぞれ別石で作るのが特徴である。屋根の軒は薄く、反りは弱い。相輪は、低い伏鉢の上に請花を置き、五輪[1]を乗せる。また、最上部の宝珠は、鉢を伏せたような特異な形状である。

川勝政太郎氏は本塔を鎌倉時代中期に遡るものとしており（川勝一九七二）、その説に従えば、本塔は京都の花崗岩製層塔としては最古クラスのものということになる。たしかに、二層目以上の軸部と屋根を別石で作る様式は、京都や丹波などの古式の層塔によく見られる手法である。

一方、これと同時期の大和では、二層目以上は低い軸部を共石で作り出し、それを十三層など多層に積上げる様式が流行した（第Ⅰ章5項(2)節で紹介した般若寺層塔など）。この二つの様式のうち、後世において主流となったのは大和の低軸様式である。現在でも、層塔といえば、屋根を多数重ねたような姿を想起する人が大半であろう。

ところで良忍は長承元年（一一三二）に遷化しているので、この層塔はそれから百年以上経ってから作られたものということになる。あるいは、それ以前は木製の卒塔婆などがあったものを、遠忌の際に石塔に置き換えたのかもしれない。ちなみに良忍の墓は、この来迎院の他に、大阪府の叡福寺（太子町）と大念仏寺（大阪市）にも存在する。

b　来迎院五輪塔

来迎院には層塔のほか、花崗岩製の五輪塔が一基ある（写真Ⅳ-6）。水輪が京都の古式五輪塔によく見られる卵形で、また火輪の軒が非常に薄く、緩い真反りであることから、これも先述の層塔に近い時期（鎌倉時代中期）のものと思われる。高さは約一五〇センチ。

(4)　大原念仏寺五輪塔

三千院近くの駐車場の脇に、大原念仏寺五輪塔と呼ばれる花崗岩製五輪塔がある（写真Ⅳ-7）。寺はすでになく、現在は大原念仏寺会館という集会場の北側に立っている。高さは一四七センチ。

地輪に「弘安九年（一二八六）丙戌六□廿七日」の紀年銘を含む銘文が刻まれており、先述の来迎院五輪塔より数十年新しい段階のものである。来迎院塔に比較すると火輪の軒が厚く重厚になっており、また水輪が上半に最大径が来る宝瓶形になるなど、後に五輪塔の主流となる西大寺様式五輪塔の先駆けともいえる形態である。空風輪は別の塔からの流用だが、オリジナルの部材である地輪から火輪には、五輪塔四方種子のうち菩提門種子のみが刻まれている。大原石造物見学の折には、見逃さずに見学しておきたい隠れた名塔である。

2　嵯峨野の石造物

(1)　清涼寺の石造物

a　清涼寺宝篋印塔①（伝源融墓）

京都嵯峨野の清涼寺は、渡宋僧の奝然（九三六～一〇一六）が、中国で模刻させた生身《しょうじん》の釈迦像を安置するために建立された寺院である。この著名な本尊の陰に隠れて目立たない存在となっているが、この清涼寺の境内には、優れた石造物が多数存在する。

本堂に向かって参道左手の多宝塔横に、宝篋印塔二基と層塔一基、石幢一基が並んでいる。(2) まず、清涼寺宝篋印塔（伝源融《みなもとのとおる》墓）は、花崗岩製で高さ一六三センチを測る（**写真Ⅳ-8**）。低い基礎に別石作りの反花を置き、縦長の塔身を乗せる。また、屋根には別石作りで大型の三弧輪郭付き隅飾を置くといった特徴がある。こうした特徴は、前項(1)節で紹介した勝林院宝篋印塔と共通する要素である。

しかし、反花の蓮弁は、勝林院宝篋印塔が各辺中央と隅角に三弁の蓮弁を置き、間に間弁を覗かせる型式であったのに対し、この清涼寺宝篋印塔では等間に五弁が配されている。この五弁のうちの中央と隅角の蓮弁が強調され、それぞれの隣の蓮弁が間弁として後方に下がるのが勝林院宝篋印塔で見られる反花なので、この五弁等間はそれに先行する型式だと思われる。

また、本塔の屋根軒下の段形は三段だが、勝林院宝篋印塔をはじめとして、京都の宝篋印塔は軒下二段が普通なので、これも定形化以前の要素といえるだろう。年代的には、十三世紀末頃の造立と考えるのが妥当と思われる。塔身には金剛界四仏の種子を刻むが、風化が著しい。屋根軒上の段形は六段で、相輪は後補である。隅飾は先述のように三弧輪郭付きで、側面には蓮座上に円相を刻み、内に通種子[3]の𑖀を入れる。

なお、先述の通り、本塔を源融（八二二〜八九五）の墓とする伝承がある。融は嵯峨天皇の十二男で、極官は左大臣である。しかし還暦を前にして、当時台頭しつつあった藤原基経と対立したために政治の一線からは身を引き、その後は嵯峨野の棲霞観に隠棲して風流の世界に生きた。

この棲霞観は後に棲霞寺となったが、先に述べた生身の釈迦像が安置されたのが、この棲霞寺であった。清凉寺という寺名は、正確には奝然の死後、弟子の盛算によって棲霞寺が本格的に整備された後のものだ。

いずれにせよこうした経緯からみて、源融と清凉寺の関係は深いものといえよう。宝篋印塔は先述のように十三世紀末頃のものと思われるので、融の没年とは四百年もの開きがあるが、本塔が当初より融の供養塔として造立された可能性も否定することはできない。

b　清凉寺宝篋印塔②（伝嵯峨天皇墓）

このほか清凉寺には、もう一基の宝篋印塔がある（写真Ⅳ-9）。こちらの方は隅飾を欠くが、塔身の下に置かれている反花は勝林院宝篋印塔と同じタイプであり、また屋根軒下の段形も二段である。制作時期は、伝源融墓宝篋印塔より数十年下るであろう。

本塔については、融の父・嵯峨天皇（七八六〜八二二）の墓とする伝承がある。空海や小野篁に代表される弘仁文化のパトロンであった嵯峨天皇も、晩年には嵯峨院に隠棲しており、その諡号《おくりな》通り嵯峨野とは縁の深い人である。

c　清涼寺層塔（伝檀林皇后墓）

この宝篋印塔の横に、異形の花崗岩製層塔がある（写真Ⅳ-10）。塔身（初層軸）から二層目屋根までが当初の部材で、基礎と三層目以上は、別の塔の部材が入る。このように屋根と軸部を別材で制作する層塔は、前項で取り上げた来迎院層塔など、京都の近郊で見られる形式である。

塔身（初層軸）は四隅を面取りし、各面に顕教四仏（東＝薬師、西＝阿弥陀、南＝弥勒、北＝釈迦）[4]の種子を薬研彫りにする。顕教四仏の場合は種子ではなく像容で表されるのが普通なので、これは珍しい例となる。

屋根は勾配が緩く、軒の出が大きいもので、古式を示す。川勝政太郎氏はこれを平安時代後期のものとするが（川勝氏一九七二）、使用されている石材が花崗岩なので、時期はそれよりやや下る可能性がある。オリジナルの部分（塔身から二層目屋根まで）の高さは一四七センチを測る。

なお、この層塔には檀林皇后（七八六～八五〇）の墓という伝承がある。檀林皇后は本名を橘嘉智子といい、先ほどから何回か名前の出た嵯峨天皇の皇后である。仏法に深く帰依し、伝説も含めて逸話を多く残している。信頼に足るものとしては、宝幡や袈裟を慧萼《えがく》という僧に託し、中国の寺院に送ったことが知られている（義江一九六八）。

以上のように、清涼寺境内の石塔には全て平安時代前期に活躍した嵯峨野ゆかりの貴人の墓という伝承があり、また、それぞれの石塔もそれにふさわしい気品のあるものとなっている。川勝氏は石塔の造立年代とこうした人たちの没年が合わないことから、それらを「俗伝」と片づけたが（川勝一九七八）、中世の石塔造立には複数の目的があることが多い。これらの石塔が、伝承の貴人たちの供養塔としての側面を有することを、一概に否定することはできないであろう。

写真Ⅳ－8　清凉寺宝篋印塔①（伝源融墓）

写真Ⅳ－7　大原念仏寺五輪塔

写真Ⅳ－10　清凉寺層塔（伝檀林皇后墓）

写真Ⅳ－9　清凉寺宝篋印塔②（伝嵯峨天皇墓）

d　清凉寺両面石仏

清凉寺境内にはこれらの石塔のほか、境内東側の駐車場付近に珍しい両面石仏がある。花崗岩製で、下の反花座も含めた高さは一二〇センチを測る。東面は宝塔が厚肉彫りとされ、塔身には開扉した中に釈迦と多宝が並んでいるさま（二仏並座）が表されている（25頁／**写真Ⅰ-17**）。屋根には瓦棒が表され、また宝鎖が相輪から降棟に取り付くさまも具体的に表現されている。

西面には天蓋の下に座す如来像が厚肉に彫り出されている（25頁／**写真Ⅰ-18**）。右手は上げて衣を摑み、左手は垂下して地に触れる触地印で、印相から弥勒と考えられる。川勝政太郎氏はこれを鎌倉時代前期に遡る作例とみるが、従うべきであろう。

なお、本石仏を空也（九〇三～九七二）の墓とする伝承がある。清凉寺は嵯峨の周辺に住む聖たちの拠点だったので、「市聖」とも呼ばれた空也信仰がこの辺りで盛んだったことを窺わせる。

ところで、本例のように花崗岩の板材に宝塔を浮彫りとするものは、京都市内で数例確認できる。また、片面にホトケを彫る両面石仏も大徳寺境内に一例存在する。名称は「両面石仏」だが、性格的には石製の塔婆（宝塔）であり、京都特有の形式といえよう（第Ⅰ章3項⑵節項参照）。

⑵　覚勝院墓地宝篋印塔

a　覚勝院墓地宝篋印塔

円覚上人導御《どうぎょ》（一二二三～一三一一）は、鎌倉時代の著名な勧進僧である。[5] 勧進僧とはホトケに結縁（縁結び）することへの対価として人びとから費用を徴収し、寺院伽藍の建設や道路敷設、架橋などの作善を行う僧侶を指す。

導御の場合、結縁の手段として、融通念仏を特に奨励した。融通念仏は、本章1項(3)節で関説したように良忍が始めた宗旨で、自分や他者の念仏が互いに融通し合うことで極楽往生を期する信仰である。

導御は、文永八年（一二七一）、法隆寺夢殿で聖徳太子のお告げを聞いた。それは、「汝の願いをかなえるために名利を捨てて町や村を歩き、多くの人びとに念仏を勧めなさい」というものであった。このお告げを受けた導御は、生活拠点をそれまでの奈良から京都に移し、京都市中、大和、河内、摂津、山城、遠くは紀伊の各地を精力的に廻り、多くの民衆に融通念仏を勧めたのである。(6)

この導御の別名を「十万上人」という。この呼び名は導御の生前からすでにあったものだが、その意味は、後世の伝記によれば、導御が融通念仏による結縁者の数が十万人に達するごとに供養を行ったからだとされる。この際、導御はその記念に石幢を一本ずつ立てたという。

ただし、近年発見された信頼すべき史料（「沙門英舜持斎念仏人数目録」）によれば（井上幸二〇〇四）、導御が記録に残した結縁人数は合計すると十万六千七百五十二人なので、(7)先述の「十万人毎」というのは少し大げさである。これはおそらく、「一万人毎」の訛伝、もしくは誇張であろう。実際、導御は弘安元年（一二七八）頃、嵯峨清凉寺にて結縁者十万人を記念した惣供養を開催しているので、聖徳太子のお告げを受けて、導御が自らに課した結縁人数の目標は十万人であったことがわかる。

導御はこの惣供養の翌年から、清凉寺で毎年「嵯峨大念仏会」を開催するようになる。導御は融通念仏（正行念仏）の他に乱行念仏を提唱したとされるが、これがすなわち念仏狂言であり、今も清凉寺に年中行事として伝わる「嵯峨大念仏狂言」（重要無形文化財）はその伝統である。

大念仏狂言は、仏教の教義を民衆にもわかりやすいようにパントマイム仕立てとした演劇であり、清凉寺のほか、京都壬生寺の「壬生狂言」（重要無形文化財）が知られている。こちらも正安二年（一三〇〇）に、導御によって始められたものと伝わる。民衆を教下するためには、難しい仏教の講釈よりこうした寸劇の方がずっと有効だったのだろう。想像をたくましくすれば、導御は演劇を行う「劇団」を各布教先に同行し、先々で興行させていたのではないだろうか。そうしたパフォーマンスが、十万という当時としては途方もない人数の結縁者を生んだのであろう。

導御は惣供養の後、生き別れとなっていた母と再会したと伝えられる。夢殿で聖徳太子が告げた「汝の願い」とは、具体的には母との再会のことを指していた。導御は幼い頃、生家の没落によって東大寺に預けられたのである[8]。

仏恩に感謝した導御は、晩年近くになって清凉寺の北に子院の嵯峨地蔵院（成法身院）を建立した。地蔵院は明治に廃寺となり、現在は墓地のみが残る（覚勝院墓地）。この墓地の中心的存在が、導御の墓と伝えられる宝篋印塔である（**写真Ⅳ-11**）。

写真Ⅳ-11　覚勝院墓地宝篋印塔

石積みの基壇は最近作られたものであり、本来の基壇は切石組一段である。その上に側面を二区に分かち、内に格狭間を配する台座を設ける。上端に反花を置かないのが大きな特徴である。基礎は側面に輪郭を巻き、内に格狭間を配する。このうち正面のみ、浮き彫りの開花蓮を配している。基礎上端には反花を置くが、これは前項で紹介した勝林院宝篋印塔と同じタイプ（一面に三弁＋二間弁）である。

塔身には、通形の光背ではなく円相を彫り窪めた内に、蓮座上に座す顕教四仏を浮彫りとする珍しいもの。屋根の段形は軒下二段、軒上六段。隅飾は茨が一つ入る二弧輪郭付きで、側面に蓮座に乗せた円相を浮彫りとしている。なお、相輪は後補である。花崗岩製で、総高二二六センチ（石塔のみでは二〇七センチ）を測る。

あまり類例がないタイプだが、先述のように特徴のある基礎反花が勝林院宝篋印塔（一三二六年造立）や誠心院宝篋印塔（一三二三年造立）と同タイプであり、導御の没年（一三一一年）に近いのは注目される。地蔵院と導御の深い関係を考慮すれば、この宝篋印塔は伝承通り導御の墓でよいのかもしれない。

b　覚勝院墓地石幢と覚勝院墓地石仏

なお、宝篋印塔の向かって左手にある一メートル足らずの小型石幢（花崗岩製）は、導御が結縁者十万人ごとに造立したと伝えられている六角石幢である[9]（**写真Ⅳ-12**）。屋根を失っており、幢身上端部を少し太くする特徴的な外観である。その下に仏像が彫られているようだが、風化が激しいため判然としない。

写真Ⅳ-12　覚勝院墓地石幢

写真Ⅳ-13　清凉寺石幢

写真Ⅳ−14　覚勝院墓地石仏

なお、清凉寺境内にはこれより大型の八角石幢（高さ一五五センチ／花崗岩製）がある（写真Ⅳ−13）。やはり幢身上端を一回り太く作り、その下に仏像が彫られているようだが、これも風化が著しいため詳細は不明である。本塔は清凉寺開山の奝然の墓とされているが、先述の六角石幢のほぼ倍の大きさであり、また、作り方や全体的な様相も似ることから、この八角石幢は弘安元年の惣供養の際、結縁者十万人を記念して立てられたものの可能性がある。本塔の造立背景が後世になって訛伝し、「結縁者十万人ごとに石幢を一本造立した」という伝承を生んだのかもしれない。

次いで、宝篋印塔右手にある石仏（双び仏）は、導御の母・百万の墓と伝えられている（写真Ⅳ−14）。風化が進行しているため像容はわかりづらいが、右側は定印の阿弥陀であろう。本石仏は謡曲「百万」が人口に膾炙した後、近在にあった石仏を百万の墓に仮託したものと推定される。

3　醍醐寺の石造物

(1)　三宝院宝篋印塔

京都の南東、山科の笠取山に所在する醍醐寺は、貞観十六年（八七四）に理源大師聖宝（八三二〜九〇九）が准胝・如意輪の両観音像を刻み、笠取山頂に草庵を建ててこれを安置したことに始まる。説話に、朱雀・村上の二帝は、聖宝が准胝観音に求児法を修して誕生したとするものがあるが、醍醐寺はこの二帝によって山上（上醍醐）と山下（下醍醐）の両伽藍が本格的に整備された。

三宝院は醍醐寺の塔頭寺院で、永久三年（一一一五）、醍醐寺第十五代座主の勝覚によって創建された。三宝院二十一世の賢俊（一二九九〜一三五七）は足利尊氏の帰依を得、寺領の寄進を受けたので、この時に伽藍は大幅に整備された。

本項で紹介する三宝院宝篋印塔は賢俊が開いた菩提寺境内の廟所にあり、その中心的な存在である（**写真Ⅳ-15**）。特異な三段組基壇の上に立つが、これは発掘調査の成果によれば、宝篋印塔本体より後の室町時代に築成されたようである。壇上積み基壇で、一重目基壇の一辺は四六六センチを測る。東西南北各面にそれぞれ三個ずつ蓮座の乗った宝珠を置く（**写真Ⅳ-16**）。

宝篋印塔は相輪まで完存しており、反花座からの高さは約二三〇センチである。反花座は複弁で、弁間に小花を配し、隅角は蓮弁ではなく小花が置かれる大和タイプとなる。また、本塔の場合、反花座の上に請花座が置かれているのが大きな特徴である。下半部の蓮弁は覆輪付きの単弁で、先ほどの反花座とは異なり、隅角にも蓮弁を配する。上半部の側面を三区に分かち、四面ともに輪郭内左右に走り獅子（左方向）、中央の区画に牡丹文を配する。

基礎は側面に輪郭を刻み、内に格狭間を配する。上面の段形は二段である。塔身四面は月輪の中に金剛界四仏の種子が浅く彫られている。屋根の段形は軒下二段、軒上六段。隅飾は二弧で、輪郭を付けず、また軒との間に境目を設けないのべ作りとなっており、特徴的である。相輪も完存。

本塔の造立時期については、従来「南北朝」（川勝一九七二）、「鎌倉時代末期」（京都府教育委員会一九六四）の二説があった。このことに関連し、京都府教育委員会一九六四では、先述の賢俊が菩提寺墓所の総供養塔として造立したのではないかとしている。筆者も、本塔の本体部分については、鎌倉時代後期の制作で問題ないと思う。[10]

しかし請花座については、獅子などの文様が輪郭より高く彫られていること、蓮弁の配置や形状、さらに使用されている石材が基壇と同じ石材であることから、[11]これは基壇と同じように室町時代以降に下る作例と思われる。[12]

三宝院二十五世の満済（一三八七～一四三五）は将軍足利義満に寵愛され、義満の死後も、将軍職を襲った義持

写真Ⅳ-15　醍醐寺三宝院宝篋印塔

写真Ⅳ-16　宝篋印塔の基壇

や義教の信頼は非常に厚かった。このため満済は僧の身でありながら政治や外交などに深く関わったため、「黒衣の宰相」と呼ばれた。

満済は応永二十二年（一四一五）七月十四日に菩提寺の墓所に詣で、その墓所が新旧入り乱れ、ひどく荒れた状態であることを知った[13]。京都府教育委員会一九八四では宝篋印塔周辺が整備されたのはこの時期とするが、従うべき見解であろう。

すなわち、鎌倉時代後期に造立された宝篋印塔は、十五世紀前葉、おそらく満済の指示によって三段築成の基壇上に移築され、この時、反花座と基礎の間には精緻な彫刻が施された請花座が新たに追加されたのである。これはいうまでもなく荘厳を増すための行為であり、おそらく本塔は、賢俊の墓塔すなわち三宝院中興開山塔として、篤く信仰されたものと思われる。

(2)　醍醐寺におけるその他の石造物

醍醐寺にはこの他、下醍醐から上醍醐への参道沿いに町石が三十七基ある。醍醐寺町石は形式的には「笠塔婆」と呼ばれるものになるが、このうち三十一町目のものは完存している（**写真Ⅳ-17**）。花崗岩製で、高さは一六七センチを測る。塔身正面の上端に阿弥陀種子を薬研彫りとし、その下に「法波羅密　卅一町」、左側面に「権律師顕成」と彫られる。すでに失われている一町目の町石には文永九年（一二七二）の年号が刻まれていたといい、この三十一町目の町石もその頃に造立されたものとみられる。

また、上醍醐清瀧宮拝殿後方の斜面には一基の八角型石灯籠がある（**写真Ⅳ-18**）。花崗岩製で、高さは一九七センチを測る。竿は八角で、また火袋も大面取りを施すことによって八角状とする。装飾はあまり施されておらず、

写真Ⅳ-17　醍醐寺町石

写真Ⅳ-18　醍醐寺石灯籠

どちらかといえば簡素であるが、バランスに優れ、瀟洒な佳品に仕上がっている。竿の中節上下に「沙弥蓮□、弘安八年（一二八五）乙酉十月五日」という銘文が彫られている。

4　神護寺の石造物

(1)　神護寺文覚五輪塔

神護寺は高雄山と号し、和気清麻呂（七三三～七九九）が河内国石河郡に建立した神願寺を、同じ和気氏の氏寺であった京都の高雄寺と合併したことに始まる寺院である。現在、同寺金堂の本尊となっている薬師如来像（国宝）は、和気清麻呂が神願寺本尊として延暦十二年（七九三）前後に造立したものと伝わる。

延暦二十四年（八〇五）、最澄（七六七～八二二）はこの寺に壇場を設け、また弘仁三年（八一二）には空海（七七四～八三五）が両部灌頂を行うなど、神護寺は中国から移入されたばかりの密教と積極的に関わっている。空海の死後は、弟子の真済（八〇〇～八六〇）が跡を継いで寺観を整えた。多宝塔に安置されている五大虚空蔵菩薩像（国宝）の制作は、この真済が中心となって行われたとする史料もある。

　正暦五年（九九四）、寺は火災に遭い、寺勢は著しく衰退した。仁安三年（一一六八）、この地を訪れた文覚（一一三九～一二〇三）がその荒廃を嘆き、後白河法皇や源頼朝ら時の権力者に働きかけて、神護寺の復興に着手した。しかし、有力な庇護者であった法皇や頼朝が亡くなると、文覚は倒幕を目論む後鳥羽上皇から疎まれるようになる。まず謀反の疑いで佐渡に流され、さらに元久二年（一二〇五）には対馬に流されることが決まったが、その道中、文覚は鎮西で死去した。

　文覚の失脚後、神護寺の復興は弟子の上覚房行慈（一一四七～一二二六）が引き継ぎ、嘉禄二年（一二二六）には北白河院御願の供養会が行われ、神護寺の復興は達成された。客死した文覚の遺体も、上覚によって京まで運ばれ、神護寺背後の山中に葬られたのである。

　神護寺多宝塔の脇から急な坂道を二十分程度登ると、山頂付近で視界が急に開け、そこに文覚の墓と伝えられる五輪塔が立っている。隣接して、性仁法親王墓とされる五輪塔もある（陵墓参考地）。

　文覚五輪塔（**写真Ⅳ-19**）は花崗岩製で、高さは一二八センチを測る。低平な地輪の上に、下膨れの卵形の水輪が乗る。こうした卵形や椎実形の水輪は、京都（平安京から山城北部）の古期五輪塔によく見られるタイプである。また、水輪が下膨れとなるのもこの地域の特徴である。

　火輪は低めに作られており、降棟の反りは弱い。軒は薄く、真反りを示す。風輪は杯形《コップ》で、空輪は縦に長い砲弾形である。これらの要素は、いずれも京都の鎌倉時代前期に属する五輪塔の特徴なので、本五輪塔は建仁三年（一

写真Ⅳ-19　神護寺文覚五輪塔

写真Ⅳ-20　五輪塔地輪の矢穴

二〇三）に入滅した文覚の墓塔と考えても、型式的には矛盾がない。

なお、本五輪塔の地輪下端には、石割り時の矢穴を残している（写真Ⅳ-20）。矢穴は長辺五センチ、深さ三センチ程度の規模で、第Ⅲ章1項⑵節で紹介した額安寺宝篋印塔の矢穴のおよそ半分くらいの大きさである。形状的にも、額安寺宝篋印塔矢穴のように舌状ではなく、三角形に近い。額安寺宝篋印塔の矢穴は、紀年銘で確認できるものとしては日本最古であるが、文覚五輪塔の矢穴はそれよりおよそ半世紀遡る。また、両者は地域的にもやや離れているので、文覚五輪塔を制作したのは、額安寺宝篋印塔を制作した大蔵派石工（中国寧波がルーツ）とは異なる系統の石工であった可能性がある。

⑵　五輪塔覆堂の礎石と露盤

ところで、この五輪塔は壇上積基壇の上に立てられているが、基壇の四隅には礎石が四つ残っていることから、本来ここには宝形造の木造覆堂があったものと思われる（写真Ⅳ-21）。礎石（花崗岩製）は、高めに彫り出された円形の柱座の上に、繰形を持つ礎盤（双盤）と呼ばれる部材を置く（写真Ⅳ-22）。この礎盤は、唐様（禅宗様）建築でよく見られるものであるが、本例のように鎌倉時代に遡る礎盤の全容を観察できる場所は滅多にないので、非常に貴重である。

また、基壇柵石の横には、石造（花崗岩製）の露盤宝珠も置かれている（**写真Ⅳ-23**）。前記した宝形造覆堂の頂部に乗せる際に置かれたものであろう。露盤の側面は二区に分かち、内に格狭間が彫られている。露盤の上には幅のある伏鉢を削り出している。複弁の反花と請花を挟み、整った形状の宝珠が乗る。高さは約九〇センチである。

こうした石造の露盤宝珠はあまり例がなく、また、これが五輪塔と同時期だとすれば、鎌倉時代前期に遡る非常に古い事例となる。

(3)　神護寺下乗笠塔婆

神護寺参道石段の登り口に、花崗岩製の下乗笠塔婆がある（**写真Ⅳ-24**）。

写真Ⅳ-21　五輪塔の基壇

写真Ⅳ-22　基壇上礎石

写真Ⅳ-23　石造露盤宝珠

写真Ⅳ-24　神護寺下乗笠塔婆

屋根（笠）を失っており、また、基礎は後補である。塔身の高さは一九三センチ。正面の上部に金剛界大日種子𑖪𑖽を薬研彫りとし、その下に「下乗」、さらにその下部には「正安元年十月日造立之　権大僧都乗瑜敬白」と刻まれている。また、頂部には枘穴が彫られている。

紀年銘の正安元年（一二九九）は、下乗石に彫られたものとしては最古である。つい見落としがちな場所に立っているが、神護寺参詣の折りには忘れずに見学しておきたい。

5　厚肉彫りの石仏

(1)　北白川阿弥陀石仏

京都吉田山の東北麓、今出川通と旧街道（志賀越街道）の交差点南東に覆屋があり、二体の巨大な石仏が鎮座している（写真Ⅳ-25）。石仏の左右に立てられている石灯籠の竿には「大日如来」と彫られているが、実際は二体とも定印の阿弥陀如来である。両像共に花崗岩（白川石）製で、高さは約一五〇センチを測る。

このうち右方像が様式的に整っており、彫り方は丸彫りに近い厚肉彫りである。時期的にもこちらが古いと考えられており、川勝政太郎氏は鎌倉時代前期とする（川勝一九七八）。

頭部は大きめに作られており、肉髻は高く盛り上がる。面容は穏やかで慈愛に富み、誰もが親しみが持てる作風といえよう。首部の三道もしっかりと表現されている。衲衣は偏袒右肩で、衣文の彫りは深く、流麗な仕上がりである。

なお、頭部から腹部にかけてボリューム感を持たせているのに対し、結跏趺坐を組む下半身はやや貧弱な表現である。これは、実際に石像を拝む者の視線を考慮したデフォルメであろう。本像はもともと大型の上、かつては蓮台などに乗せられていた可能性も高い。すなわち座して拝む者はこの石像を仰ぎ見る形となるので、この場合、頭部は大きい方がバランス良く見える。つまり本像におけるアンバランスは、むしろ作者の高い技量を示しているのである。

光背は二重円光式である。その周縁には仏像を取り巻くように円相を配し、それぞれの内部に仏種子を浮き彫りとしている。これは、京都近郊の古期石仏において時おり見られる手法である。

技法といいデザインといい、総じて本石仏は、数多い京都の石仏の中でも抜きん出た存在である。『拾遺都名所図会』にも紹介されており、近世にはある程度人口に膾炙していたようだが（竹村一九九〇）、現在は訪れる人も少なく、いわば隠れた名石仏となっている。

左方像については自然石から厚肉彫りとされており、光背はない。全体に風化が進んでおり、面容なども定かではないが、右方像のように頭部が特に大きく作られているわけではなく、各部のバランスは実際の人体に近い。衲衣や結跏趺坐は、右方像と同様、通形に作られている。作風からみて、制作時期は鎌倉時代後期であろう。

(2)「子安観世音」石仏

この北白川阿弥陀石仏二体のある場所から、今出川通を挟んで北側の覆屋の中に「子安観世音」と呼ばれている大型の石仏がある（**写真Ⅳ-26**）。先の阿弥陀石仏と同様、地元産の花崗岩（白川石）を使用しており、厚肉彫りで像高は約二メートルにも及ぶ。しかし、残念なことに火災に遭ったことがあるようで、仏像本体や光背は大きな損傷を受けている。面容は近年に彫り直されているが、少々全体とそぐわない印象を受ける。

写真Ⅳ-25　北白川阿弥陀石仏

写真Ⅳ-26　「子安観世音」石仏

おそらく前述の阿弥陀石仏と同時期（鎌倉時代）に造立されたものと思われるが、損傷のため尊種や詳細な時期は不明である。地元では「子安観世音」の他に「安産地蔵」の異称もあり、住民の篤い信仰を集めている。

また、『山州名跡志』では

本像を地蔵とし、豊臣秀吉（太閤）が聚楽第にこの石仏を移動した際、夜な夜な不気味に鳴動したので、元の場所に戻したという伝説が紹介されている（竹村一九九〇）。このことから、本石仏は「太閤の石仏」と呼ばれることもあるらしい（清水一九七七）。

石造文化財としては、残存状況も含めて先述の阿弥陀石仏（右方像）の方がはるかに優れているのだが、民間信仰の面ではこちらにやや分があるようだ。この石仏の残存状況が悪く、正体不明で神秘的な存在であったことが、かえってさまざまな伝説の素材になったのかもしれない。石造物が持つ多様な価値観を示す事例として、本石仏は興味深い存在である。

(3)　禅華院の石仏

前節までに見てきた厚肉彫りの石仏は、京都とその周辺（主に比叡山麓）において多く見られることから、天台系の石仏様式である可能性が高い。ここではそのうち、比叡山への取り付きに位置する禅華院の石仏を見ることにしよう。

禅華院は、洛北・修学院離宮の総門から右手に少し入った場所にある。かつてこの辺りには延暦寺の塔頭が建ち並び、「叡山三千坊」と呼ばれていた（清水一九七七）。禅華院も、現在の宗派は臨済宗であるが、かつてはこの三千坊の一つであったと伝えられている。

禅華院の山門を入って右手に、花崗岩から厚肉彫りされた大型石仏が二体並べられている（写真Ⅳ-27）。両像共に蓮台に座し、二重円光背を負う。向かって左が阿弥陀で、右が地蔵である。阿弥陀石仏は高さ一七六センチ（六尺）を測るもので、膝上で定印を組む。偏袒右肩の衣文など、先述の北白川阿弥陀石仏（右方像）と同じ通形だが、

写真Ⅳ-27　善華院石仏①（阿弥陀・地蔵）

写真Ⅳ-28　善華院石仏②（阿弥陀・弥勒）

こちらはやや硬さが目立ち、少々平板な印象を受ける。また、体軀はかなり細く表現されており、一種の様式化が進行している。

地蔵石仏は、右手に錫杖、左手に宝珠を持す通形である。高さ一二八センチ（四尺）と、阿弥陀より二尺ほど小さく作られているが、衣文の表現や面容はよく似ており、この両像は同一作者の手によるものと考えて大過あるまい。制作時期は鎌倉時代後期であろう。

なお、この両像の左隣には、小振りながら厚肉彫りの花崗岩製石仏が二体置かれている（**写真Ⅳ-28**）。右側（高さ八一センチ）は、右手で衣を摑み左手は地に触れる触地印で、弥勒と思われる。左は定印の阿弥陀石仏で、高さは六五センチを測る。

この弥勒および阿弥陀石仏については、もとはこの辺りから比叡山に登る古道・雲母坂《きららざか》にあったものを、昭和五十二年（一九七七）にここに移したものである。弥勒石像の背面に「大治元年（一一二六）五月八日」の銘があり、制作時期は平安時代後期に遡る。花崗岩製の石仏としては、非常に古い作例といえよう。

註

（1）九輪ではないのが大きい特徴である。
（2）このうち石幢は、記述の都合上、次項で紹介する。
（3）あらゆるホトケを象徴する種子。
（4）通常の場合と南北の仏が入れ替わる。
（5）導御は、唐招提寺復興二世長老の証玄より具足戒を受けた北京律の僧侶である。その意味では、本書で後に関説する（第Ⅵ章）凝然などとも関係が深い。こうした北京律の僧侶と石造物の関係については、今後研究を深めるべきテーマである。
（6）本文中、導御の事蹟に関する記述は、基本的に細川一九八七に拠った。
（7）筆者による集計値である。
（8）この導御の母子生き別れから再会を題材にしたのが、謡曲の「百万」である。
（9）実際は一万人ごと（一八一頁）。
（10）通常、銘文がない場合は、京都府教育委員会一九八四のように「鎌倉時代末期」という用語は用いない。
（11）塔の本体には別種の石材が用いられている。
（12）ここで述べている見解に関しては、西村大造氏（西村石灯呂店）よりご教示を得た。
（13）「満済准后日記」『群書解題』「第八巻　雑部」所収。

第Ⅴ章　近江の石塔をめぐって

近江旧蒲生郡は、優れた中世石塔が集中することにかけては、全国でも屈指の地域である。本章ではまず、その代表的な作例を検討し、それらが造立された事由や背景について、考察を加えることにしたい。次いで、中世近江屈指の名族・京極氏と石塔の関わりについて、新知見を述べる。

仏岩宝篋印塔

1　蒲生の孔雀

(1)　比都佐神社宝篋印塔

蒲生郡日野町十禅師所在の比都佐神社宝篋印塔（花崗岩製）は、基礎に精美な近江式文様が彫られていることでよく知られている。現在、相輪は失われており、別の石塔の部材が乗せられているが、それを除いた高さは一六七・四センチである（写真Ⅴ-1）。

基礎は輪郭を巻き、四面とも格狭間を配する。格狭間内には、二面に対向する孔雀文（写真Ⅴ-2）、一面に開花蓮が浮彫りとなる（写真Ⅴ-3）。そして残る一面には、浮彫りはなく、銘文が刻まれている。銘文は摩滅が著しいが、以下のように読める。

願主平……
正□□……
正六位上□□□久宗
正六位上……

比丘尼　妙□

同……

母　尼　妙蓮

嘉元二年甲辰十二月二日

すなわち嘉元二年（一三〇四）の紀年銘の他、願主の交名が記された銘文である。なお、基礎上の段形は二段を数える。

塔身は蓮座上に月輪を置き、内に胎蔵界四仏の種子を配する。東面以外の三面には、以下のような銘文がある。

写真Ⅴ－1　比都佐神社宝篋印塔

写真Ⅴ－2　対向孔雀文

写真Ⅴ－3　開花蓮文

（塔身東面）

奉造立宝篋印石塔一基

奉造立水精塔婆二基 仏舎利奉安□

（塔身南面）

奉書写如法如説妙法蓮華

経三部 石塔内納之

右志者為奉坊慈父十三廻忌之忌辰也

然則以弟子等作業之苗偏資

先考得脱之福田

（塔身西面）

乃至法界平等利益□□□□奉造立如件

すなわち、塔身銘は本塔が立てられた事由が記された願文である。この中で注目すべき点として、まず東面に

「奉造立宝篋印石塔一基」とあり、当時、こうした形状の石塔がすでに「宝篋印石塔」と呼ばれていたことが判明する。また、同じ面には「奉造立水精塔婆二基仏舎利奉安」と彫られており、宝篋印塔内部には舎利を納入した水晶製五輪塔が二基納められていたようだ。この他、南面銘より、書写した『法華経』三部も石塔内部に納められていたことがわかる。そして造塔の契機は、亡父の十三回忌であった。したがって前掲の基礎銘文の人名は、願主となった兄妹（男四名・女二名）および未亡人（母）の名である。

屋根の段形は軒下二段、軒上七段で、軒上が通常より一段多い。比較的大型の隅飾は三弧輪郭付きで、内は素文である。

本塔は、冒頭にも記したように近江式文様、わけても対向孔雀文に関しては標識的な作例である。また、造立の背景が銘文によって具体的に判明する事例としても貴重な存在である。

ところで、本塔の願主となっている平氏については、この一帯（麻生荘）の現地荘官職を世襲した一族で、「宗」字を通字とする。麻生荘は旧蒲生郡の朝日野村を中心に、北比都佐村・日野町の一部を含む荘園であるが、ここの公文職は平氏によって世襲されており、その代々の譲り状が遺存するという珍しい荘園である。[1] このうち最古となる保安三年（一一二二）五月の平宗保譲り状では、同荘は宗保の先祖が開発した場所だと記している。[2] すなわち、平氏は麻生荘の開発領主であった。鎌倉時代には本所を花山院家に仰いでいたが、その末期においては混乱があったようだ。[3]

ともあれ、その公文職は宗保→宗継（保安三＝一一二二）、宗継→宗家（仁平三＝一一五三）、宗家→宗貞（文治二年＝一一八六）、宗貞→僧覚尊（?-）、平光安→僧覚祐（文応二＝一二六一）と追うことができる。嘉元二年（一三〇四）が比都佐神社宝篋印塔の造立年だから、文献で押さえられる最後の公文職移譲から実に四十三年が経過しているが、その間、平氏はこの地において一定の勢力を保っていたようである[4]。

このように、比都佐神社宝篋印塔の銘文は、在地領主の動向を知るための補完史料となりうる上に、実際の造塔においては、彼らが兄弟で合力して事業に当たっていたことが判明する稀有のケースである。また同時に、石造塔の造立に際して、水晶塔に入れた仏舎利や、書写した『法華経』が納入されたこともわかり、さらに当時、すでにこうした形式の石塔が「宝篋印石塔」と呼ばれていたことも明らかとなる。なお、後に詳しく述べるように、基礎に刻まれた近江式文様のうち、とりわけ孔雀文は、この地域において変遷を追うことが可能である。次節以下では、この点にも留意して記述を進めることにしたい。

(2)　梵釈寺宝篋印塔

東近江市岡本に所在する梵釈寺は、現在は黄檗宗の寺院であるが、本尊は珍しい宝冠阿弥陀像であり、台密系宝冠阿弥陀（常行堂阿弥陀）に細分される（宇野一九九五）。この形式は比叡山延暦寺の円仁が九世紀に中国から将来した像容なので、梵釈寺は、もとは天台宗の寺院であった可能性がある。現在の寺地は、天和年間（一六八一〜八四）に廃寺を移して復興されたものである（宇野二〇〇〇）。

この梵釈寺境内に、非常に優れた作風の宝篋印塔（花崗岩製）が立っている（**写真Ⅴ-4**）。長らく相輪を欠いたままであったが、平成十五年（二〇〇三）にこれと組み合うと思われる相輪が付近で発見され、平成二十一年（二〇〇九）の解体修理に伴って組み上げられた。これにより、宝篋印塔は本来の姿を取り戻したのである。高さは相輪も含め、二二四・四センチを測る。

基礎は、近江地方でよく見かける壇上積み基壇を模した形式で、束石と葛石、地覆石が表現されている。側面に

写真Ⅴ−4　梵釈寺宝篋印塔

は格狭間が配されているが、その中に配される近江式文様は、先述の比都佐神社宝篋印塔に劣らない優れたものである。二面が宝瓶に入った三茎蓮で、うち一面は開花、一面は蕾としている。一面が交差するように配された散蓮、残る一面が孔雀である。

基礎上端は単弁の反花である。隅角も含めて一面五弁で、弁間には小花を配する、この地方に多いタイプである。

塔身には金剛界四仏の種子を彫るが、配置がやや変則的で、本来であれば東に置かれる「（阿閦）」が、北の「（不空成就）」と入れ替わっている。南の「（宝生）」の面に、種子を挟んで「嘉暦三戊辰（一三二八）九月五日」「大願主沙弥道一 藤原□□」の銘文が彫られている。

屋根は軒下二段、軒上が五段である。隅飾は二弧輪郭付きで、内に小さい円相を配する。相輪の伏鉢は大型で、九輪下の請花が覆輪付きの単弁、宝珠下は立ちの強い単弁で、全体的にやや特殊な形状である。どちらかといえば宝塔の相輪に近い形状であり、今後、検討を要する部分であろう。

本塔は様式的・技術的に卓越した存在であり、また、基礎の近江式文様は、紀年銘の存在も含め、比都佐神社宝篋印塔と並んで近江式文様の標識的作例として位置付けられる。塔身種子の配置にも独特の思想があったようであり、今後の研究が待たれる。

(3)　旭野神社層塔

旭野神社は、近世までは「十禅師権現」と称していたが、明治九年（一八七六）に現在の名称に改称された。鳥居脇の七重塔（花崗岩製）は高さ二七四・七センチを測る（写真Ⅴ-5）。基礎は層塔にはほとんど例のない上面反花の壇上積式なので、宝篋印塔の基礎を転用しているとされる（池内二〇〇〇）。しかし、塔身（初層軸）とサイズが合っているので、外観上の違和感はない。壇上積式の側面（羽目）四面には格狭間を配する。格狭間二面は宝瓶に入った三茎蓮、一面は開花蓮、残る一面に孔雀文を彫る。上面は隅角を含めて一面五弁の覆輪付き複弁反花を刻む。塔身（初層軸）は月輪を配さずに金剛界四仏種子を薬研彫りとする。このうち阿閦の面に種子を挟み、向かって右に「元徳元年（一三二九）己巳」、右に「五月十六日　三島慶冬敬白」と刻む。屋根は軒端を厚く仕上げる隅反りで、七層屋蓋上端には露盤を作り出す。相輪の八輪以上は欠損している。

本塔は、基礎四面の近江式文様が非常によく残っており、貴重な存在である。基礎の制作時期については、後述のように側面に刻まれている孔雀の形態から見て、層塔の造立年（一三二九）とそれほど差がないものと思われる。サイズ的にも初層軸と合致するので、あるいはこの基礎は、もともとこの層塔に伴うものであったのかもしれない。

(4)　鏡山宝篋印塔

本例は、本項で扱う他の事例とは異なり、麻生荘域からは十五キロ程度北西に離れた竜王町鏡神社南側丘陵に所在する。この丘陵中腹に天台宗西光寺跡と伝わる平場があり、応永二十八年（一四一三）銘の石灯籠と近接して一基の花崗岩製の宝篋印塔がある（写真Ⅴ-6）。

写真Ⅴ－5　旭野神社層塔

写真Ⅴ－6　鏡山宝篋印塔

塔の本体は、切石二段組の基壇上に立つ。基礎側面は、背面となる面（素文）を除き、他の三面は輪郭内に格狭間を配し、内部に対向する孔雀文が彫られている。基礎上の蓮弁は隅角も含めて五弁で、弁間には小花を配する。先述の梵釈寺宝篋印塔と同じタイプである。

塔身は下端に帯状の突帯を巻き、その四隅には鳥形が彫られる特異なものである。[5] 側面は蓮座上に月輪を彫り、内に金剛界四仏種子を配する。

屋根の段形は軒下二段、軒上六段である。隅飾は三弧輪郭付きで、側面には蓮座上の月輪を彫り、正面と思われる部分に金剛界大日種子、その他三面には地蔵種子が彫られている。相輪は上半部が欠失しており、九輪下の請花は弁端が丸い複弁である。

この鏡山宝篋印塔の特徴は、いうまでもなく塔身四隅に彫られた鳥形である。この鳥形については、日本国内では第Ⅰ章2項(1)節で触れた旧妙真寺宝篋印塔に類例がある。しかし、旧妙真寺塔が鎌倉時代でも中期初頭に遡る作例と思われるのに対し、鏡山塔は基礎の近江式文様や屋根の段形、隅飾などが鎌倉時代後期の様相を示しており、時期的にはそれより半世紀以上下るものと思われる。

(5)　孔雀の組列

本項で紹介した石塔については、いずれも基礎の孔雀文が特徴の一つである。時期は、比都佐神社宝篋印塔が嘉元二年（一三〇四）で最古となり、次いで梵釈寺宝篋印塔が嘉暦三年（一三二八）、旭野神社層塔がオリジナルの基礎であれば元徳元年（一三二九）、鏡山宝篋印塔については、年欠ということになる。

ところで、先述の麻生荘域、もしくはその周縁に存在する資料として、蒲生貞秀墓所宝塔基礎[6]の孔雀文が挙げられる（図Ⅴ-1）。本資料は壇上積式とした基壇の四面に格狭間を刻み、このうち正面に対向する孔雀文を刻むものである。[7]この孔雀文については、「近江最古」（福澤二〇〇九b）、「初期孔雀文」（和泉二〇一三）と評価されており、近江の石造物に特徴的な孔雀文の中でも、年欠ながら最古段階と位置づけられている。

図Ⅴ-1は右が開羽した状態で、左は閉羽している。開羽した方の羽の状態を見ると、風切羽は交差した状態で[8]左右一対が表現されている。開飾羽は背後に大きく広げられており、ディスプレイ中の孔雀の特徴がよく表されている。尾羽は下に向かって垂れており、小さ目に表現されている。全体的に写実的で、躍動感に富むのが特徴といえる。

また、やはり麻生荘域内もしくは周縁に位置する資料として、光山寺宝篋印塔基礎がある（図Ⅴ-2）現在、塔身に代えて五輪塔水輪が入るなど、異種塔の寄せ集めとなっている。基礎上端は五弁反花、側面は壇上積式とし、正面に孔雀文が彫られている。[9]

本例の孔雀文は、前出の蒲生貞秀墓所宝塔基礎のものに比較すると風切羽が大型化し、水平に近くなる。また、

図V-1　蒲生貞秀墓所宝塔基礎の孔雀文
(福澤2009bより)

図V-2　光山寺宝篋印塔基礎の孔雀文
(福澤2009bより)

左右の羽の交差は表現されている。開飾羽は小型化するとともに斜め上方に向けられており、形状は松毬状となる。尾羽はやや大型化するが、垂下する点には変化がない。本例も年欠資料であるが、開飾羽の形骸化や、風切羽の大型化[10]などに、一種の様式化が進行していることが看取される[11]。時期的には、当然ながら蒲生貞秀墓所宝塔基礎に後出するものであろう。

そして、この次に位置すると思われる資料が、比都佐神社宝篋印塔の孔雀文である(**図V-3**)。風切羽は平面形が四角となり、上端が地表のラインに対して水平となる。また、左右の羽の交差表現も省略されている。開飾羽はさらに形骸化し、まるで尾のように見える。尾羽は極端に大きくなり、開飾羽に代わってこちらが装飾的な存在となる。なお。尾羽が垂下する点は変化がない。光山寺宝篋印塔基礎の孔雀文に比べ、さらに様式化が進行していることがわかる。本例の年代は、嘉元二年(一三〇四)である。

次いで、制作年代が近い梵釈寺宝篋印塔基礎の孔雀文(**図V-4**)と、旭野神社層塔基礎の孔雀文(**図V-5**)は、ほぼ同じ図案である[12]。風切羽は比都佐神社のものよりさらに大型化し、図案の中核を占める。尾羽は垂下せず、地面と平行に後方に伸びる[13]。梵釈寺宝篋印塔は嘉暦三年(一三二八)、旭野神社層塔は元徳元年(一三二九)なので、比都佐神社宝篋印塔よりおよそ四半世紀後のものとなる。孔雀文の様式化は、この二例をもって最も進行したものとすることができる。

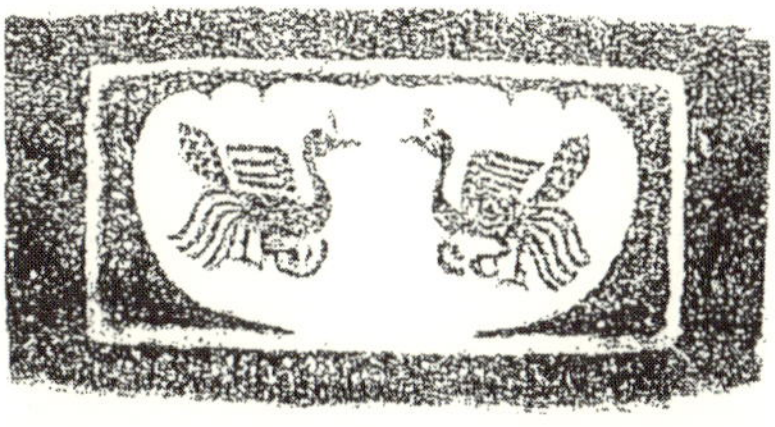

図Ⅴ－3　比都佐神社宝篋印塔基礎の孔雀文
（福澤2009b より）

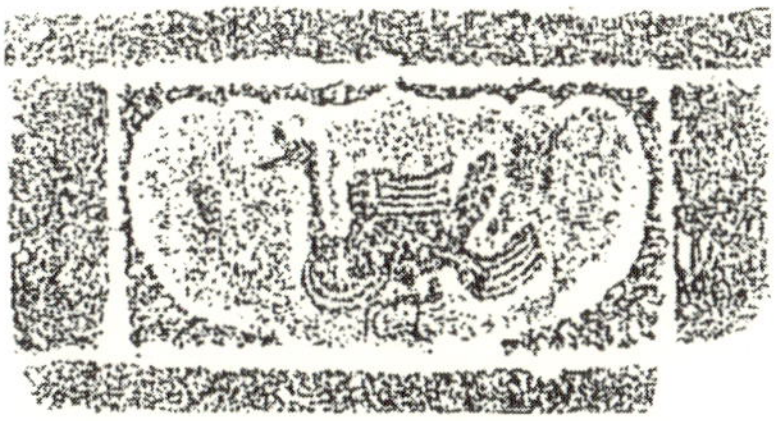

図Ⅴ－4　梵釈寺宝篋印塔基礎の孔雀文
（福澤2009b より）

図Ⅴ－5　旭野神社層塔基礎の孔雀文
（福澤2009b より）

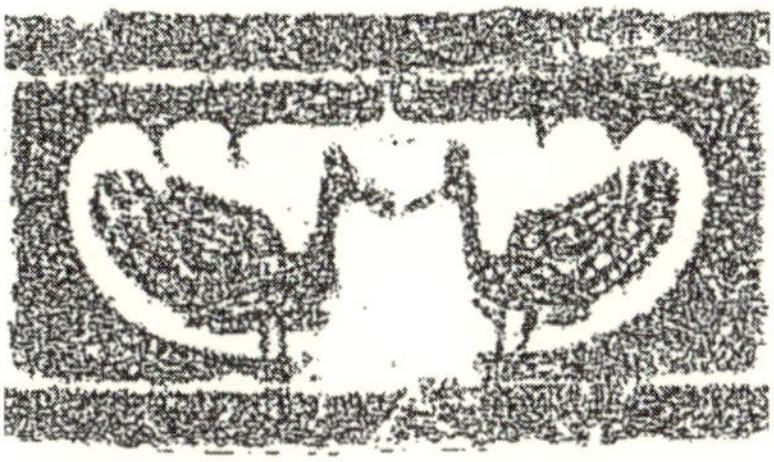

図Ⅴ－6　鏡山宝篋印塔基礎の孔雀文
（福澤2009b より）

一方、麻生荘域から離れた場所にある鏡山宝篋印塔基礎の孔雀文（図Ⅴ-6）については、風切羽と開飾羽が一体化しており、尾羽はほとんど表現されていない。また、トサカの形状も、小判を半裁したようなドーム型で、先述の蒲生貞秀墓所宝塔基礎から始まる一連の系統（トサカ＝線状に近い表現）とは異なる。また、本例では、他例のように基礎の他の面に三茎蓮や開花蓮が配されていないので、これらとは別系統の孔雀文として認識すべきであろう。

すなわち、開飾羽が松毬状となる孔雀文は、麻生荘周辺において特徴的に認められる形式であり、この周辺で活躍した石工集団によって伝承された文様と考えられる。この石工集団は、直径が一〇キロの円内に収まる地域を主要な活動の場としたようだ。

時期は、比較的新しい比都佐神社宝篋印塔が嘉元二年（一三〇四）なので、それより古い様相を呈する光山寺宝篋印塔基礎が十三世紀第Ⅳ四半期、さらに遡ると思われる蒲生貞秀墓所宝塔基礎は十三世紀第Ⅲ四半期に属するものと、ここでは措定しておきたい。

これらの造塔に関わった石工については、銘文に石工名が記されていないので手がかりに欠けるが、造塔主（願主）については、比都佐神社宝篋印塔が地元・麻生荘で公文職を相伝した平氏一族なので、この段階（十四世紀初頭）までは平氏が願主であった可能性は高いだろう。しかし、旭野神社層塔の願主は三島氏であり、また梵釈寺宝篋印塔の願主は沙弥道一[14]と藤原氏なので、鎌倉時代も末期となると、平氏は財力的に造塔のスポンサーとはなり得なかったのかもしれない。すなわちこの地域では、当初願主を務めた一統が没落しても、同じ系統の石工が引き続き造塔を担当したようであり、興味深い。

2　京極氏信と三基の宝篋印塔

(1)　徳源院宝篋印塔

佐々木信綱（?～一二四二）は、承久の乱に際して近江佐々木氏の中で唯一、幕府方として奮戦し、戦後はその功もあって近江守護や評定衆を歴任するなど、鎌倉幕府から非常に重用された人物である。信綱の子息の段階から、佐々木氏は本宗家（六角氏）のほか、三つの庶家に分流する。[15]そのうち、最も有力だったのが、四男の氏信（一二二〇～九五）を家祖とする京極家であった。

氏信は坂田郡柏原荘を本願地に定め、そこに京極家墳墓の地として清滝寺を創建した。中世を通じ、京極家代々の墓は同寺において営まれたが、江戸時代に入ると廃寺に近い状態となり、石塔も散乱していたようだ。寛文十二

写真Ⅴ－８　徳源院宝篋印塔（伝氏信墓）

写真Ⅴ－７　徳源院宝篋印塔群

年（一六七二）、丸亀藩主であった京極貴豊が初代藩主・高和の墓所を整備するにあたり、播磨の所領と近江の寺地を交換し、菩提寺と代々墓の整備を行った。その際、寺名は高和の法名に拠って徳源院と改称されている。

現在、徳源院の墓所は二段に分けられており、上段には伝氏信墓から、天正八年（一五八〇）銘の伝高吉墓まで、宝篋印塔ばかりが十八基も並んでいる（**写真Ⅴ－7**）。一方、下段には京極家中興の祖である高次の宝篋印塔を安置する石室を中心に、歴代丸亀藩主および多度津藩主の石塔が置かれる。すなわち、上段が中世墓、下段が近世墓であるが、このように長期間にわたって一統の墓が一カ所に集中しているのはきわめて珍しい。

上段の宝篋印塔群のうち、最古となる伝氏信墓宝篋印塔（**写真Ⅴ－8**）は花崗岩製で、高さは二五五・六センチを測る。基礎は輪郭を巻いた内に格狭間を配し、その中に三茎蓮を彫る。基礎の上端は反花とし、一面に四弁（隅弁を除く）を配する。

塔身は月輪内に金剛界四仏の種子を薬研彫りとしている。

屋根の段形は軒下二段、軒上六段。隅飾は三個輪郭付きで、側面には蓮座に乗る円相を彫り、内に通種子の𑖀字を入れている。相輪まで完存。[16]

基礎の束に銘文があり、正面右に「永仁三年乙未」、左に「八月十三日」、左側面の右側に「相当百カ日」、左に「忌辰造立之」と彫られる。氏信の命日は永仁三年（一二九五）五月三日なので、本塔がその百カ日供養に合わせて造立されたとすれば、史実とは矛盾がない。[17] 様式的にも十三世紀末の造立と見て問題はなく。本塔は伝承通り清滝寺開基・氏信の墓塔と考えてよかろう。

(2)　箱根山宝篋印塔

第Ⅲ章2項で論じたように、箱根山宝篋印塔（128頁／**写真Ⅲ-5**）は京極氏信が造立を発願し、その逝去後、娘婿の武石宗胤が結縁衆筆頭として石塔の竣工に尽力している。宗胤の妻は氏信の四女で、箱根山宝篋印塔の南面銘文では宗胤と「及」でつながり、「月光源氏女」と記されている（128〜130頁収載の銘文参照）。さらに、月光の次にその名が彫られている「源宗経」は佐々木加地四郎源宗経のことで、近江佐々木を出自としており、その母は氏信の長女であった。[18] すなわち、当時の京極氏と武石氏は、濃い姻戚関係で結ばれていた。

京極氏信は文永二年（一二六五）六月に鎌倉幕府引付衆となり、翌年十二月には評定衆に昇格する。その後は弘安七年（一二八四）四月まで、ほぼ二十年にわたって評定衆を務めた。[19] こうした氏信評定衆時代の初期の段階となる文永五年（一二六八）一月、蒙古から国書が到来している。第Ⅲ章2項で論じたように、箱根山中の宝塔造立（文永五年＝一二六八）やそれに続く宝篋印塔造立の発願は、幕府評定衆の一員であった氏信が、自らの肌で感じた生々しい外敵襲来の危機感をもとに発せられたものだったのである。

箱根山宝篋印塔の西面銘文によれば、百部の随求陀羅尼と『法華経』六部を納入するための宝篋印塔は、永仁四年（一二九六）までには制作が開始されていたはずなので、宝塔の造立からは三十年近い年月が経過していたことになる。そしてこの時には、大和系石工の大蔵安氏が起用された。安氏は正応四年（一二九一）、称名寺の三重塔造塔に際して大工を務めている（第Ⅲ章2項(8)節）。この時の供養導師は忍性であったが、あるいは氏信もまた、忍性に帰依していた北条一族を通じて、安氏の存在を知ったのかもしれない。

また、この時には塔形として宝篋印塔が選択されている。先述の氏信自身の墓塔（徳源院）も宝篋印塔であるが、これを氏信の遺志、もしくはその信仰をよく知る人による選択だと仮定すれば、京極氏信という人は、宝篋印塔や、それにまつわる信仰を特に重んじていたように思える。徳源院の京極家代々墓が全て宝篋印塔なのも、あるいはその名残なのだろうか。

(3)　仏岩宝篋印塔

信州小県郡大門追分の山上に立つ仏岩宝篋印塔は、京極氏信と武石宗胤の関係を論じる上で、非常に重要な存在である。安山岩製で相輪を欠くが、台座を含めた高さは八五センチと、比較的小型の石塔である（写真Ⅴ-9）。台座は、上端に一段の段形を削り出し、四面に後掲の銘文が刻まれている。基礎と屋根軒に輪郭を巻き、内に宝篋印陀羅尼を梵文で刻む。塔身も輪郭を巻き、月輪内に金剛界四仏の種子を刻む。屋根の軒下は二段、軒上は五段。

台座の銘文は、以下のように刻まれている。[20]

（南面）
応長第一暦南呂上旬
□西弟子□□菩薩□□
妙法□□人□□滅□善
出離生死頓証菩提仏果
円満乃至法界平等（異）利益
篋印宝石塔婆一基所（異）□
造立供養如件　敬白

（西面）
肥前太守成阿弥陀□□

（北面）
息女并日光　峰□

（東面）
近江禅閤道善□□

以下、銘文から得られる情報を整理してみよう。まず、本塔が造立されたのは応長元年（一三一一）の八月（南呂）である。造立供養に関する願文は、大半は一般的な定型文に近く、その中で三行目だけがある程度具体的な内容だと思われるものの、ほとんど読み取れない。また、二行目に記されている供養導師の名も読むことができない。

　願主の中心となるのは西面銘文の「肥前太守成阿弥陀□□」という人物であるが、北面には他に数名の人名も

写真Ｖ－９　仏岩宝篋印塔（岡本智子氏提供）

彫られている。まず、肥前太守成阿弥陀□□について、櫻井松夫氏は『尊卑文脈』の佐々木（京極）氏信四女（武石宗胤の妻）の項に「武石肥前守宗胤女」とあることなどを根拠に、これを武石宗胤と想定した（櫻井一九九二）[21]。これが宗胤ならば、応長元年はちょうど六十歳なので、還暦に際して造塔を決意した可能性は指摘してもよかろう。

なお、北面銘文にある「息女」について、櫻井氏は箱根山宝篋印塔南面銘文に記された宗胤の妻のことだと解するが、これは素直に読めば宗胤の娘のことであろう。この「息女」と「幷」で繋がる「日光」は当然法名だが、櫻井氏も指摘するように妻の法名「月光」に対応する言葉なので、宗胤に近い女性だと思われる[22]。仏岩宝篋印塔は、宗胤自身とその息女、係累に繋がる日光および「峰□」を願主として造立されたものと見ておきたい。

では、東面銘文の「近江禅閤道善」とは誰を指し、またどういう脈絡でここにその名が記されているのだろう。櫻井氏は「禅閤」について「太閤が出家した後の尊称」としているが、氏自身がいうように執権の北条時頼が西明寺禅閤と呼ばれた例もあり、また、北条得宗家には時頼以外にも執権の経験者が「禅閤」と呼ばれている例がある[23]。櫻井氏は「近江禅閤」について十世紀の源雅信（近江佐々木氏の祖）だと措定したが、実際はそこまで系譜を遡る必要はないだろう。

京極氏信は弘安七年（一二八四）に出家し、法名を「道善」と名乗った[24]。今回、仏岩宝篋印塔南面銘文拓影を検討したところ、東面、「禅閤」の下字は「道」もしくは「通」のどちらかに見えたが、「善」を法名の一部と考えた場合は、「道善」の可能性が高いであろう。つまり、氏信の法名と同じであり、「近江禅閤」とは京極氏信のことだと考えられる。

本項(1)節で述べたように、京極氏信は永仁三年（一二九五）に死去する。一方、仏岩宝篋印塔の造立年は応長元年（一三一一）なので、その差は十六年となる。つまり、応長元年は氏信の十七回忌にあたる。造立供養された日を表すと見られる「南呂（八月）上旬」は祥月命日（五月三日）には該当しないが、本塔の主な造立目的として氏信の供養があった可能性は高いであろう。

以上のように、徳源院宝篋印塔・箱根山宝篋印塔・仏岩宝篋印塔の三塔は、いずれも京極氏信に関わる宝篋印塔であり、とりわけ後二者については、娘婿の武石宗胤を中心に造立されたものである。それぞれが遠く離れ、また様式も全く異なるこれら三塔が、実は密接な関係を有していた。石塔の研究とは、一般的な考古学のように型式学のみでは語り切れないのであり、本例はそのことを雄弁に物語っているものといえよう。

註

（1）『近江蒲生郡誌』巻一所収。または『平安遺文』二七八一。
（2）原史料には「為平宗保先祖開発之所也」と記される。
（3）『滋賀県の地名』「麻生庄」（平凡社、一九九一年）に拠る。
（4）南北朝時代には、麻生荘の公文職は儀俄氏の手に渡った（水野章一九九五）。
（5）この鳥については、梟とする説がある（川勝一九七八ほか）。
（6）基礎のみが残り、上には近世の五輪塔が立つ。
（7）左右は三茎蓮、背面は開花蓮が彫られている。
（8）孔雀文において、羽は、前から風切羽（飛行に使用する羽）、開飾羽（孔雀の特徴ともいえる扇状に広がる羽）、尾羽の三種類が表現されている。
（9）右側面と背面に三茎蓮、左側面には開花蓮が刻まれている。
（10）すなわち、日本に生息する一般的な鳥類のイメージに近づいている。
（11）この点は、わが国では実際に孔雀を目にすることがないという点と深く関係するだろう。

(12)旭野神社層塔塔身の紀年銘と梵釈寺宝篋印塔塔身の紀年銘は一年違いである。また、両者の基礎の孔雀文がよく似た図案であることから、旭野神社の孔雀文が彫られた基礎は、元から層塔の基礎として作られたものの可能性が指摘できる。
(13)旭野神社層塔基礎の孔雀文尾羽は湾曲して先端が下を向くのに対し、梵釈寺宝篋印塔基礎の孔雀文尾羽は湾曲して先端が上を向く。この点を除くと、両者は非常によく似ている。
(14)平氏の場合は法名に「覚」が付く（204頁）。
(15)長子重綱＝大原家、次男高信＝高島家、三男泰綱＝六角家、四男氏信＝京極家。
(16)現在乗せられている相輪は、やや時代が下るもののように見受けられる。
(17)『系図纂要』では氏信の命日を同年八月十三日とするが、これは宝篋印塔銘文を誤読したものと推定される。正確な命日は、ここから百日を減ずる必要がある。
(18)『系図纂要』では、氏信の長女は宗経の妻としている。
(19)『系図纂要』。
(20)銘文は『長野県指定文化財調査報告』（長野県教育委員会一九六二）収載の翻刻を基本に、櫻井一九九三収載の銘文拓影を参照して適宜修正を加えたものである。現地調査では豪雨のため十分な成果を得られておらず、機会を見て再調査を実施したい。
(21)『系図纂要』では、同項目は「武石肥前守宗胤妻」とある。
(22)拓影を検討した限りでは、これを「月光」と読む可能性がないわけではない。もしそうであれば、これは宗胤の妻のことに他ならない。
(23)第九代執権の北条貞時など。
(24)『系図纂要』。『尊卑文脈』では「導善」となっている。

第Ⅵ章　野間周辺石塔群と凝然

愛媛県下の石造文化財指定件数（国指定）は、京都・奈良・滋賀に次ぐ、全国第四位である。指定件数二十五件という数値は、数多くの石造文化財が存在することで著名な神奈川や大分を超えるものだ。しかもこの両県の指定物件には石仏や磨崖仏が含まれているのに対し、愛媛はそれが全て石塔であるところに特徴がある。そしてこの二十五件から近世の石灯籠二基を除いた二十三基中、実に十六基（約七割）が同県今治市野間地区周辺に分布する。すなわち今治市、とりわけ野間周辺は、中世石造文化の面においては京都や奈良に遜色がない。

本章においては、なぜ野間周辺にこのような優れた中世の石塔が多数存在するのか、その背景について考察を加えることにしたい。

和霊石地蔵磨崖仏

1　凝然と石塔

(1)　八十一品道場供養における石塔

凝然（一二四〇～一三二一）は、伊予の豪族・越智氏出身の高僧である。東大寺戒壇院に住し、華厳や律の教学に精通するとともに、日本仏教史に関して初めて体系的な著述を行ったことでも知られている[1]。

従前、凝然と石塔の関わりについて正面から論じた研究はないが、井上聡氏は「今治八十一品道場供養」と呼ばれる大がかりな仏教行事[2]において、石塔を伴う供養があったことを指摘している（井上聡二〇一一）。

八十一品既来二月十日開白候、御下向之条聊無相違候ハん歟之間、御進奉候故、禅尼之御光陰旁下向遅々之条歎存候之処、今月廿六日ニ今治八十一品遅候へ、丹後殿智観房之便宜之御文と被仰候旨、先御下向之旨を相尋□可申候処ニ不定之由承及候、いかさまにも候へ、大魔縁之所為と覚候、愚僧は宿習之事候、さて置候ぬ明律之御徳用もたへ候ぬへく候哉、神明之思慮も恐覚候、定蔵房進奉定候をたにも国中之沙汰にて候に、結句貴進無下向之儀候ハん事、たゝ事とも不存候故、母儀も被思食、親類一ハし候しかハ、在家に付候てさこそ思まいらせ候て、彼庭に五重之石塔高さ一丈建立候、大乗経を奉納仕候也、当国下向ついに候へく候事、いそき

写真Ⅵ-1　尾道浄土寺宝塔

〜可有御下向事々をりミたして候、略候了

正月廿六日　　必蓮（花押）

戒壇院長老侍者　　　　（※傍線筆者）

本史料は、八十一品道場供養関係者と考えられる必蓮が凝然に対して下向を促した書状で、建治二年（一二七八）の奥書のある『梵網戒本疏日珠鈔』巻十七の紙背に書かれたものである。書状によれば供養の場には高さ三メートル（一丈）に及ぶ「五重之石塔」を造立し、塔内には『大乗経』を納入している。

ではここに記された「五重之石塔」とは、どのような形式の塔であったのだろうか。まず「五」という数字で連想される五輪塔については、この時期（鎌倉時代中期）にはまだこれほどの大型塔は見られないので、その可能性は少ない。層塔（五重）であった可能性はあるが、今治周辺に、この記述と規模や造立時期が近い層塔が存在しない点には、注意しておく必要がある。

一方、今治と瀬戸内海を隔てて対岸に位置する尾道浄土寺[3]には、弘安元年（一二七八）の紀年銘を有する石造宝塔が現存する（写真Ⅵ-1）。花崗岩製で壇上積基壇の上に立ち、高さは二八〇センチを測る。基礎は輪郭を巻いて、内に格狭間を彫る。塔身の四方に胎蔵界四仏の種子を配し、別石の首部には勾欄形を表す。屋根軒は穏やかな隅反りで、軒下に一重の垂木形を彫る。屋蓋頂部には一石で彫成された露盤と請花を乗せるが、その上の宝珠は後補で、本来は相輪が乗せられていた可能性が高い。

銘文によれば、本塔は尾道浦邑の老光阿弥陀仏の供養のために立てられたもので、浄土三部経・法華経・梵網経が納められた。末尾には「弘安元年戊寅十月十四日／孝子光阿吉近敬白／大工刑部安光」と、紀年銘、願主、大工が列記されている。

本塔については、八十一品道場供養に際して立てられた石塔とはおそらく造立時期も近く、また、後補の宝珠を相輪に置き換えた場合、規模も三メートル（一丈）をやや超えるものとなるだろう。付言すれば「五重之石塔」という表現ではないが、宝塔を「五輪塔婆」と呼んだ事例として、第Ⅱ章5項(1)節で紹介した保月宝塔（岡山県高梁市）がある。

以上を勘案した場合、八十一品道場供養に際して建立された「五重之石塔」とは、宝塔であった可能性が高いように思われる[4]。

(2)　新禅院宝篋印塔

東大寺新禅院は、凝然の師僧・円照（一二二一～七七）の俗兄にあたる聖守（一二一五～八七）[5]が再興し、弘安四年（一二八一）に院の祈願所となっている（追塩二〇一一b）。これを受けて同年出された亀山院庁下文には、新禅院の建造物や仏像などが詳細に記されている。

　院聴

可早任沙門聖守寄附、以東大寺内新禅院為御祈願所、奉祈天長地久事、右、去四月　日彼聖守解状偁、請特蒙院聴裁、以東大寺新禅院、永被定置仙洞御祈願所、安長斎梵行浄侶、可致長日不退御祈禱由、下賜御下文状、建立堂舎・経蔵・僧房、安置仏像・聖教・影像、建立一間四面檜皮葺堂一宇、南北両面在廊、安置多宝塔一基、奉納仏舎利、同安四天王像、同安極楽曼荼羅一幅、図写当麻曼荼羅、槌鐘一口、建立五間四面僧房一宇、安置釈迦如来像一躰、摸嵯峨像、…（中略）…起立宝篋印石塔一基、其中奉納卅二粒仏舎利等、建立五間四面庫院一宇、…（中略）…早任沙門聖守寄附、以東大寺内新禅院、永為御祈願所、可奉天長地久丈如件、

弘安四年後七月　日　　　主典修理権守阿部朝臣…（後略）

（※傍線筆者）

すなわち復興が成った新禅院には、具体的な造立年や規模・様式は不明であるが、宝篋印塔が一基存在し[6]、内部に三十二粒の仏舎利が納められていた。この石塔には、凝然も日頃から親しんでいた可能性は高いであろう。なお、付言するならば、石造物の銘文も含め、同時代文献に「宝篋印石塔」と記されるのは本例が最古となる。

(3)　西方院五輪塔

唐招提寺の証玄（一二一〇～九二）は、凝然にとって律学の師にあたる僧である。唐招提寺の中興を志した覚盛の跡を継いで、復興事業をほぼやり遂げた。証玄が正応元年（一二八八）に創建した牟尼蔵院には、正和五年（一三一六）以降、唐招提寺の長老を兼任した凝然も住している。

証玄は正応五年（一二九二）に示寂し、その墓塔として二四〇センチ（八尺）の五輪塔（西方院五輪塔）が造立された（写真Ⅵ-2）。新造の基壇上に立てられており、反花座は一面五弁の大和式の古いタイプである。地輪上面に

は水垂勾配を設け、火輪の軒反りは緩い隅反りである。また、風輪は杯形の古い形状を呈する。五輪塔四方梵字を彫らないのは、他の高僧墓の例に準じる。(7) 花崗岩製。

本五輪塔地下の石櫃内より、高さ三四センチの青銅製蔵骨器が発見されており、その胴部の長方形の枠内には、次のような銘文が彫られていた。(8)

日本国和州唐招提寺律法再興第二
和尚証玄円律上人所生同国山辺郡鉾立
郷人也承久二季庚辰七月七日辰日辰刻誕生
正応五年壬辰八月十四日辰刻入滅于時
行年七十三夏臘五十三別五十八

写真Ⅵ-2　唐招提寺西方院五輪塔

この五輪塔の造立に、凝然がどの程度関わったものかは不明である。しかし、師僧である証玄の墓塔に、全く無関係であったとは考え難い。また次項で述べるように、凝然はここから十七年後、円照（一二二一～七七）の供養塔（五輪塔）を造立することから考えて（次節参照）、墓塔や供養塔としての五輪塔造立に関して一定の知識を有していたものと思われる。

(4) 真言院円照五輪塔

東大寺真言院は、本項(2)節で触れた新禅院とは道を挟んで北西に位置する。治承四年(一一八〇)の平氏による南都焼き討ちで焼失して八十年近くを経た後、前出の聖守によって再興された。この真言院境内、道路に沿った南面土塀の内側に多数の石塔が整然と並べられており、その西の端に、凝然の師僧・円照の五輪塔がある(写真Ⅵ-3)。

花崗岩製で、高さは本体が一五八センチ、反花座が二〇センチ(合計すると六尺)である。反花座は隅角に小花が置かれる大和式で、一面四弁を配する。地輪はやや高く、水輪は壺形を呈する。火輪の軒は隅反りである。五輪塔四方梵字は彫られていない。

写真Ⅵ-3　真言院円照五輪塔

地輪の正面に、次のような三行の銘文がある。

東大寺戒壇院前律師
上僧墓所塔廟也
延慶二年己酉二月日　凝然惶造立

すなわち本五輪塔は延慶二年(一三〇九)に造立されたもので、健治三年(一二七七)十月二十二日に示寂した円照の三十三回忌供養塔である。[9] 凝然はこの七年前、円照の事蹟を記した「円照上人行状」三巻の撰述を終えており、自身もすでに古希を迎えていた。本五輪塔の造立をもって、師の供養に区切りをつけようとしたものであろう。いずれにせよ凝然が師の供養塔として、自らが願主となって石造五輪塔を造立している点に注意しておきたい。

(5)　小　結

以上の事例より、凝然はその生涯において、石塔と少なからず関係していることがわかる。凝然は石塔に関して一定以上の知識を有し、また同時に、一流の石工（集団）とも接点があったものと考えてよかろう。

2　叡尊入滅と中央石造文化[10]の拡散

(1)　叡尊入滅

正応三年（一二九〇）八月四日、病に倒れた叡尊は、多くの人の願いも空しく、同月二十五日に入滅する。遺体は二十七日に荼毘に付され、同地において一丈一尺に及ぶ大型五輪塔が造立された[11]。現在、三段築成の下成基壇（後補）の上に重厚な壇上積基壇が作られており、五輪塔はその上に立っている（78頁／**写真Ⅱ-7**）。

この西大寺奥院叡尊五輪塔は花崗岩製で、高さは三三六・八センチを測る。地輪は下幅が上幅を三センチほど上回る台形状となっており、塔を実際の寸法よりさらに雄大に見せている。また、上端部には水垂の勾配が付けられている。水輪は球形に近いが、よく見ると上半部に最大径が来る精美なもの。火輪は軒が厚く作られており隅反り

表Ⅵ-1 関連年表

		A 生　駒	B 鎌　倉	C 箱根(東海道)	D 瀬戸内(野間除く)	E 野間周辺	摘要
	1290						叡尊没
1	1291						
	1292						
	1293	○		☆			
	1294	☆(行)☆			□		
	1295			△			
	1296			○(安)	☆(心)		
	1297						
	1298				◇(心)		
	1299						
	1300			○(心)☆	☆(念)		
2	1301						
	1302						
	1303						忍性没
	1304	△(行)		東○(定)			
	1305	◇					
	1306	☆					
	1307						
	1308		○(心)○(心)	東○			
	1309						
	1310						
3	1311						
	1312				◇(念)		
	1313		☆				
	1314						
	1315						
	1316						
	1317						
	1318				○(念)		
	1319				○(念)		
	1320						
4	1321						凝然没
	1322						
	1323					○	
	1324						
	1325					○	
	1326				○	○△△	
	1327						
	1328						
	1329						
	1330						

○-宝篋印塔　△-五輪塔　□-層塔　☆-石仏・磨崖仏　◇-その他
(行)-伊行氏　(安)-大蔵安氏　(心)-心阿　(定)-大蔵定安　(念)-念心

が顕著であるが、軒下の曲面が滑らかなので、バランスよくエッジが効いて見える。軒だるみの曲線も美しい。風輪は皿形で、空輪は球形に近い[12]。

叡尊の死の翌日、訃報は早くも鎌倉極楽寺の忍性の元に届いた。忍性は「悲嘆無限」であったが、「不尽之間」のために取り急ぎ弟子の成真を派遣し、また仏事用途を西大寺宛に送った[13]。その後忍性は正応五年（一二九二）八月になって西大寺に帰住し、四王堂で叡尊三回忌の供養を執り行った[14]。

忍性の大和滞在は、この年から正安二年（一三〇〇）八月頃までと考えられる[15]。そして前著（山川二〇〇八）で指摘したように、この八年ほどの間に、生駒・箱根・瀬戸内の三地域で石塔の造立が盛んとなるのである（**表Ⅵ-1**）。

(2)　和霊石《われいし》地蔵磨崖仏

永仁二年（一二九四）の紀年銘を有する生口島光明坊層塔に対し、永仁六年、叡尊高足の定証によって造立供養がなされた可能性については、第Ⅲ章3項(2)節で述べた通りである。その後、心阿はおそらく、尾道浄土寺の長谷寺式十一面観音像の石製台座を制作するなど瀬戸内で活動を続けたと思われるが、正安二年（一三〇〇）には、忍性に従って関東に下る（第Ⅲ章3項）。

一方、瀬戸内にはこれと同じ年、念心という一級の腕を持つ石工が現れる。その名が最初に刻まれるのは、佐木島（広島県三原市）という離島にある和霊石地蔵磨崖仏である（**写真Ⅵ-4**）。海岸にある高さ二・八メートル、幅五メートルの巨大な花崗岩に刻まれた磨崖仏で、像高は九六センチを測る。

地蔵座像は海側の面を舟形に彫り沈め、結跏趺坐の姿で半肉彫りとされている。円形の頭光を負い、納衣は両肩を覆う通肩。胸に瓔珞を着け、右手に錫杖を持し、左掌には宝珠を乗せる。像向かって左に、宝瓶に活けられた三

写真Ⅵ-4　和霊石地蔵磨崖仏

茎蓮が浮き彫りとなっている。この供花彫刻の上に方形の枠を彫り沈め、『地蔵本願経』の偈を刻む。また、その左に大きな字で次のような銘文が彫られている。

釈尊円寂二千二百五十一歳
　于時正安二年庚子九月日
　大願主散位平朝臣茂遠[16]
　　幹縁道俗都合七十余人
　　　仏師念心

すなわち本磨崖仏は、正安二年（一三〇〇）に平茂遠を大願主とし、その他七十人以上の結縁者を得て造顕されたもので、石工は念心であった。また、願主の平茂遠は、地元の沼田《ぬた》小早川氏の庶流にあたる人物である。

(3) 小　結

叡尊の死後、生駒・箱根・瀬戸内の三カ所で石塔造立が盛んとなる背景については、叡尊が石塔を用いた在地教下（布教）に一定の制限を設けていたか、もしくは後継者（この場合は忍性）が石塔を用いた布教に長けていたかのいずれかである[17]。

忍性は自らの大和帰還に伴い、金沢称名寺三重塔の大工として実績のあった心阿（大蔵定安）を瀬戸内に派遣した。そしてこの間、父親の大蔵安氏は箱根で石塔や石仏の造顕に従事したものと思われる。また、定証による尾道浄土寺の復興は、おそらく忍性の指示に基づく尾道浦在住の都市民教下の手段であろうが、その復興事業にも心阿の技術が活かされたものであろう。

正安二年（一三〇〇）夏頃、心阿は忍性の鎌倉帰還に伴って関東に戻り、父親の逝去によって未完成となっていた箱根山の石造物群を完成させる。そしてその後は、死ぬまで鎌倉で暮らした。一方、先述のように瀬戸内には念心という石工が現れる。

3　忍性入滅と瀬戸内の石造文化

(1)　忍性入滅

嘉元元年（一三〇三）六月、忍性は病の床に着き、翌月十二日、鎌倉極楽寺で入滅する。八十七歳であった。遺骨は遺言によって忍性ゆかりの三カ寺（極楽寺・竹林寺・額安寺）に分骨された。このうち、極楽寺忍性五輪塔が心阿作の可能性が高いことについては、先述の通りである（第Ⅲ章3項(6)節）。

忍性の死後、その追慕と思われる造塔が、旧東海道沿い（足柄上郡）の余見宝篋印塔（第Ⅲ章2項(8)節）、生駒（第Ⅱ章3項）、鎌倉安養院宝篋印塔（第Ⅲ章3項(5)節）において見られる。このうち生駒については、忍性の入滅二年後となる嘉元三年（一三〇五）、凝然が「竹林寺略録[18]」を撰述したが、この文献の中には忍性に関する記述も多く見られる。以下、やや長文に及ぶが、関連部位について引用したい。

爰関東極楽寺伝律開山忍性菩薩者。本大和国人也。従幼至終一期所作。十九歳ヨリ毎月三年ノ間断食唱五字呪五洛叉専信文殊偏事慈育。常躋当峰。而拝霊廟恆籠当窟而礼本尊随月不止。遂日弥新。道心慈憐天焉。亦如聖力。慈悲興隆本然。重添冥助。大智縦横之徳。広大利済之行。興法伝灯之計。弘戒講律之業。無非大聖文殊之威力。全同行基菩薩事業依之上人弥運信心於当山。身住関東遠送什物。処隔呉越慇営興隆。遂安六口僧侶。行不断光明之法。送随身仏像為永代修習之本尊。加之。法会料物。講談依怙。施入非一。寄付有数。円寂之後納芳骨於当山安置之。構期遺体於来際。此乃与日月而耀照。城石而播徳。旦那結縁於上人。知音取信於精霊。仁満関東。輩溢遠近。彼々諸檀。没後遺骨多安此処。逐年非一。則前縁之所致。宿因之所感也。上人遺跡。門輩非一。倶慕当山。並崇遺塔。従在生至没後。自近所至遠方。上人懇志。何日報尽。遺門芳志事亦難忘。大聖文殊之利潤如是。菩薩精霊之善巧住茲。

本史料に拠れば、忍性は十九歳の時より三年間、毎月竹林寺に参詣・修行を実践した。行基の廟を拝し、本尊（文殊菩薩）を礼拝することによって文殊の霊力を身に付け、行基と同様の事業を成し遂げることができた。鎌倉極楽寺の長老となって後も、仏像や什器類を寄進し、六口僧侶による不断光明の行を実践した。死後、その遺骨は当山に安置され、信者たちが忍性の遺徳を偲び、竹林寺忍性五輪塔に詣でた。また、死後は遺骨をここに埋納するということもあった。

これら忍性を信仰した人々の代表格が、生駒周辺に複数の石造物を造立した行仏や入西であり（第Ⅱ章3項）、それらには当然、忍性追慕の意味もあったと思われる。

(2)　忍性入滅と瀬戸内石造文化

ここで再び**表Ⅵ-1**に目を遣ると、瀬戸内では正安二年（一三〇〇）九月に念心が和霊石地蔵磨崖仏を造立以後、忍性の死を挟んで約十二年間、念心など中央石工による石造物の造立は途絶える。

一方、心阿は同じ正安二年の八月、箱根山宝篋印塔の竣工に関与し、また銘文を起草する（第Ⅲ章2項(4)節）。本塔の造立供養導師は忍性であり、また心阿の作品がその後、関東に限定されることから考えて、心阿はこの時以降、忍性に従う形で関東に赴いたとみることができる。

念心は、心阿が忍性と共に関東に下向するのと同時期に、突如として瀬戸内に現れている。そのタイミングや、忍性の死後約十年間念心銘の石造物が見られなくなる[19]ことから、念心も心阿と同様、忍性の意を受けてこの地に赴き、石造物の造顕にあたった可能性が高いだろう。

(3)　小　結

以上のように、忍性の業績に関しては凝然も高い評価を与えている。さらに、忍性と関わりの深い生駒竹林寺は、凝然の師である円照が復興に尽力した寺院であった。円照や凝然のような東大寺戒壇院系（北京律）の僧侶のほか、忍性は泉涌寺第七世長老の覚阿に通受を授けるなど、北京律とは関わりの深い僧である。第Ⅲ章3項(5)節で述べたように、忍性供養塔の可能性がある鎌倉安養院宝篋印塔も、本来は北京律寺院の長楽寺に伴うものであった可能性が高い。また、覚阿が勧進を勧めた余見宝篋印塔の大工は大蔵定安で、これは心阿の俗名だと思われる（第Ⅲ章2

項(8)節)。すなわち忍性に近い存在であった大蔵派石工や念心は、忍性の死後においては覚阿など北京律との関係を深めるようである。

ともあれ瀬戸内においては、忍性の没後約十年間、中央石工の足跡は途絶えるという点を、ここで確認しておきたい。

4 念心の活動再開

(1) 附属寺石塔残欠（塔身）

今治市郷本町に所在する附属寺境内の石塔残欠（写真VI-5）には正和元年（一三一二）銘があり、また念心の名も刻まれている。念心の作例としては、実に十四年ぶりのものである。高さ五二センチ、幅五一センチで、平面形状はほぼ正方形をなす。また、上下端部には枘を作り出している。一面の上半に阿弥陀種子を大きく彫り、その下左右に観音・勢至の脇侍種子を彫る。この面の背面中央に弥勒種子を彫り、その右下に「予州」、左下に「国府」と彫る。

また、阿弥陀三尊種子面向かって右面には、次のような銘文がある。[20]

釈尊入滅二千二百

六十一年正和元壬子

十一月廿三日
□□□
願主僧□□
□□□
導師僧栄海　大工念心

なお、この銘文がある面の背面は素文である。仏種子が彫られていることから、この残欠が宝篋印塔か層塔の塔身部分であることは間違いない。この二者のうち、四仏種子が一般的な層塔の塔身（初層軸）である可能性は少ないと思われる。[21] 一方、宝篋印塔の塔身であれば、後に紹介する念心作銘の米山寺宝篋印塔（本体部高さ二二三・四センチ）の塔身が縦三七・二センチ、横三七・〇センチである。一方、同様に後述の念心作銘を有する大山祇神社宝篋印塔左方塔（本体部高さ三〇二センチ）の塔身が縦五一・〇センチ、横五二・五センチ[22]で、規模は附属寺塔身にほぼ一致する。よって附属寺石塔残欠は、十〜十一尺クラスの大型宝篋印塔の塔身であったものと思われる。

写真Ⅵ-5　附属寺石塔残欠（塔身）

また、銘文冒頭に記されている釈迦の入滅紀年に関しては、計算上紀元前九四九年となり、先述（第Ⅲ章3項(2)節）の穆王五十三年入滅説に一致する。[23]

願主については、「僧」字の下に一名、その左右に一名ずつが刻まれているが、三名とも人名は読み取り難い。次行、導師僧の名がある部分も石材の表面が削れているが、愛媛県教育委員会〔二〇〇二〕では「栄海」と読んでおり、同書に掲載されている拓図（四四頁）でも確かにそう読める。[24]同時代の僧侶に真言僧の栄海（一二七八〜一三四七）がいるが、これと同一人物であるかどうかは不明である。[25]なお、その下の「大工念心」銘はきわめて明瞭に残っている。

一方、弥勒種子が彫られている面には先述のように「予州」「国府」の文字があり、本石塔と伊予国府との間に何らかの関係があったことを示唆している。附属寺が所在するのは旧風早郡河野郷周辺であり、河野氏の本貫地に該当するので（川岡〔二〇〇二〕）、本石塔の願主を在庁官人クラスと想定した場合、最有力候補となるのは、河野氏を措いてほかにない。すなわち、附属寺石塔（大型宝篋印塔）造立の願主は、河野氏であった可能性がきわめて高い。

河野氏の出自については、古代から続く雄族・越智氏にあることは間違いないが、平安時代までの実態は必ずしも明瞭ではない。河野氏の名が歴史の表舞台に登場するのは、治承五年（一一八一）、伊予でいち早く反平氏の旗を掲げた河野通清を嚆矢とする。[26]『吾妻鏡』の表現を借りるならば、通清はこの段階ですでに軍事力によって伊予国を「押領」していた。同年の史料（『吉記』）中では通清のことを「伊予国在庁川名大夫通清」と記しており、この頃までに在庁官人としての地位を確立していたことは確実である。

なお、凝然と同時代僧の一遍は、通清の嫡男・河野通信の孫にあたる。通信は承久の乱（一二二一）で京方に与し、乱後は陸奥に流された。弘安三年（一二八〇）、東日本を旅していた一遍は、足を延ばして祖父通信の墓（岩手県北上市）に詣でている。[27]

(2)　大山祇神社宝篋印塔

大山祇神社《おおやまづみ》（今治市大三島）は伊予一宮であり、越智氏の氏神でもある。鎌倉時代に至り、一族の中で河野氏の勢力が優勢となったことに伴い、河野氏の氏神としての色彩を強める。前項で触れた一遍は、正応元年（一二八八）に伊予を訪問し、菅生岩屋から繁多寺（松山市）を経て大三島に渡り、大山祇神社に参拝している。『一遍聖絵』では「聖の曩祖越智益躬は当社の氏人なり」と述べており、古代から同社が越智氏と深い関わりがあった（と認識されていた）ことを示している。[28] また、同書では「祖父通信は神の精気をうけて、しかもその氏人となれり」と記されており、河野氏と大山祇神社の関係も示唆している。

この神社の社殿奥に、三基の花崗岩製宝篋印塔が並立している（**写真Ⅵ－6**）。いずれも全て高さ三メートルを超える大型塔であるが、中でも中央塔は高さが四二九センチもあり、非常に迫力がある。中央塔の繰形座の上に置かれた基礎は側面に輪郭を刻み、内に格狭間を配する。基礎の上には反花を置き、さらにその上に請花座（中台）を乗せる。

写真Ⅵ－6　大山祇神社宝篋印塔

この特徴のある請花座は、上に置かれる塔身の荘厳のために配されたものであるが、伊予国越智郡から備後国御調郡にかけて限定的に分布しており、「越智式宝篋印塔」と呼ばれることもある。

塔身は、正面のみ金剛界大日を表す荘厳点入りの種子𑖪𑖽が彫られている。屋根は、軒下が二段の段形、軒上は六段である。隅飾は別石作りで三弧輪郭付き。相輪は三基共に完存しているが、なかでもこの中央塔の宝珠の下は、請花ではなく反花（蓮弁の先端が下向き）となる非常に珍しいものである。

右方塔は高さ三三二センチ。基礎三面に輪郭を刻み、内に格狭間を配する。基礎上端は複弁の反花とするが、隅角と中央に蓮弁を置き、間弁を配する京都系の蓮弁である。[29] 塔身は四面共に素文。屋根軒下の段形は二段、軒上は六段である。隅飾は、他の二塔とは異なり別石作りとならない。

左方塔は高さ三〇二センチ。素文の基礎上に二段の段形を置き、その上にやはり素文の塔身を乗せる。塔身の正面には数行にわたる銘文があり、磨滅が酷いものの「勧進聖……文保二年（一三一八）戊午十二月九日　大工法橋念心」と読まれている。また、他面に一行の銘文があり、現在は全く読めないようだが、[30]『伊予旧蹟抄』や『あまのすさび』という文献には次のように読まれていたという（菅一九四〇）。

天孫饒速日命九世大物部主大小市大連伊予王五十一代伊予国守河野備後守越智宿禰通純建立之
文保二年戊午十二月十九日　　一遍上人継遺志聖戒謹記

この文章には、石造物の銘文には一般的に見られない表現が多見されるので、これを鵜呑みにすることはできないが、河野通純といえば通信の曾孫であり、一遍から見ると従兄の子（従甥）にあたる。年齢的には文保二年に造塔の願主となっていても不自然ではない。

また、大山祇神社の境内に造立されている点からみて、これら三塔が河野氏（越智氏）と関係するものである可能性は高い。念心作の石塔としては、先述の附属寺宝篋印塔（石塔残欠）造立の六年後であり、また同塔の想定高が左方塔の規模と近いことも（本項(1)節）、この推定の根拠に加えてよかろう。

なお、銘文のない中央塔と右方塔に関しても左方塔と様式的に近似しており、彫刻技法も共通することから、ほ

写真Ⅵ－7　米山寺宝篋印塔

写真Ⅵ－8　万性寺宝篋印塔残欠

ぼ同時期に念心によって造立されたものと考えてよかろう。

(3)　米山寺宝篋印塔

三原市の米山寺（沼田東町）には沼田小早川家の墓所があり、前後に並行して設けられた低い土壇上に、各十基の宝篋印塔が並び立っている。このうち後列左端に位置するのが、念心銘のある宝篋印塔である（**写真Ⅵ－7**）。本体高は二二三・四センチで、高さ三二・四センチの切石組二段築成の基壇上に立つ。基礎は輪郭を巻いた内に格狭間を配する。基礎上端は京都系の反花で、その上の塔身は素文である。正面に銘文があり、右下に「大工念心」、左端に「元応元年（一三一九）十一月日／一結衆」と彫られる。

屋根段形は軒下二段、軒上六段、隅飾は一弧輪郭付きで、別石作りとはならないタイプである。相輪も完存しており、様式的には大山祇神社の右方塔によく似ている。

大山祇神社宝篋印塔のほぼ一年後の造立であるが、願主は河野氏ではなく、和霊石地蔵磨崖仏と同じ沼田小早川氏である。念心は、伊予では河野氏の下で造塔を行うのとほぼ同時に、瀬戸内海を隔てて対岸となる安芸では、小早川氏のオーダーにも応じていたようである。

また、同じ沼田荘内となる万性寺には、念心銘を残す宝篋印塔の塔身が残る（写真Ⅵ‐8）。花崗岩製で、高さ二五・二センチ、幅（上端）二五・九センチと、小型である。(31) 上下端に枘を作り出す。側面は月輪の中に金剛界四仏の種子を彫り、このうち𑖮𑖿𑖨𑖱𑖾面月輪左側に一行（判読不能）、𑖀𑖾面月輪右下に「大工念心」と彫られている。

以上のように、念心は小早川氏の本貫地である沼田荘内において造塔活動を行っていたようであるが、規模的には五〜七尺五寸程度の宝篋印塔造立に止まっており、河野氏のように十尺を超える大型塔の造立は行っていない。この点は、河野氏と小早川氏の勢力の差によるものかもしれない。

(4) 小結

念心がこの時期に瀬戸内地域で活動を再開する背景については不明であるが、忍性の死後にいったん中央石工の作例が途絶えることや、河野氏（越智氏）と念心の深い関係、さらに凝然の死後に見られる野間地域における急激な石塔造立ラッシュ（後述）を勘案すれば、そこに凝然もしくはその周辺（北京律）の関与を想定することもあながち無理とはいえないであろう。なお、造塔に関わる最大の願主《パトロン》は河野氏であり、また、沼田小早川氏との関係も前代から引き続き有したようである。

5　野間周辺の石塔

(1)　凝然入滅と野間の石塔

凝然は元亨元年（一三二一）九月五日、東大寺戒壇院で入滅した。遺体は佐保山に葬られたという。この翌年以降、凝然の生地に近い今治市野間周辺では、石塔の造立が唐突に盛んとなる（表Ⅵ-1）。舞台となる野間は、今治市街地から西に約五キロの山間部である。「乃万村郷土誌」という近代の地誌には、この地域について次のような記載がある。

野間郡乃万郷ノ一部ナリシカ、一小谷ニ七ヵ寺ノ跡（野間寺、長円寺、智乗寺、覚庵寺、平入堂、クアン寺、……寺）アリ。大墓碑古墳多シ

すなわち、野間の狭い谷間には七つもの寺があったという。もっとも、これらの寺院は次節で述べる延命寺のように、一つの大きな寺の塔頭（子院）群と考えた方がよいのかもしれない。また、これらの中で唯一、現存する野間寺に安置されている虚空蔵菩薩像は、かつて智蔵寺の本尊であったと伝わり、さらに同寺は河野氏の某が壇越であったとの伝承もある（文化財建造物保存技術協会一九九〇）。いずれにせよ、宗教色の強い地域であったということができよう。

また、川岡勉氏によると、野間は紀氏の本貫地であり、同氏は越智一族の新居氏や別宮氏とは姻戚関係にあった（川岡二〇〇二）。実際、後述のように石塔銘文中にも紀氏に関わる人名が刻まれているものもある。次節以下では、これら野間地区の石塔を概観し、それらの造立背景に迫ってみたい。

(2)　野間神社宝篋印塔

銘文からみて、野間最古の石塔となるのは、野間神社宝篋印塔である（花崗岩製／**写真Ⅵ-9**）。宝篋印塔は、二段築盛の切石組基壇上に立つ。基礎側面は輪郭を刻み、内に格狭間を配する。上端には反花に代えて繰形を置き、その上の請花も繰形としている。蓮弁は刻まないが、塔身下に請花座を配する越智式宝篋印塔である。塔身は、月輪内に金剛界四仏の種子を薬研彫りとする。軒下の段形は二段、軒上は六段。隅飾は別石の三弧輪郭付きで、側面に円相を配し、内に金剛界大日種子を刻む。なお、相輪は後補で、それを除いた高さは二〇六センチである。塔身阿閦種子の面に、種子を挟んで両側に次のような銘文を刻んでいる。

右為者奉為神明法楽
別為紀有春並藤原氏
除病延命□□□□
平等利益也

写真Ⅵ-9　野間神社宝篋印塔

元亨二年十二月十六日
大願主紀有春
　　　藤原氏　敬白

すなわち本塔は野間神社への奉納と同時に、願主代表（大願主）の紀有春と藤原氏の除病や延命といった現世利益を祈願して造立されたものである。造立は元亨二年（一三二二）。すなわち凝然入滅の一年後であった。なお、「藤原氏」の後に付される「女」が省略されているが、願主の紀有春と藤原氏は夫婦であったと見るのが自然であろう。

(3)　長円寺跡宝篋印塔

写真Ⅵ-10　長円寺跡宝篋印塔

本塔は「長円寺谷」と呼ばれる谷に所在しており、石塔付近の平地には長円寺の伽藍が存在したものと考えられる。しかし石塔の周辺は近世に耕地化されており、全く痕跡を留めていない（野間部落一九七三）。昭和四十八年（一九七三）、土砂で下半部が埋没していた宝篋印塔が地元有志の尽力によって解体修理された。

長円寺跡宝篋印塔（花崗岩製）は本体の高さが三七二センチを測り、切石組二段築成の基壇も含めた高さは四〇四センチに及ぶ巨塔である（**写真Ⅵ-10**）。やや低めに

図Ⅵ-1　長円寺跡宝篋印塔実測図

図Ⅵ-2　大山祇神社宝篋印塔（中央塔）実測図

作られた基礎は側面に輪郭を巻き、内に整った形状の格狭間を置く。基礎上は一段の段形の上に繰形を置き、その上の請花も繰形とする。先述の野間神社宝篋印塔と同様、塔身の下に荘厳のための請花座を置く越智式宝篋印塔である。塔身は素文とし、現在背面となっている面に次のような銘文を刻んでいる。

南無当来導師
弥勒仏
正中二乙丑五月日
願主比丘尼□阿
当寺本願長円□也

すなわち本塔は、弥勒下生信仰に基づいて造立されたものであり、願主は比丘尼□阿と、長円寺本願の長円であった。つまり、寺号は開基の法名によって決められている。また、長円と比丘尼□阿は並記されており、夫婦であった可能性が高い。

屋根の段形は軒下二段、軒上六段。隅飾は別石作りで、三弧輪郭付きである。相輪も完存しており、美しい逓減を見せる。宝珠下の請花は平面形が六角となる、やや特殊な形状である。

なお、この長円寺跡宝篋印塔と、前項で触れた大山祇神社宝篋印塔（中央塔）を実測図で比較すると、各部の寸法や比率がかなり近似していることがわかる（図Ⅵ-1・2）。またこの両塔は、塔身が基本的に素文である点や、宝珠下の請花が特殊な形状を呈する点など、かなりの部分で共通性がある。野間地区の石塔は、銘文中に石工名が彫られないのが特徴であるが、作者については念心の可能性が最も高い[32]。本項で紹介している他の石塔も、それぞれが若干時期をずらせて造立されていることから、念心が制作したものと想定するのが妥当だと思われる。

(4)　馬場五輪塔

馬場五輪塔は、先述の長円寺跡宝篋印塔から西へ約一〇〇メートルの民家の脇に立つ大型の五輪塔である（写真Ⅵ-11）。花崗岩製で、切石組一段の基壇上に繰形座を置く。繰形座を含めた高さは二三三センチ、これを除く高さは二一三センチで、設計は七尺である。宝瓶形の水輪、軒が厚く隅反りの火輪、皿型の風輪などに特徴があり、「西大寺様式五輪塔」と呼ばれる整った形状を呈する。

地輪側面に、次のような銘文がある。

志者為亡妻
紀氏女
乃至法界平等利
益之故也
嘉暦元年丙寅四月日
願主比丘谷春

すなわち本塔は、嘉暦元年（一三二六）、比丘谷春が亡妻・紀氏女《むすめ》のために造立したものである。平成元年（一九八九）に解体修理がなされ、地輪上端と水輪上端に奉籠孔が開けられているのが確認された（文化財建造物保存技術協会一九九〇）。このうち水輪の奉籠孔からは舎利が入った木製五輪塔と銅製皿、地輪の奉籠孔からは火葬された人骨が検出された。鑑定の結果、被葬者は二十五歳前後の女性と推定されたが、これが紀氏女の遺骨であることは間違いなかろう。当時としても、かなり若年で逝去したということになるが、骨には発育不全の部分も見られたようなので、彼女はやや病弱であったのかもしれない。

写真Ⅵ-11　馬場五輪塔

いずれにせよ、本塔は大型の五輪塔が在地領主クラスの俗人墓として使用された事例としては最古級となる。

また、俗人墓五輪塔の場合、各輪には四方種子が刻まれるのが通例であるにもかかわらず本塔は素文であること、繰形座は本来、西大寺流直系寺院の長老クラスの墓に使用される意匠であることに、注意しておきたい。

(5)　覚庵五輪塔

馬場五輪塔から西へ四〇〇メートルの位置に、覚庵五輪塔と呼ばれる二基の花崗岩製五輪塔がある（**写真Ⅵ-12**）。花崗岩製で同一の基壇（切石組三段／高さ五五センチ）に並び立つことから「双び墓」の異名もある。大きい方の五輪塔の高さは二一五センチ（七尺）で、小さい方の塔は一九七センチ（六尺五寸）である。銘文はないが、大きい方の塔は規模だけではなく各部の比率や形状も馬場五輪塔に似ているので[33]、覚庵五輪塔も鎌倉時代後期の作と考えてよかろう。なお、小さい方の塔の水輪は大きい方の塔とほぼ同規模だが、他の部材をやや小型に作っている。

写真Ⅵ-12　覚庵五輪塔

この寄り添うように立つ二基の五輪塔は、戦国時代に地元重茂城の城主であった岡部十郎夫妻の墓とする伝承があるが、本塔の造立時期はそれより二五〇年ほど遡る。ところで、同一の基壇に大型の石塔二基を乗せると沈下の可能性が相乗的に高まるので、技術的にはかなり困難である。すなわち石塔二基並立の場合も、基壇はそれぞれ別に作った方がはるかに安全である。それにもかかわらず、あえて二基を同一の基壇に乗せたということは、この双塔が密接な関係を有する二人の墓であること、すなわち夫婦墓であることを示している可能性が高い。両塔の微妙な規模の差も、この推定を補強するであろう。すなわち前記した伝承は、この両塔が夫婦の墓だという点では正しい。また、この双塔にも、馬場五輪塔と同様、四方梵字が彫られていない点には留意しておきたい。

(6) 小結

以上、本項で触れた四カ所（計五基）の石塔から得られる情報を纏めてみよう。まず、これらの石塔を結ぶ共通のキーワードは「夫婦」であろう。亡妻を悼んで造立された馬場五輪塔以外は、夫婦単位の造立である。そして「夫婦」とは、いうまでもなく家族の基本単位である。

また、これらの石塔が分布する谷間には七カ寺が密集していた。野間は紀氏の本貫地であり、石塔の銘文もそれを傍証している。以上の点より、これらの寺は、紀氏の支族がそれぞれ営んだ家単位の寺とみることができよう。この場合、夫婦単位で造塔が営まれている点を考慮すれば、これらはそれぞれの「家の寺」における開基廟としての意味を持っていた可能性が高い。本地域の場合、それが夫婦単位である点に特徴があり、夫婦がそれぞれの「イエ」の祖霊ともなり得る存在であることに留意が必要である。

また、野間神社宝篋印塔では、中央石工の作と思われる大型宝篋印塔に、「除病延命」などの現世利益を謳った願文が刻まれている。また、馬場五輪塔では、亡妻供養に西大寺流直系寺院の長老墓と同じ様式の五輪塔が用意された。野間地区所在石塔の最大の特徴は、この一種のアンバランスにあるといっても過言ではない。

もっとも野間の場合、願文がこれらの一級の石塔に刻まれていたために地方小寺院の実情が判明するのだが、あるいはこうした事情は、当時の小寺院において、地域を問わず普遍的であった可能性もある。むしろここでの最大の問題は、誰がこの地域に一級の石彫技術を提供したのかにあるだろう。

凝然の在世中において、念心による石塔造立は河野氏と小早川氏関連のものに限定されていた。また、野間地区の石塔のように、夫婦単位での造塔や現世利益を謳った造塔はなされていない。換言すれば、「家の寺」を対象とするような、いわば俗的ともいえる造塔はなされていなかった。こうした意味において、この転換は非常に大きいものであり、また転換の契機に凝然の逝去を想定することも許されよう（表Ⅵ-1）。

本章1項で触れたように、凝然と石塔は比較的密接な関係にある。しかし、凝然において石塔とは、あくまで師匠にあたる高僧の墓塔や供養塔が基本であった。一方で凝然は、俗人墓や供養塔などに関わる石塔の造立に関与した形跡はない。凝然にとって石塔とは、あくまでオフィシャルな存在であったことがわかる。

むしろ、凝然という桎梏から放たれた何者かが、布教の名の下に一級の石造技術をこの地域に開放したのである(34)。このことは逆にいえば、前代までの念心の活動は、凝然の管理下にあったことを意味する。凝然は東大寺戒壇院、あるいは唐招提寺における北京律系の僧侶として、忍性の石塔造立に関する技術的要素を、故郷の瀬戸内地域で継承していた。それは、関東における覚阿と対称的な存在であったものと思われる（第Ⅲ章3項(5)節）。

6　まとめ

師僧・叡尊の入滅後、忍性は瀬戸内への布教を積極的に推し進めた。それは寺院の復興（尾道浄土寺や光明坊など）を軸としたが、顕著な特徴として、石塔の造立を伴ったことが挙げられる。忍性は、自らと関係の深い大蔵派石工の心阿（大蔵定安）を瀬戸内に派遣し、石塔や石仏の造顕、あるいは仏像台座の制作に当たらせた。

忍性の関東帰還に伴い、心阿も関東に向かう。背景には父・安氏の逝去があり、心阿はその後任として箱根山の石塔や石仏群を完成に導いた。心阿はその後も忍性に従って鎌倉に入り、忍性の死後は北京律僧の覚阿の下で石造物を造立し、故郷の大和には帰らずに鎌倉で生涯を閉じる。

一方、瀬戸内には心阿とちょうど入れ替わる形で、念心という石工が現れる。念心は正安二年（一三〇〇）九月に、佐木島で和霊石地蔵磨崖仏を制作しているが、一方の心阿は、同年八月に箱根山宝篋印塔と地蔵磨崖仏を完成させている。そのタイミングからみて、念心は心阿や忍性と何らかの関係を有する石工であったと思われる。しかし、念心の瀬戸内における活動は、忍性の入滅によって中断する。

忍性入滅から十二年を経て、瀬戸内で再び念心による制作活動が再開される。それらの造塔は、いずれも河野氏や沼田小早川氏の要請に基づくものであった。本論では前代の忍性に代わる存在として、凝然がこれらの石塔の造立と何らかの関係を有していた可能性を示唆した。もとより凝然も師僧・円照の供養塔を自らの手で造立するなど、石造物とは関係の深い僧侶である。

一方、野間地域に散在する石塔群は、凝然の死後に相次いで造立されるが、それらはしまなみや安芸における念心の造塔活動と繋がる時期に制作されており、いわばそれを引き継ぐ形である。また、大山祇神社宝篋印塔（中央塔）と長円寺跡宝篋印塔は同じ規模であり、作風も酷似する。この他の石塔にも念心特有の意匠が看取されることから、野間石塔群の作者は念心およびその指揮下にある石工集団と想定してよかろう。

しかし、野間石塔群は夫婦（＝家）を単位とした造塔がなされており、それぞれは「家の寺」の祖廟としての機能を有した。また、造塔に現世利益を希求する思想も付随していた。

こうした儀軌を無視した俗的な要件に基づく造塔活動は、凝然のストイックな教義からは逸脱するものであり、そこに凝然の死後、野間地区で造塔活動が急に盛んとなる要因があったものと思われる。

註

(1) 今回、凝然の行跡については、田中久一九七一、越智一九七三、追塩二〇一一aを主に参照した。

(2) 八十一品道場供養がどのようなイベントであったのかは明らかではない。井上聡氏の整理によれば、健治から弘安年間（一二七五～八八）にかけて複数回、国府所在地である今治で開催されている（井上聡二〇一二）。

(3) 本章にて後述するように、尾道から今治にかけ、広い範囲で同一の石造文化圏が存在する。

(4) この両塔は、いずれも納経塔であった点においても共通する。

(5) 聖守の没年については、西暦一二九一年とする説もある。

(6) この宝篋印塔について、追塩千尋氏は別の建物内（小庵）の安置物と解釈したが（追塩二〇一一b）、仏像などの安置物は頭に「安置」と記されているのに対し、宝篋印塔は「起立」と表現されている。これは木造堂舎の「建立」に対応する用語だと思われるので、宝篋印塔は木造堂舎とは別に独立して立てられていたと解釈すべきであろう。

(7) 本例は、いわゆる西大寺様式五輪塔（山川二〇〇二）としては、その前年（あるいは前々年）に造立された西大寺叡尊五輪塔に次いで二例目となる。

(8) この蔵骨器が発見されるまで、本五輪塔は覚盛の墓塔だと考えられてきた。

(9) すなわち本塔は、円照の祥月命日に立てられたものではない。

(10) ここで中央石造文化と呼ぶのは、大和・南山城・近江（湖東）・旧平安京とその周辺（比叡山文化圏）である。この四カ所は当時の政治中枢に近接するとともに、古い段階（鎌倉時代中期以前）より卓越した石造文化が見られる。なお、この地域で活躍した石工を「中央石工」と呼ぶ。

(11) 叡尊の遷化と、その前後の周囲の動きについては、「西大寺叡尊上人遷化記」（『西大寺叡尊伝記集成』法藏館、一九五二年。再刊二〇一二年）に拠る。

(12) こうした叡尊五輪塔の形態は、いわゆる「西大寺様式五輪塔」の特徴として以後に受け継がれる重要な要素である。
(13) この「不尽之間」の具体的な内容については不明だが、翌正応四年の称名寺三重塔竣工を指す可能性は高いだろう(143頁)。
(14) 「性公大徳譜」(田中敏一九八三〜八六)
(15) この月に、箱根山宝篋印塔の供養導師を勤めていることは第Ⅲ章2項で紹介した。
(16) この部分は従来「平茂盛」と読まれていたが、近年の佐藤亜聖氏による調査で、「平茂遠」と訂正された(佐藤亜二〇二二b)。
(17) もちろん、この両者の複合的要因であった可能性もある。
(18) 『大日本仏教全書』一一一所収。
(19) この時期、念心は俗名で活動していた可能性はある。
(20) 銘文については、愛媛県教育委員会二〇〇二を参照したが、現地調査の所見に基づき内容を変更した。
(21) 塔身の上下に枘がある点も、層塔ではあまり見られない特徴である。一方、念心作の可能性が高い長円寺跡宝篋印塔(245頁)は解体修理時の実測図が公開されており(野間部落一九七三)、塔身の上下には枘が認められる。また、本塔に限らず、宝篋印塔の塔身上下には枘を設けるのが一般的である。
(22) 計測値は長井二〇〇九による。
(23) 和霊石地蔵磨崖仏では釈迦の入滅は紀元前九五一年となり、二年の齟齬が生じている。
(24) 銘文拓本では、石表が痛んでいても、その奥に残る字彫りの痕跡を拾うことがある。
(25) 栄海は、勧修寺慈尊院に住んだことから「慈尊院僧正」の異名があった。慈尊＝弥勒がこの塔身の弥勒種子と関係する可能性は、指摘してもよかろう。
(26) 河野氏の概要については、主に山内一九八四・一九九八を参照した。
(27) 『一遍聖絵』第五第三段(大橋俊雄校注・岩波文庫版)。以下、本文中における引用文も同書による。
(28) もとより、大山祇神社の神職は越智氏一族の大祝氏が代々務めている。
(29) 隅角に小花を置く大和系の蓮弁ではない点に、一応注意しておきたい。

(30) 周囲を取り囲んでいる柵のために石塔には近づけず、筆者自身は銘文を確認できていない。今後、所有者や管理者の許可を得て、現地調査を実施したいと考えている。
(31) データの詳細は田岡一九七九に拠る。
(32) この時期、念心銘の石造物が他地域において全く見られなくなる点も、傍証としてよかろう。
(33) 文化財建造物保存技術協会一九九〇収載の実測図に拠る。
(34) こうした点は、叡尊の入滅後、生駒・箱根・瀬戸内で石造物の造立が盛んとなる状況と似ている。叡尊は石造物を使用した布教活動に一定の制限を設けていたものと思われるが、前著では、西大寺に還住した忍性がその桎梏を断ち切ったものと推定した（山川二〇〇八）。

附章　一針薬師笠石仏解体調査報告

本章は、奈良県三郷町勢野東所在（図f-1）の「一針薬師笠石仏」（三郷町指定文化財）に関する解体調査報告である。本事業は、石仏所有者である持聖院と、管理者である三郷町教育委員会の依頼に基づき、筆者が担当した。

町指定文化財の調査報告については、本来であれば公的刊行物として刊行されるのが望ましいが、同町において同種の刊行物は先例がなく、予算措置も困難という状況であった。よって今回は、本書に同事業の正式報告を収録させていただく次第である。

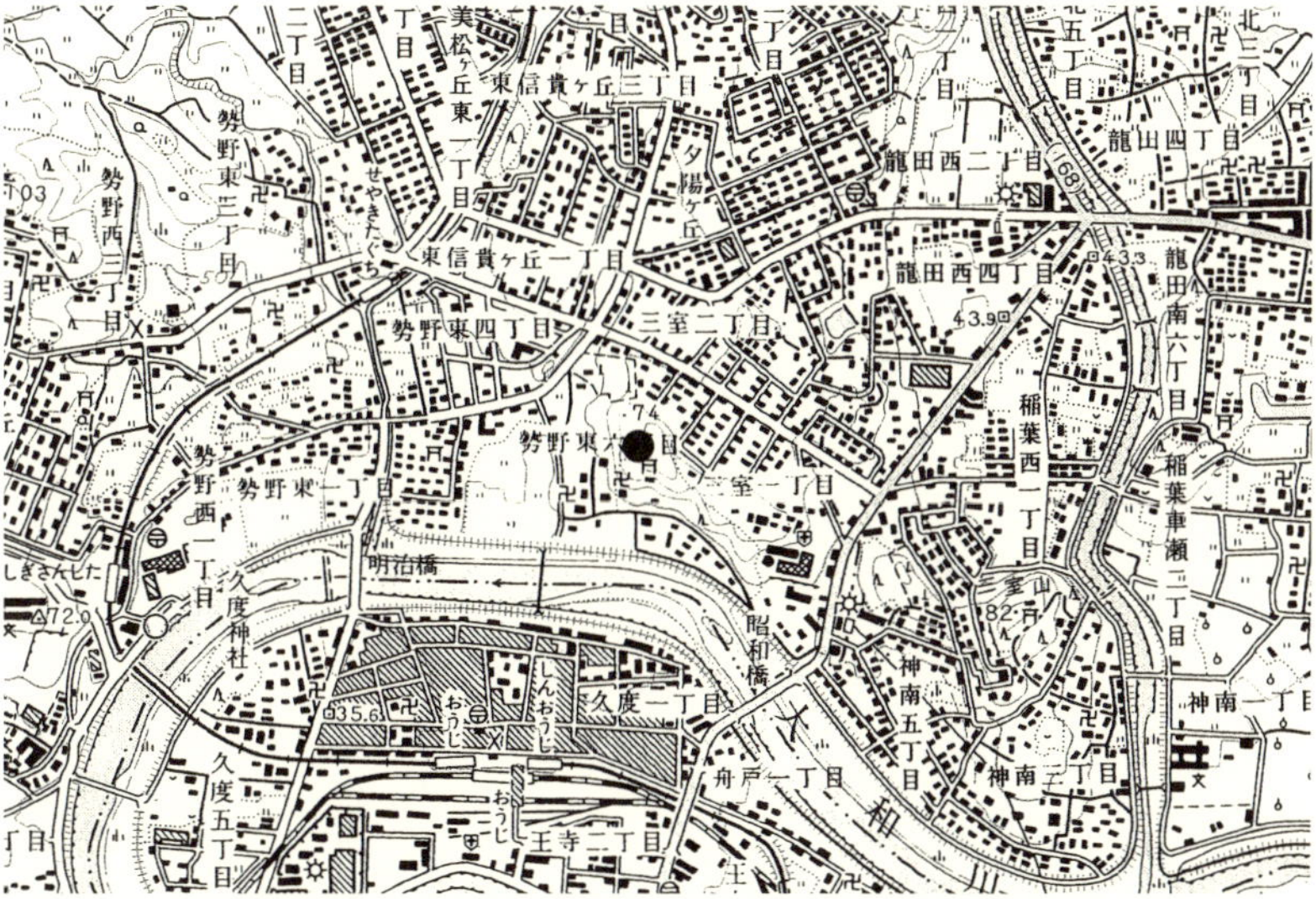

図 f－1　一針薬師笠石仏の旧位置（1／25,000）（国土地理院１：25,000 地形図「信貴山」より）

1　貞慶と總持寺

貞慶による總持寺の創建や本尊造立の事情については、鎌倉時代の高僧・三輪上人慶円（一一四〇～一二二三）の伝記『三輪上人行状[1]』に詳しい。『行状』は慶円の弟子・塔義が建長七年（一二五五）に撰したもので、同時代性も高く、内容も具体的な信頼すべき史料である。この『行状』中、總持寺についての記述が見られる部分を以下に示す。

当初於春日社頭。笠木解脱御房参会。初相上人。殊生帰依。慇懃清談。予東金堂塔勧進造営。住京之時。任霊夢告。別発大願。請法性寺安阿弥陀仏。如法如説。造薬師像。和州信貴山麓。興降小伽藍。号總持寺。将奉安置。而未遂開眼供養。幸今奉遇聖人。枉成就至願云々。驚怖大辞言。尊下者。六宗之明匠。万人之帰憑也。愚僧者。云智分。云戒行。闕応供之徳。非将導之仁。厳旨之趣。謝而有余。為恐為恐云々。然猶辺々密談。芳契都無矯飾。催敬信故。随其命旨。参詣彼寺。開眼供養畢。験仏御坐。道俗群産云々。

具体的な年号は記されていないが、貞慶が興福寺東金堂や五重塔の勧進のために京都に在住していた時期（十二世紀末～十三世紀初頭）、霊夢のお告げから大願を発し、「法性寺安阿弥陀仏」（快慶）に依頼して「如法如説」、すなわち儀軌に忠実な薬師像を造立した。そして大和信貴山の麓に小規模な伽藍を建立し、仏像を安置した。しかし、開眼供養は行わずにいたところ、年始に春日社頭で慶円に出会い、開眼供養の導師をお願いした。慶円は辞退したが、たび重なる話し合いの結果、結局慶円が開眼供養を修した。霊験あらたかな仏の出現に、多くの群衆が詰めかけた。

すなわち總持寺は、貞慶が京都在住時に見た霊夢に基づいて制作された仏像を安置するために建立された小規模な寺院である。そして、この石仏を制作したのは快慶であったということになる。

總持寺の本尊を快慶が制作したということは、従前の学界でも認知されていたが、それはすでに火災等で滅失したと思われていた。しかし太田古朴氏は、その薬師像とは總持寺跡に現存する一針薬師笠石仏に他ならないとする説を公表し、学界に衝撃を与えた（太田一九六六）。仏師でもある太田氏の説は、石仏の様式論などにも言及しており説得力に富む内容であったが、当時の学界で太田説を積極的に検討・評価してみようという姿勢は見られず、太田説は黙殺された形となっていた。

それから半世紀後となる平成二十三年（二〇一一）、筆者は太田氏の説を再検討し、一針薬師笠石仏は、快慶の下図に基づき宋人石工が制作した總持寺本尊であると結論づけた（山川二〇一一）。その背景には、筆者らが数年にわたって検討を続けていた宋人石工に関する研究の蓄積があったのである（山川編二〇一二）。

いずれにせよ今回の解体調査は、一針薬師笠石仏制作の背景や実像に迫る絶好の機会ともなった。

2　事業の内容

(1)　調査委員会の構成

〈名称〉一針薬師笠石仏調査委員会
〈構成〉持聖院（石仏所有者・事業主体者）
三郷町教育委員会（調査協力）
大阪石材工業㈱（施工[2]）
㈱アースワーク（樹木管理）
㈱アクト（石質強化）
㈱谷本石材（台石制作）
藤澤典彦（石仏拓本・斜光撮影）
大江綾子（銘文拓本）
山川均（調査担当）
鐸木厚太（調査補助）
三宅和子（調査補助）
山下大輝（調査補助）

（2）　調査事由

一針薬師笠石仏は、近年になって背後にある樹木の成長に伴って笠部が樹木の一部に取り込まれる形で圧迫され、前面に押し出された状態となっていた（写真f−1）。このまま放置すれば、背後の樹木共ども、倒壊の危険も憂慮されたので、今回は笠部と本体部分を解体し、丘陵下の安全な場所（持聖院駐車場）まで移動した。その際、石仏の3D計測・拓本・夜間斜光写真撮影および発掘調査を実施した。

（3）　調査方針

石仏が所在する場所は、解脱房貞慶（一一五五〜一二一三）が創建した總持寺跡に該当する（持聖院はその塔頭である）。總持寺跡は周知の埋蔵文化財包蔵地には登録されていないが、現在山林となっている部分（石仏が立つ部位を含む）に主要な伽藍が存在したものと思われ、地下遺構の存在が予想された。そのため事業に際しては、クレーンの進入路造成など地下遺構を損壊する恐れのある工事は極力避けることを基本的な方針とし、[3]石仏は手作業で解体・移動することとした。

筆者（山川）が提示した方法は、石仏と樹木を何らかの方法で分離し、ソリ（修羅）に乗せて丘陵下の駐車場まで運搬するという方法である。この基本的方針を大阪石材工業とアースワークに伝え、具体的作業内容の策定と実施について協議を重ねた。

写真 f−1　解体前の状況

(4)　作業内容

〈石質強化〉

石仏が彫刻された面[4]に浮きや劣化が看取され、移動の際に剝落の恐れがあったことから、平成二十五年（二〇一三）[5]一月三十一日、エアーガンや水洗ブラシ等により石仏面の洗浄を実施し、石材強化剤（ＯＨ100）を滴下方法で含浸させた（写真f−2）。その後、二月八日に化学反応が終わるまで、シートによって養生した。

〈移動および樹木からの分離〉

移動に伴う作業は、五月十三日から実施した。まず、石仏が立ったままの状態で、前面にソリ（木枠）を取り付けた。笠石（約一トン）は、当初はチェーンブロックで持ち上げて外す予定であったが、予想外に枘が長かったため作業は難航し[6]、最終的にはジャッキを併用することにより本体部から分離した（写真f−3）。

石仏の笠石に食い込んでいた樹木は、チェーンソーと鑿を用いて笠石から分離した。抉れた部分は鉄骨による補強（ブレーシング）を行い、傷面には木質復原のための薬剤（ラックバルサン）を塗布した（写真f−4）。また、樹木の傾倒を防ぐため、背後からワイヤーロープ三本を立木に結び、これを保持した。

本体部分（約四トン）は背後からジャッキで徐々に圧迫し、前に倒した。この状態で、毛布やビニールを厚く巻いて養生した。移動作業は、丘陵斜面に歩み板や割竹によって通路を設え、徐々に斜面を滑り下ろすという方法を取った（写真f−5）。またこの際、山側には急な滑落に備え、立木など三カ所に帯を巻いて石仏を保持した。

斜面下まで下ろした石仏は、駐車場に停めたクレーンによって吊り下げ、駐車場の一角に安置した（写真f−6）。基本的にこの状態で、３Ｄ計測・拓本・夜間斜光撮影を実施した[7]。

写真 f－5　石仏の移動

写真 f－2　石質強化材の滴下

写真 f－6　石仏の安置状況

写真 f－3　本体と笠の分離

写真 f－4　樹木欠損部の養生

なお、石仏の移動後、小規模な発掘調査を実施した。

〈調査日誌抜粋〉

五月十三日（月）
石仏前面のブロックやフェンス除去。樹木を背後よりワイヤーロープで保持し、笠石からの取り外しを開始。

十四日（火）
石仏を樹木から分離後、本体から取り外す。搬出路の整備（竹の伐採など）。樹木は一部枝打ち。ブレーシングの準備に入る。

十五日（水）
石仏を前面に倒し、運搬準備を整える。樹木はブレーシングを実施。

十六日（木）
石仏の引き下ろし作業。発掘調査の調査区設定および周辺地形の測量。樹木切削部分に薬剤塗布。

十七日（金）
石仏駐車場へ移動。３Ｄ計測。発掘調査。

十八日（土）
石仏および笠石銘文の採拓。発掘調査区埋め戻しと、崖面養生（土嚢）。機材撤収。

二十八日（火）
夜間斜光写真撮影。

3　石仏の規模および形状

石仏が立つ場所は丘陵斜面（中腹）で、斜面を垂直に切土し、東西約四・五メートル、南北約五メートルの平場を作り出している。石仏はそのテラスの奥壁（垂直面）に貼り付く形で、東面して立てられていた。

移動前の状態では、地表面から笠頂部まで約二二〇センチを測った。背後の樹木のため、垂直方向に対して約二〇度前面に傾いた状態であった（**写真f−1**）。本体と笠は枘で結合しており、別石の基礎を置かずに根部を直接埋《い》け込みとする形式である。

図 f−2　一針薬師笠石仏３D計測図

本体（**図f−2**）の平面形は菱形状の不整形で、原材（花崗岩）の形状を大きく変えていないものと思われる。根部から枘先端までの高さは二八八センチを測る。このうち根部の高さ（埋け込みの深さ）は約八〇センチで、枘の高さは一二センチ（四寸）である。幅は二〇〇センチで、根部を埋け込んで笠を乗せた状態であれば、本体部の高さと幅はほぼ等しいものとなる。厚さは二五～三〇センチと比較的薄く、全体に板状の外観を呈する。枘は幅三五センチ（十二寸＝一尺二寸）、奥行二七センチ（九寸）の角枘であるが、整形中に折損した痕跡があり、設計の幅は五四センチ（十八寸＝一尺八寸）であったものと思われる。非常に大型の枘であり、かつ石造物に一般的な丸枘ではない点が顕著な特徴である。

本体の表面は、石割道具（矢）により粗く整形（凸部を除去）した後、ノミ切り[8]と水磨きによって整え、しかる後に細いノミで仏図を線刻している。表面向かって左上には、表面調整に使われた矢の痕（矢穴）を二カ所残す（**写真f−7**）。根部および背面は未調整で、粗い石面を残している。頂部はノミで平坦に整形し、枘を削り出す。

笠（**図f−3**）は平面形が隅丸方形に整えられているが、屋蓋や軒の表現がない板状の素朴な形状である。幅は二〇〇センチで、石仏本体の幅に揃えており、奥行は一〇三センチを測る。笠裏中心付近に方形の枘穴（幅三七センチ、奥行二九・五センチ、深さ一四センチ）をノミで穿っている。枘と同様、幅を途中で縮小した痕跡があり、枘

写真f−7　矢穴

図f−3　笠石３Ｄ計測図

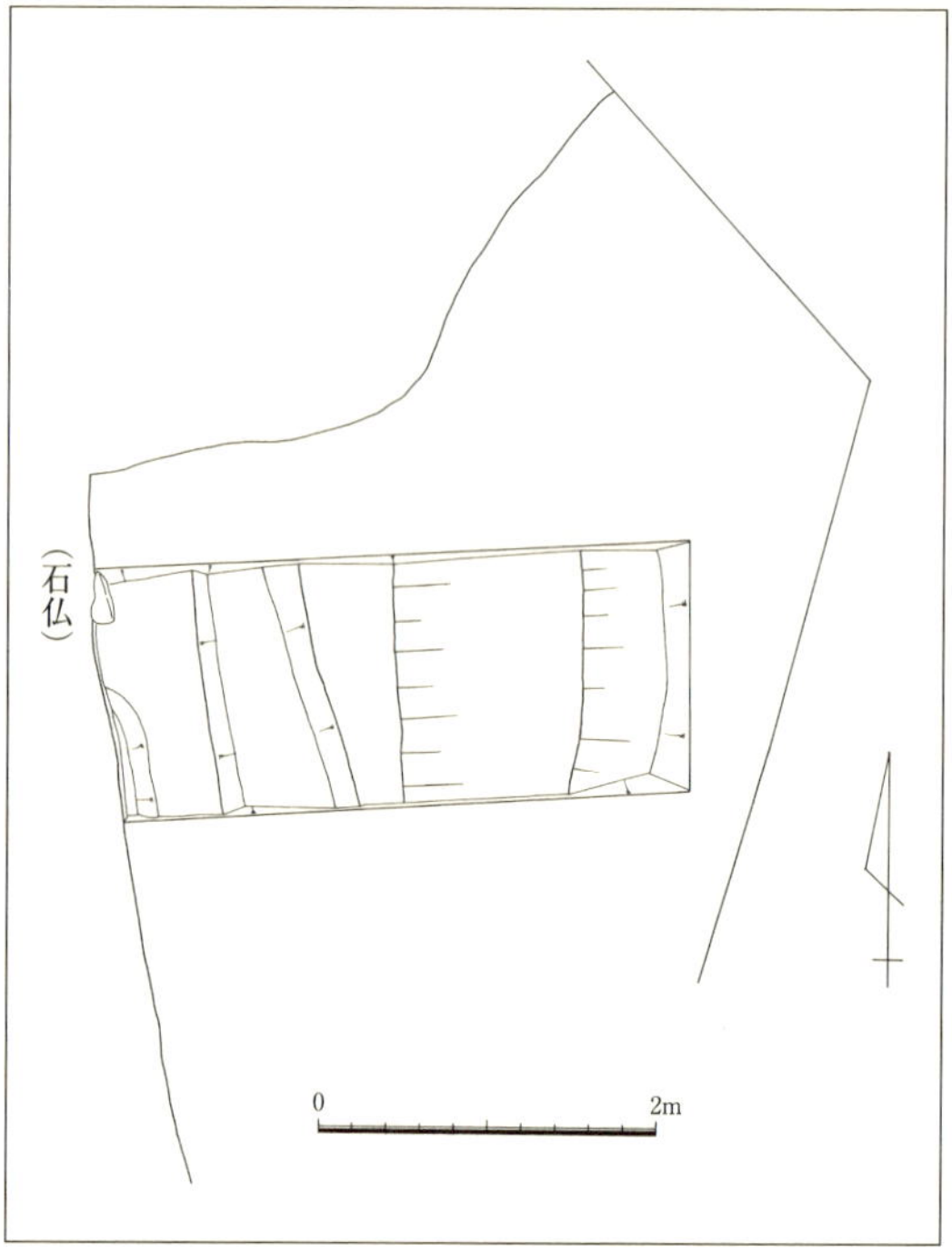

図 f－4　トレンチ実測図

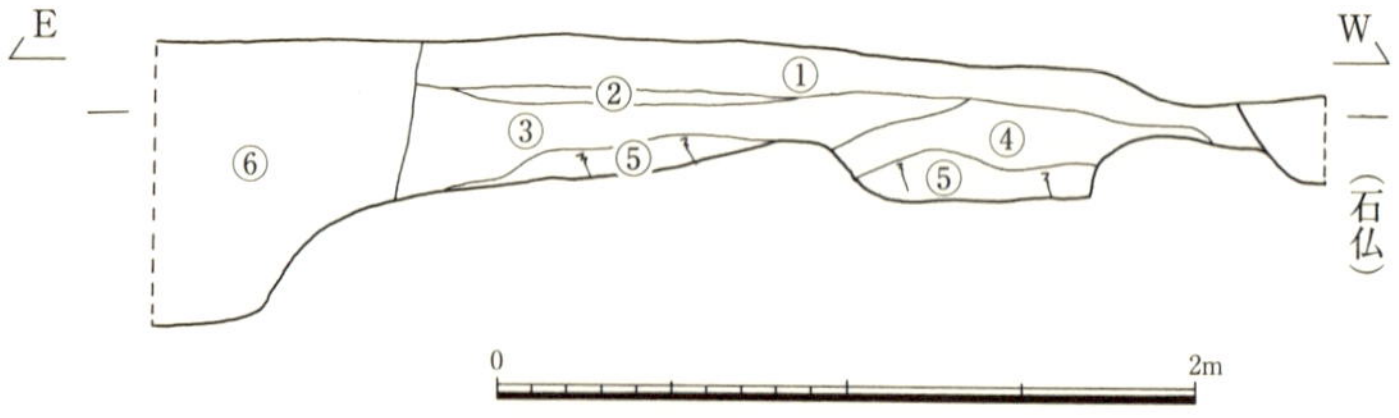

①黄褐（10YR 8/5）　砂壌土（SL）
②暗褐（10YR 4/3）　壌土（L）
③褐（10YR 4/6）　壌質砂土（LS）
④黄褐（10YR 6/5）　シルト質埴壌土（SiCL）
⑤橙（7.5YR 8/6）　砂壌土（SL）※地山
⑥オリーブ褐（2.5Y 4/4）　壌質砂土（LS）※植樹による撹乱

図 f－5　トレンチ土層図

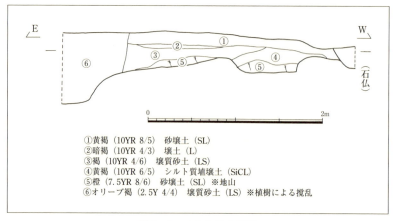

の毀損に伴って規模を変更したことが窺える。笠に使用されている石材は、本体と同様に花崗岩であるが、石質は大きく異なる。しかし、枘と枘穴が揃って整形をやり直していることから判断して、本体と笠は造立当初のセット関係を保っているものと判断される。厚さは二〇～二五センチを測る。

石仏面の向かって右方に直径一五センチの円形の孔が貫通するが、用途などは不明である。また、笠裏枘穴の石仏の向かって右手前の面に水磨きを施し、当該部に銘文が彫られている。

4　発掘調査

石仏の移動後、石仏前面の平坦面に幅（南北）一五〇センチ、長さ（東西）二五〇センチのトレンチを設定し、人力で掘削作業を行った（**図f-4**）。上述のように当該地は周知の埋蔵文化財包蔵地ではないので正式な発掘調査ではないが、石仏移動に伴う掘削部分を活かして、地下から得られる情報を収集した。

テラス部分は、掘削深度約四〇センチで地山面に至る（**図f-5**）。ただし、石仏が立てられていた部分[9]は、表土層が落ち込んだ状態であった。これは、石仏の根部を埋めるために地山が掘削されたことを意味しよう。それ以外の部分も地山面は凹凸に富み、それを盛土によって平滑に整えていた（**写真f-8**）。

写真f-8　トレンチ完掘状況

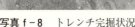

盛土のうち上層約一五センチは近年にフェンスを設置した際の整地土で、出土遺物中にはコンクリートの欠片を含む。一方、本層以下の整地層からは、**図f−6・7**に示すような遺物が出土した。

①〜③は、土師器小皿（カワラケ）である。いずれも直径七センチ前後のもので、口縁部には煤が付着している。石仏への献灯に用いられた灯明皿と思われる。

④は、瓦質土器丸火鉢の底部付近である。体部側面に円形と方形の透かしの痕跡がある。⑤は、瓦質土器の竈口である。直径二六・二センチ、最大径は二八・四センチを測る。下端面には穿孔がある。

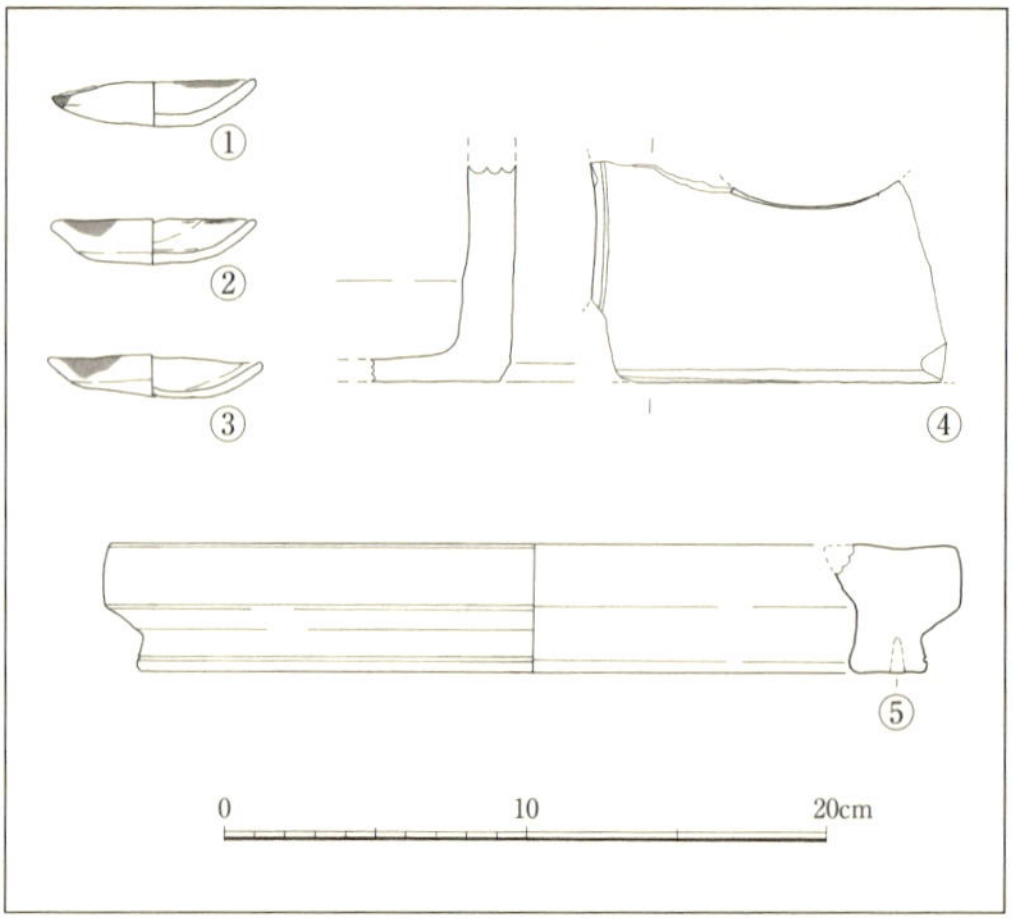

図 f−6　出土遺物実測図①（土器）

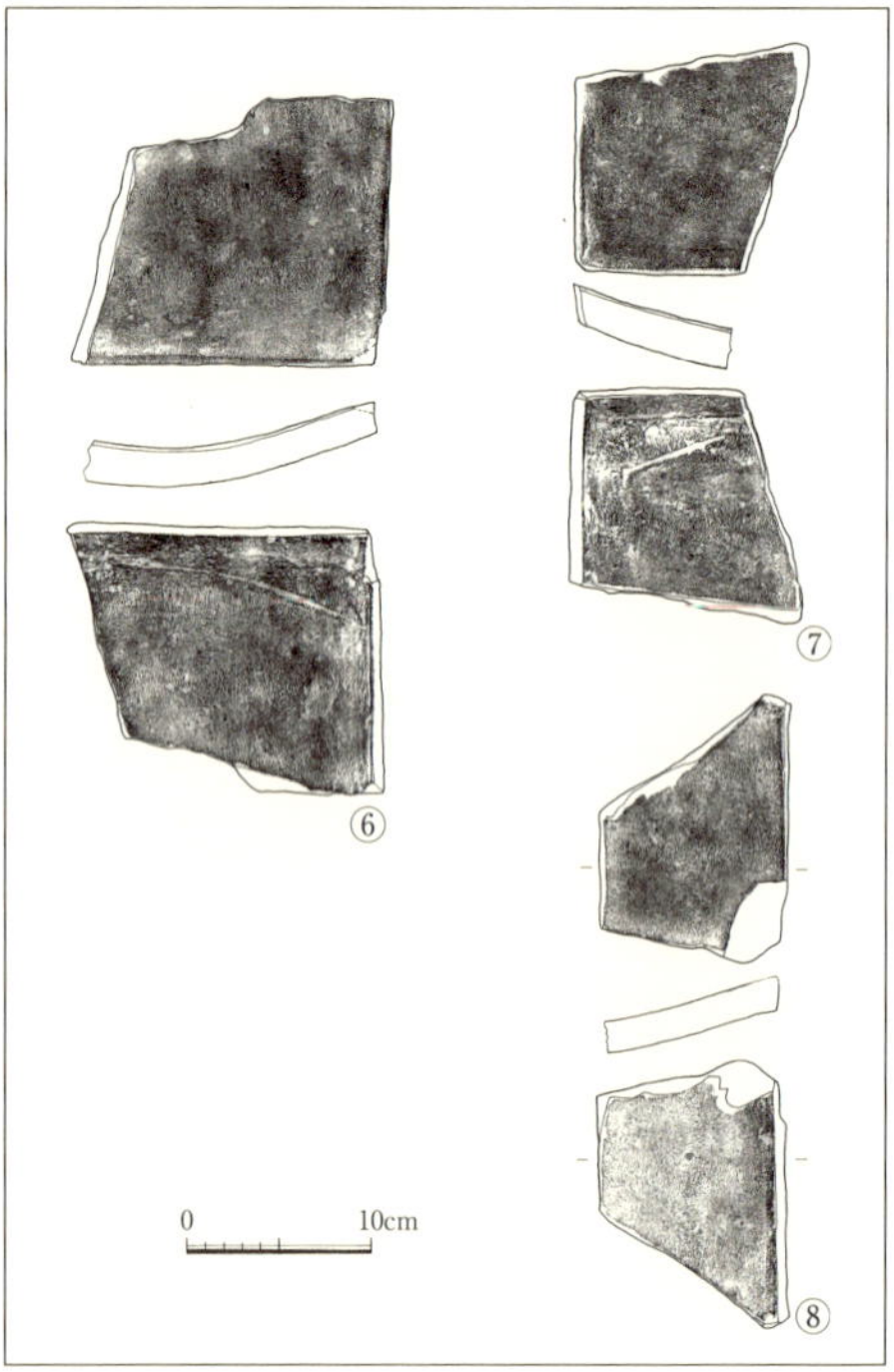

図 f−7　出土遺物実測図②（瓦）

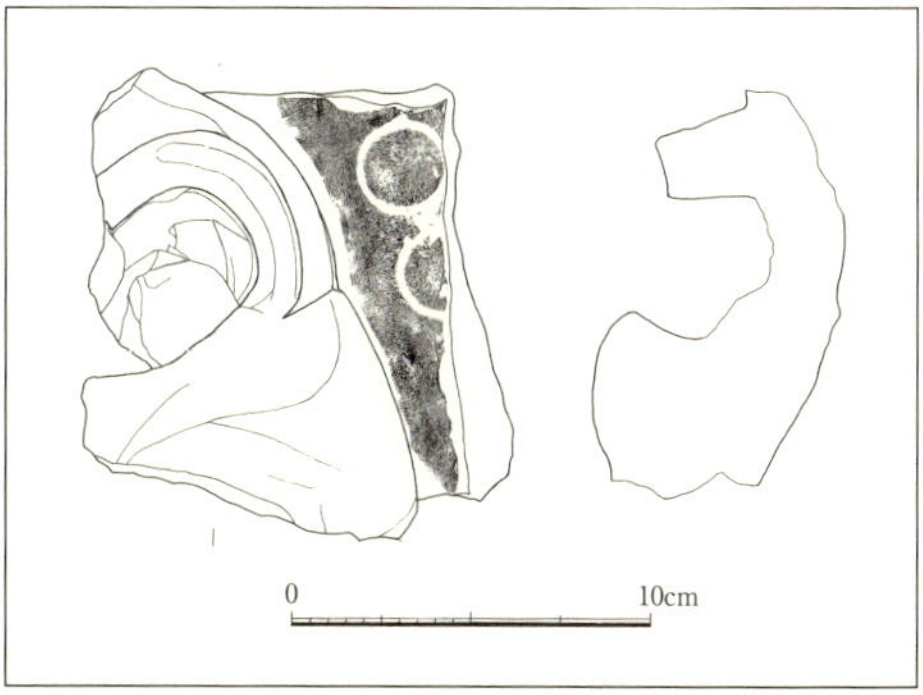

図f－8　總持寺跡周辺表採鬼瓦実測図

⑥～⑧は平瓦である。凹面はナデ、凸面は成形台から分離後、未調整としている。

以上の遺物中には、時期決定の鍵となる陶磁器類が含まれないため詳細な時期は不明であるが、総じて近世前期（十七世紀）の遺物群と判断される。一方、石仏が造立された鎌倉時代に遡る遺物は全く出土していない。近世前期、何らかの方法で石仏を立て直し、その際、テラス面を若干削平した可能性がある。

なお、**図f－8**に示した鬼瓦は、一針薬師笠石仏に隣接する春日神社境内において表採されたものである。鼻の穴と、それに続く部分の破片で、外周部に竹管文を施している。中世に遡る遺物であり、總持寺の伽藍に伴う鬼瓦の可能性がある。

5　仏　図（図f－9・10／写真f－9）

画面中央に薬師像を置き、左右に脇侍（日光・月光菩薩）その左右および背後には眷属（十二神将）を配する。これらは、いずれも線刻で表されている。主尊（薬師如来）の像高は一五〇センチ（五尺）[10]、脇侍はそれぞれ九〇センチ（三尺）である。十二神将は脇侍の左右一体ずつが全身像で表されており、像高は六〇センチ（二尺）である。その他の十体については、直径一八センチ（六寸）程度の円相の中に面容が彫られ、円相の外に持物が表されてい

図 f－9　仏図拓影（採拓：坂田二三夫氏、提供：(財)元興寺文化財研究所）

図 f－10　仏図見取り図

る。この他、図幅下部左右には宝相華が彫られている。向かって右側の残りは良いが、左側（特に上半部）は磨滅が著しい。

中尊は挙身光を負い、踏み割り蓮座の上に立つ。刻線は他のホトケより太く、また、像の周囲を若干彫り沈め、浮き彫り風の効果も狙っている。衲衣は偏袒右肩とするが、右肩から右手にかけての部分が大きく剝落している。そのため右手の印相がわかりにくいが、掌の部分が残っているので、施無畏印と推測される。一方、左手には宝珠形の薬壺を持する。

残念ながら面容は失われているが[11]、螺髪と三道の一部が残っている。頭頂部は極端な尖頭形を呈し、特異な印象を受ける。衣文は股の部分でY字状に流れ、裳裾の両端は鋸歯状に表現されている。全体に癖の強い、宋風の図柄

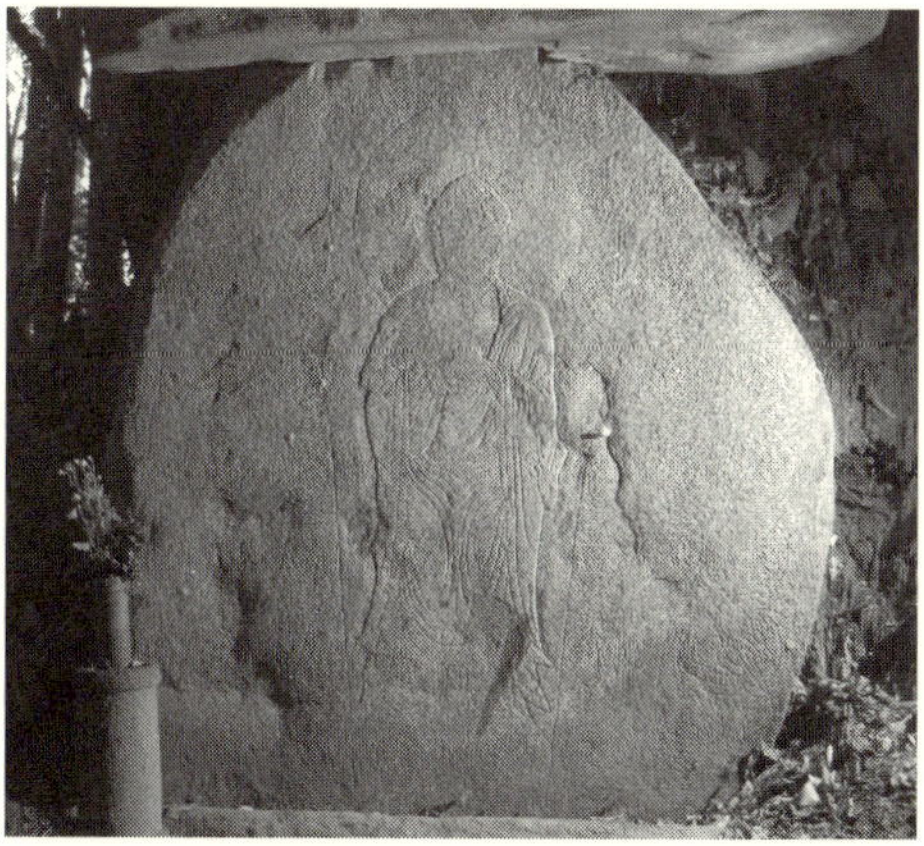

写真 f－9　仏図写真

といえよう。

脇侍はいずれも蓮台に立ち、右の日光菩薩は体を右に捻り、中尊の方を向く。穏やかな面容が見て取れる。左の月光菩薩は体を左に捻じ、左手を与願印とする。右手には開いた花（蓮か？）を持する。なお、両尊はいずれも宋風の裳を著する。

全身が表された十二神将のうち、右の神将は宋風の甲冑を著する。また、左手の神将は、右手に剣を持し、沓を履く。

この線刻仏図は、圧倒的な存在感を放つ薬師像を中央に置き、その脇には躍動感に満ちた脇侍・眷属が配されている。このレイアウトは見事であり、またそれが硬質石材の代表格である花崗岩の石表に刻まれている点に、制作者の非凡な力量が看取される。さらに、随所に見られる宋風の表現も、この図案の顕著な特徴ということができる。

6　銘　文

既述のように、本石仏の笠裏には十二行に及ぶ銘文がある。この銘文の存在自体は以前から知られていたが、採拓が困難な位置（笠裏）に彫られていたため、これまでほとんど読まれていなかった。今回、解体に伴い採拓を実施するとともに、夜間の斜光撮影を実施することにより、銘文のかなりの部分を読むことができた（**図 f－11**）。

為本願解脱上人発□祈願
一周忌之……
工藤
殿大工匠人所□充人雕立□
……（人名？）
結縁衆僧□解脱念阿弥陁仏
阿　善阿
阿　□阿
得阿　念阿
発心□造事正行
……
……如月廿日□

一行目は「為」で始まるが、これは「誰々の為に（この石仏を）造立する」という意味の、いわゆる「為書き」ではなく、サ変動詞である[12]。一行目の場合、「為本願解脱上人」までは確実なので、この場合は「解脱上人を本願として」あるいは「本願とするは……」と読まれる。本石仏が解脱上人（貞慶）を本願として造立されたことを示すセクションだと考えてよかろう。

二行目は、「一周忌之」は確実だが、その下が全く読めない。ただ、上記した一行目の解釈を勘案すれば、ここ

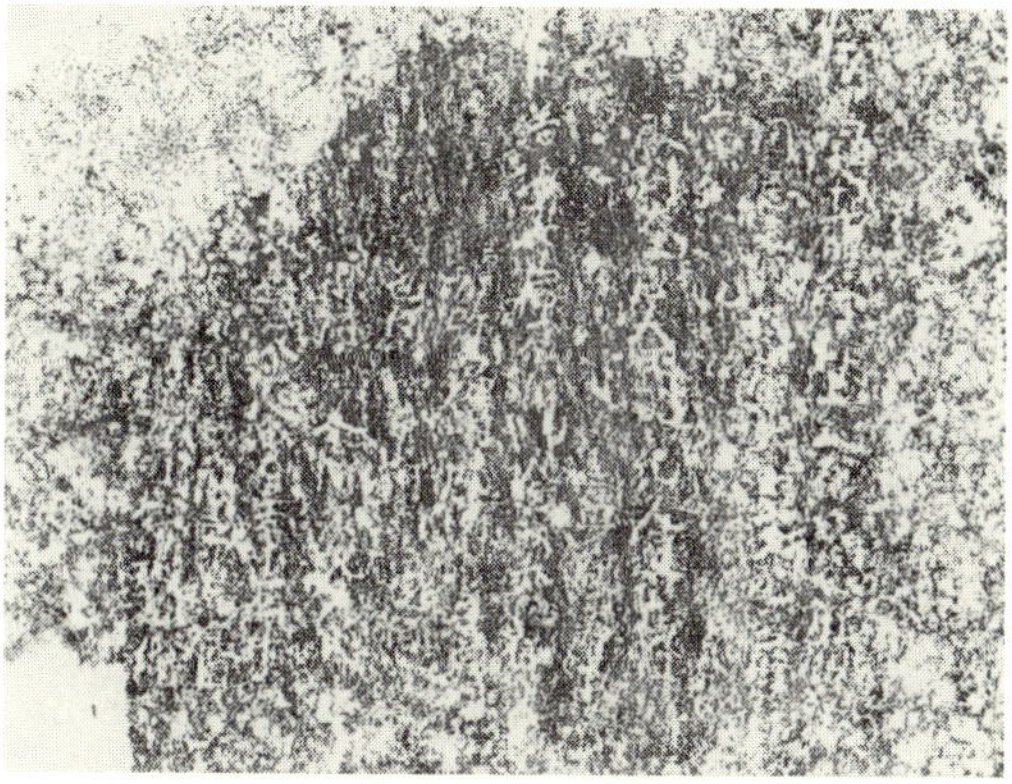

図 f－11　拓文拓影

では貞慶がこの石仏の本願となった経緯、もしくは背景が述べられている可能性が高い。すなわちここは、本石仏が何を祈願して造像されたのかが述べられたセクションである。これを踏まえた上で行頭の「一周忌」を顧みれば、本石仏は誰かの一周忌を供養するために造立されたものである可能性が高くなる。

三行目はやや上方に彫られており、読みはおそらく「工藤」である。この下に字はなく、この「工藤」は四行目行頭の「殿」にかかるものと思われる。すなわちここは、「工藤殿」と読める。

四行目は先述の「殿」でいったん区切られ、下に「[梵字]」が彫られる。その下は「大工匠人」で、今回はこれを続けて「[梵字]大工匠人」と読んだ。仏師快慶は初期の作例において自らを「巧匠[梵字]阿弥陀仏」と呼んでいる（小林剛一九六二）。「巧匠」と「工匠」は異字となるが音が通じ、また梵字「[梵字]」も共通する点に注目したい。以下の字は読み難いが、一応「所」、一字空けて「充人離立（後ろに一字あり）」と読んだ。意味としては、「人を充てて離立（彫刻）させた」というふうに取れる。五行目は下の方に、字体は不明だが文字があるようだ。数名分の人名が彫られているようにも見える。

以上のように、三行目から五行目にかけては、制作に直接関わった仏師・石工・スポンサー（後述）などが記録されるセクションとして捉えられる。

六行目は「結縁衆僧」が明確に読めるので、以下は石仏の造立に合力した僧侶の交名である。「結縁衆僧」の下に一字空けて再び「解脱」の名が現れ、下に「念阿弥陀仏」と続く。以下、七～九行目まで阿弥号を称する僧侶の名が六名分記されているが、冒頭の解脱のみ「念阿」というように省略されず「念阿弥陀仏」と記されている点からみても、解脱＝貞慶が結縁衆僧の代表者であったことがわかる。つまり貞慶は一針薬師笠石仏の本願であるとともに、結縁衆僧の筆頭も務めたのである。[13]

十行目は石仏造立に関わる「発心」および「造事（石仏を造ること）」の具体的なありさまは以上の通り、というまとめの部分である。

続く十一行目は全く読めない。そして十二行目には紀年銘が彫られていたと思われるが、年号は残念ながら読めない。しかし、その下の「如月廿日」は読み取れる。

7　まとめ

(1)　一針薬師笠石仏の制作者

今回、一針薬師笠石仏の笠裏銘文について初めて詳細に採拓・写真撮影し、検討を加えることができた。その結果、本石仏は貞慶の発願によって造立されたものであることが判明した。紀年銘のうち年号は残念ながら読み取れないが、笠と本体を繋ぐ枘が方形の角枘で例外的に大型である点や、[14]倒れやすい背の高い石造物に基礎を置かず、不安定な埋け込みとしている点などに、未成熟な技術が看取される。

ちなみに、日本の中世石造文化の源流である浙江省寧波の石像に枘はなく、また別石の基礎も原則として存在しない（山川編二〇一二）。立像の場合、共石の基礎を直接地中に埋け込むのが普通である。これは、地震が少ない同地において特徴的な手法であると思われるが、地震国の日本では枘や別石作りの安定した基礎は必須であった。一針薬師笠石仏に見られる大型の角枘は、おそらく木工大工の指導を受けたものであろう。石造物の場合、パーツを組み上げる現地において微妙な角度の調整を行う必要があるので、通常は丸枘が用いられるのである。

すなわち技術的観点から想定される時期観も、一針薬師笠石仏が貞慶の発願に基づくものという推定と矛盾するものではない。

そもそも本石仏が存在するのは貞慶開山の總持寺跡である。本章1項で引用した『行状』には、總持寺の本尊である薬師像は、「法性寺安阿弥陀仏」（快慶）に依頼して制作されたと記されているが、今回、銘文中に「𑖀𑖽大工匠人」と刻まれていることが確認された。これが当時の快慶の自称「巧匠𑖀𑖽阿弥陀仏」にきわめて近い（音が通じる）点は、注目してよかろう。

また本石仏の最大の特徴は、主尊が単体で刻まれたものではなく、脇侍や眷属、宝相華（装飾）などが画面一杯に描かれている点にある。石仏においては、脇侍まで彫られている事例は多いが、眷属や装飾まで一面に表されている例は他になく、その意味で一針薬師笠石仏はきわめて特異な作例だということができる。また、主尊や脇侍の衣文や姿態、主尊頭部の形状などに中国（宋）の影響がきわめて濃厚に現れていることから、本石仏は、宋から将来された仏図を比較的忠実に石面上に再現したものと判断される。

『行状』には、總持寺本尊は快慶の手によって「法の如く、説の如く」造られたと記されている。これは、本尊の様式が薬師本来の儀軌（様式）に忠実であったことを意味するが、より具体的には、当時原理的と認識されていた宋仏画に倣った造像であったことを示す可能性が高い。

本石仏が、貞慶の意思に基づいて造立されたことが銘文から明らかな点、構図全体に濃厚な宋の影響が見られる点、さらに銘文中に快慶を想起させる人名が刻まれている点を勘案すれば、本石仏こそが快慶のデザインに基づいて制作された總持寺本尊である可能性はきわめて高いであろう。

なお、一針薬師笠石仏は基本的に線刻で表されているが、中尊のみは、周囲を彫り窪め浮き彫り風の効果を持たせている。こうした技法は宋人石工・伊行末が制作した般若寺十三重層塔の塔身四仏に見られるものと同じで、かつ両者は身体部のみを浮き彫り風とし、蓮座の部分は通常の線刻としている点においても共通する（奈良県文化財保存事務所一九六五）。今回の調査で、石面を整えるために「矢」と呼ばれる石割道具が用いられていたことが判明したが、これらは、東大寺復興の際に渡来した宋人石工によって、十二世紀末に初めて日本に持ち込まれた道具である（佐藤二〇二三a）。以上により、本石仏の石彫を担当したのは宋人石工であったと判断する。

(2) 造立の背景

銘文末尾の紀年銘のうち、年号は磨滅のため読み取れないが、下の「如月廿日」は読み取れる。貞慶が興福寺堂舎の復興勧進を担当していた頃、藤原氏の氏長者は九条兼実であるが、その長子である九条良通が文治四年（一一八八）二月二十日に二十二歳の若さで急逝している点は注目される。[15]『行状』によれば、總持寺本尊は貞慶が興福寺復興勧進のために京都にいた時に見た「霊夢告」に任せて造立を発願したものである。一方、銘文によれば、一針薬師笠石仏は誰かの一周忌供養のために造立されたものである。貞慶の京都滞在は興福寺堂塔の建築年代から見て文治年間以降と考えられるので時期的に矛盾はなく、本石仏が良通の一周忌供養で造立されたとすれば、それは文治五年（一一八九）二月二十日のこととなる。

もとより藤原氏出身の貞慶と氏長者である九条兼実は非常に関係が深く、兼実が夭折した長男・良通の供養のため、貞慶に仏像と小規模な伽藍の造立を依頼するのは、十分あり得る話であろう。

ところで、兼実の父である藤原忠通は「法性寺殿」と呼ばれており、兼実もまた「後法性寺殿」と呼ばれていた。『行状』では快慶のことを「法性寺安阿弥陀仏」と記しており、従来はなぜ頭に「法性寺」が付くのかが謎とされてきた。しかしこの点は、当時快慶が兼実の下で仕事をしていたからだと考えれば説明がつく。

これまでに知られていた快慶の最も古い作例は、ボストン美術館蔵の弥勒菩薩像（旧興福寺蔵と伝承）で、一針薬師笠石仏の推定造立年と同じ文治五年の九月十五日に完成している。おそらくこの当時、快慶は兼実の下で頭角を現し、「法性寺安阿弥陀仏」と呼ばれていた。彼がこの時期に興福寺の仏像制作を手掛けたのは、總持寺本尊の制作に関与することにより、貞慶との関係が生じたからかもしれない。

また、銘文中で梵字「𑖥𑖹」の上にある「殿」については、右上に「工藤」とあることから、続けて「工藤殿」と読まれるものと思われる。これはおそらく、当時工藤家の家督にあった工藤祐経を指すと思われるが、この場合、銘文中で「工藤殿」が彫られている位置からみても、源頼朝の側近である祐経が兼実亡息のために石仏の造立資金を出資した可能性を示し、興味深い。

おわりに

一針薬師笠石仏は、九条兼実の亡息・良通の一周忌供養のため、貞慶の発願に基づき、快慶が宋仏画を元に原図を起こし、宋人石工がそれを石に刻んだものと結論づけることができる。なおその際、造立資金は源頼朝側近の御家人が提供した可能性が高い。石仏の開眼供養は、文治五年二月二十日のことであった。

一針薬師笠石仏は快慶の初発期の作品であり、芸術品として超一級であるばかりでなく、銘文や関連する文献の存在も含めると、仏教史や日本中世史上において、その資料的価値は計り知れない。今後は国民共有の貴重な財産として、積極的に保存・活用を図ってゆくべきであろう。

註

(1)『続群書類従』「伝部」第九輯上所収。なお、本文中では以下『行状』と略する。
(2)解体・移動担当。
(3)当初、持聖院が選定した業者から提示された方法は、石仏直近までクレーンの進入路を開削し、背後の樹木を伐採してクレーンにより吊り下げて運搬・廃棄し、石仏笠および本体もクレーンで吊り下げて移動するというものであった。このような方法では、地下遺構の大幅な損壊は免れない。
(4)以下、本文中では「石仏面」と省略する。
(5)以下、本文中では年次は省略する。
(6)本文中で後述するように、枘の高さは約一二センチである。
(7)筆者ら調査員会が関与した作業は、ここまでである。その後、持聖院が独自に実施した境内への立ち上げ作業や、それに伴う移動作業には、調査委員会は関わっていない。
(8)ノミ切りの痕跡は残していない。
(9)当該部は、今回の移動作業に伴う攪乱があった。
(10)頭頂部から顎先まで二九センチ(一尺)。
(11)面部の磨滅が激しい理由については、信者が顔を撫でたためとする伝承がある。
(12)石造物の銘文において文頭や行頭に「為」が来るのは、「為法界平等利益」などの定型句にほぼ限定される。ましてや、こうした長い銘文において、為書きが文頭に来ることはない。

(13) ただし、従前において貞慶が阿弥号を称した事実は知られておらず、この点には注意が必要である。

(14) 本文中でも述べたように、石造物では丸枘が用いられるのが普通である。一針薬師笠石仏がある丘陵頂部に存在する貞慶墓五輪塔は貞慶の死後（一二一三年）間もなく造立されたものと思われるが、これに用いられているのは非常に大型の丸枘である。

(15) 図書寮叢刊『玉葉』十一、文治四年二月二十日条。

【参考文献】（五十音順）

青木忠雄二〇〇一『石仏と石塔』文化財探訪クラブ八、山川出版社
池内順一郎一九九五「石塔寺の石塔」（『蒲生町史』一）
二〇〇〇「旭野神社七重塔」（『蒲生町史』三）
和泉大樹二〇一三「蒲生貞秀宝塔（基礎）」（『日本石造物辞典』吉川弘文館）
磯部淳一九八九「須弥壇式宝篋印塔の成立とその展開」上・下（『史迹と美術』五九―五・六）
出光美術館一九九七『地下宮殿の遺宝』（展示図録）
井上幸治二〇〇四「円覚上人導御の「持斎念仏人数目録」」『古文書研究』五八
井上聡二〇一一「伊予の地域社会と奈良の律僧」（『列島の鎌倉時代』高志書院）
上村貞郎編二〇一一『御寺泉涌寺と開山月輪大師』泉涌寺
宇野茂樹一九九五「古代蒲生の仏教美術」（『蒲生町史』一）
二〇〇〇「梵釈寺木造観世音菩薩坐像」（『蒲生町史』三）
愛媛県教育委員会二〇〇二『しまなみ水軍浪慢のみち文化財調査報告書―石造物編』
追塩千尋二〇一一a「凝然の宗教活動」（『中世南都仏教の展開』吉川弘文館、初出は二〇〇六）
二〇一一b「東大寺聖守の宗教活動」（『中世南都仏教の展開』吉川弘文館）
大江綾子二〇一三「荷葉蓮台牌について」（『寧波と宋風石造文化』東アジア海域叢書一〇、汲古書院）
太田古朴一九六六『大和の石仏鑑賞』綜芸舎
太田博太郎編一九七〇『奈良六大寺大観』九、東大寺一、岩波書店
大三輪龍哉二〇〇五「鎌倉時代の浄光明寺」（『浄光明寺敷地絵図の研究』新人物往来社）
二〇一三「浄光明寺地蔵石仏」（『日本石造物辞典』吉川弘文館）
岡田英男一九七七「十三重石塔」（『大和古寺大観』三、岩波書店）

岡本智子二〇〇三「大蔵派宝篋印塔の研究」『戒律文化』二
　二〇〇七「中国の宝篋印塔と日本の宝篋印塔」（『シルクロード学研究』二七）
　二〇一一「大蔵派の遺品とその活動」（大和郡山市教育委員会二〇一一所収）
　二〇一三「宇治橋断碑」（『日本石造物辞典』吉川弘文館）
越智通敏一九七二『沙門凝然』愛媛文化双書一四
覚園寺一九六六『重要文化財覚園寺開山塔大燈塔修理工事報告書』
神奈川県教育委員会一九七二『神奈川県文化財図鑑工芸編』
河岡勉二〇〇二「中世の伊予府中と在地諸勢力」（『愛媛大学教育学部紀要Ⅱ』三五—一）
川勝政太郎一九四六「一遍上人とその廟塔」（『西宮』三）
　一九七二『京都の石造美術』木耳社
　一九七四「大蔵派石工と関係遺品」（『史迹と美術』四四九）
　一九七八『日本石造美術辞典』東京堂出版
京都府教育委員会一九六四『重要文化財三宝院宝篋印塔修理工事報告書』
光明坊十三重石塔修理委員会一九六六『重要文化財光明坊石塔修理工事報告書』
小林剛一九六二『巧匠安阿弥陀仏快慶』奈良国立文化財研究所十周年記念学報
小林暢善一九八九「真言密教の宇宙観」（『アジアの宇宙観』講談社）
佐伯俊源二〇〇六「西大寺の光明真言会」（『近畿文化』六八三）
狭川真一二〇〇四「伴墓五輪塔実測記」（『元興寺文化財研究所研究報告二〇〇四』）
櫻井松夫一九九二「仏岩宝篋印塔の考察」（『信濃』四四—八）
佐藤昭嗣二〇〇二「芸予諸島ならびに周辺地域の中世五輪塔」（『岡山商大社会総合研究所報』二三）
佐藤亜聖二〇一三a「石材加工技術の交流」（山川編二〇一三所収）
　二〇一三b「和霊石地蔵磨崖仏」（『日本石造物辞典』吉川弘文館）

佐野賢治二〇〇〇「妙見信仰」（『日本民俗大辞典』下、吉川弘文館）
清水俊明一九七七『京都の石仏』創元社
一九八四『石造美術』奈良県史七、名著出版
菅菊次郎一九四〇「大三嶋の宝篋印塔に就て」（『伊予史談』一〇二）
鈴木俶夫二〇〇九『石材の事典』朝倉書店
浙江省文物考古研究所・海寧市文化庁電新聞出版局二〇〇六『海寧智標塔』科学出版社
瀬谷貴之二〇〇五「長谷観音信仰と中世律宗」（『鎌倉』一〇〇）
田岡香逸一九六六「石造五輪塔初現の年代について」（『宝篋印塔の起源・続五輪塔の起源』綜芸舎）
一九七九『三原市の石造物』三原市民俗編調査班
田中敏子一九八三〜八六「忍性菩薩行実編年史について一―八・補遺」（『鎌倉』四四―五一）
田中久夫一九七一「著作者略伝」（『鎌倉旧仏教』日本思想体系一五、岩波書店）
竹村俊則一九九一『京の石造美術めぐり』京都新聞社
辻俊和二〇一二「天童寺・阿育王寺・保国寺の石造物」（『寧波と宋風石造文化』東アジア海域叢書一〇、汲古書院）
土井實一九八五『金石文』奈良県史一六、名著出版
内藤栄二〇一〇『舎利荘厳美術の研究』青史出版
二〇一三「唐招提寺金亀舎利塔の成立」（『美術歴参―百瀬明穂先生退職記念論文集』中央公論美術出版社）
長井數秋二〇〇九「愛媛県内の鎌倉時代の宝篋印塔」（『伊予史談』三五九）
中村康隆一九九九「妙見信仰」（『日本仏教史辞典』吉川弘文館）
奈良県文化財保存事務所一九六五『重要文化財般若寺笠塔婆修理工事報告書』奈良県教育委員会
奈良県文化財保存事務所一九七〇『重要文化財於美阿志神社石塔婆修理工事報告書』奈良県教育委員会
奈良国立博物館一九九三『鎌倉仏教』（展示図録）
二〇〇六『大勧進重源』（展示図録）

奈良六大寺大観刊行会一九六九『唐招提寺』二、奈良六大寺大観第十二巻、岩波書店
　　一九七三『西大寺』全、奈良六大寺大観第十四巻、岩波書店
能勢丑三一九三四「鏡山鳥形宝篋印塔」（『滋賀県史蹟調査報告』）
野間部落一九七三『重要文化財宝篋印塔（今治市野間部落）修理並に環境整備工事報告書』
箱根町教育委員会一九九三「元箱根石仏・石塔群の調査」（『箱根町文化財研究紀要』二五）
八田洋子二〇一二「鷲原寺奥院石仏群」（『日本石造物辞典』吉川弘文館）
長谷寺一九八二『鎌倉長谷観音　歴史と文化財』長谷寺双書
服部仁二〇一〇「石材」（『石造物を通じて見た寧波と日本』中日石造物研究会）ほか
早川正司二〇一二「真蔵院阿弥陀一尊種子板碑」（『日本石造物辞典』吉川弘文館）
般若寺二〇一一『般若寺笠卒塔婆の解説―銘文の解読解釈』（境内文化財解説パンフレット）
福澤邦夫二〇〇八『福澤邦夫石造文化財拓本集』二（私家版）
　　二〇〇九『福澤邦夫石造文化財拓本集』三（私家版）
福田海教学部一九九八『通幽尊師語録（続）』
藤沢晋一九六四「一四世紀の成羽川水運開発記念碑「笠神文字岩」について」（『岡山大学教育学部研究集録』一八）
文化財建造物保存技術協会一九七六『重要文化財浄光明寺五輪塔修理工事報告書』浄光明寺
　　一九七七『重要文化財忍性塔（五輪塔）保存修理工事報告書』極楽寺
　　一九八七『重要文化財文永寺石室・五輪塔修理工事報告書』
　　一九九〇『重要文化財野間五輪塔（三基）保存修理工事報告書』今治市
　　二〇〇三『重要文化財乗禅寺石塔保存修理工事報告書』乗禅寺
文化財保存計画協会一九八五『重要文化財明導寺七重石塔保存修理工事報告書』湯前町役場
福澤邦夫二〇〇九ａ「石造文化財」『甲賀市史』第六巻
　　二〇〇九ｂ『福澤邦夫石造文化財拓本集』第三巻（私家版）

細川涼一一九八七「法金剛院導御の宗教活動」（『中世の律宗寺院と民衆』吉川弘文館、初出は一九八四）
堀池春峰一九七七「笠塔婆」（『大和古寺大観』三、岩波書店）
本田洋二〇一二「石塔寺三重層塔」（『日本石造物辞典』吉川弘文館）
松井一明二〇〇八「東海」（『日本の中世墓』高志書院）
馬淵和雄一九九八『鎌倉大仏の中世史』新人物往来社
三浦勝男二〇〇五「鎌倉の観音信仰」（『鎌倉』一〇〇）
水野章二一九九五「荘園制の発達と村落」（『蒲生町史』一）
水野正好一九七七「信州飯田文永寺骨堂考」（『文化財学報』一五）
武藤誠一九三六「清盛塚」（『兵庫県史蹟名勝天然記念物調査報告』第十三輯）
桃崎祐輔ほか二〇一一「九州発見中国製石塔の基礎的研究」（『福岡大学考古学研究室調査報告』十）
柳田國男一九三三『女性と民間伝承』岡書院（『定本柳田國男集』八、筑摩書房に再録）
藪田嘉一郎一九六八「『宝篋印塔の起源』補考」『宝篋印塔の起源・続五輪塔の起源』（第九刷）綜芸舎
山内譲一九八四「武士の台頭」（『愛媛県史　古代Ⅱ・中世』）
　一九九八「伊予国における武士団の成立と展開」（『中世瀬戸内海地域史の研究』法政大学出版局）
山川均二〇〇二「石塔三題」（『日引』三）
　二〇〇六『石造物が語る中世職能集団』山川出版日本史リブレット二九
　二〇〇八『中世石造物の研究』日本史史料研究会研究選書二
　二〇一一「一針薬師笠石仏について」（『石造物の研究』高志書院、山川編二〇一二に再録）
山川均編二〇一二『寧波と宋風石造文化』東アジア海域叢書一〇、汲古書院
大和郡山市教育委員会二〇一一『額安寺宝篋印塔修理報告書』大和郡山市文化財調査報告書一八
義江明子一九八八「橘嘉智子」（『国史大辞典』九、吉川弘文館）
和歌山県文化財研究会一九七八『重要文化財地蔵峰寺本堂修理工事報告書』地蔵峰寺

和島芳男一九五九『叡尊・忍性』吉川弘文館人物叢書
和田謙寿一九七七「五輪塔の成立発展を考える」『駒澤大学仏教学部論集』八

あとがき

石造物を、専らその美術品的価値から論じる。あるいはその対極として、結果を見据えない計測値の数量的分析。この他、必要以上に細かい、第三者が検証不可能な石材産地の同定作業。それらが支配的というわけではないが、そうした一面が垣間見られた当時の研究状況に対し、石造物が造立されるに至る経緯や、その背景を主体に論じようとする姿勢を私が初めて示したのが、二〇〇六年に上梓された『石造物が語る中世職能集団』（山川出版社日本史リブレット29）である。

ただし同書は、一般向けの図書ということもあり、考証に多くの紙数を費やすことはできなかった。そこで、その二年後となる二〇〇八年には研究書として『中世石造物の研究――石工・民衆・聖――』（日本史史料研究会研究選書2）を刊行した。両書共、発行から間もない時期に歴史系学会主催の書評会が実施されるなど（内容に関する賛否はともあれ）、それなりに学界からは注目いただいたようだ。

とはいえ、私が石造物を研究対象としたのは比較的最近のことで、上記二書の根本的な問題としては（書評会などでは指摘されなかったが）、検討されている資料数の絶対的な不足があった。その問題を解決するきっかけとなったのが、二〇〇九年一月から開始した月刊『石材』誌上における連載「歴史的石造物を訪ねて」である。同誌から連載のオファーがあった時は甘く考えていたが、実際に毎月それなりのクオリティを維持した原稿を執筆するというのは容易なことではなかった。連載当初は不慣れも手伝って、ただでさえ少ない休日の大半を、原稿執筆のための石造物調査に費やすことになった。

連載は二〇一五年四月現在で七十六回に達しており、その間、文字にしなかったものも含めて、実に多くの石造物に接した（ちなみに、このうち初回から三十回までの原稿は、『石材』誌発行元である㈱石文社から『供養をかたちに――歴史的石造物を訪ねて――』として二〇一四年三月に単行本化されている）。

また連載開始と前後して、私は『日本石造物辞典』（吉川弘文館）の編集代表に任ぜられた。同書の編集作業や現地調査を通じて、私は日本国内の多種多様な石造物と関わることとなった。実際のところ制作はかなり難航し、東日本大震災の発生に代表されるように、当初は予想もつかなかったアクシデントも多発したが、多くの人々の熱意に支えられ、同書は二〇一二年十二月に無事刊行した。

本書『石塔造立』は、このような雑誌連載のための現地調査や、辞典の編集作業を通じて私の中に蓄積された、石造物に関する知識や基礎データを基に執筆したものである。すなわち本書の内容は、私が多数の石造物に触れる中で、決して少なくない時間をかけて醸成した考察であり、その点が先に刊行した著作とは異なる部分だ。甘い判断かもしれないが、従前認識されてこなかったいくつかの重要な歴史的事象を、石造物や関連する文献の分析を通じて指摘することができたと自負している。ともあれ、本書で展開した新たな所説に対し、これまでの二著同様、さまざまな議論が活発に行われることを期待したい。

なお、取り扱った石造物を所有・管理されている方々をはじめ、本書の制作においては多くの方々のお世話になった。末尾になり恐縮だが、厚く御礼申し上げたい。

二〇一五年四月

山川　均

新装版　古佛　彫像のイコノロジー　井上　正著　九、五〇〇円

続　古佛　古密教彫像巡歴　井上　正著　九、五〇〇円

近江の隠れ佛　えち三十三佛巡禮　能登川青年会議所編　二、七一八円

中世勧進の研究　その形成と展開　中ノ堂一信著　一、六〇〇円

時宗史論考　橘　俊道著　四、五〇〇円

神仏習合の聖地　村山修一著　三、四〇〇円

神仏と儀礼の中世　舩田淳一著　七、五〇〇円

権力と仏教の中世史　文化と政治的状況　上横手雅敬著　九、五〇〇円

西大寺叡尊傳記集成　奈良国立文化財研究所監修　一六、〇〇〇円

仏教図像聚成　全二巻　京都市立芸術大学芸術資料館編　一二〇、〇〇〇円

法藏館　価格税別

山川　均（やまかわ　ひとし）

1961年生まれ。奈良大学文学部卒業。博士（文学）
専攻：日本中世考古学
現職：大和郡山市教育委員会　主任
主要著書
『石造物が語る中世職能集団』山川出版日本史リブレット29，2006
『中世石造物の研究―石工・民衆・聖―』日本史史料研究会研究選書２，2008
『寧波と宋風石造文化』（編著）東アジア海域叢書10，汲古書院，2012
『日本石造物辞典』（編著）吉川弘文館，2012
『歴史のなかの石造物』吉川弘文館，2015

石塔造立
二〇一五年五月三一日　初版第一刷発行
著　者　山川　均
発行者　西村明高
発行所　株式会社 法藏館
京都市下京区正面通烏丸東入
郵便番号　六〇〇－八一五三
電話　〇七五－三四三－〇〇三〇（編集）
〇七五－三四三－五六五六（営業）
装幀　高麗隆彦
印刷・製本　亜細亜印刷株式会社
©Hitoshi Yamakawa 2015 *Printed in Japan*
ISBN 978-4-8318-6409-3 C3021
乱丁・落丁本の場合はお取替え致します

索　引

Ⅰ　石造物名

あ行――

か行――

さ行――

た行――

な行――

は行――

ま行――

や行――

ら行――

わ行――

Ⅱ　人名

あ行――

か行――

さ行——

た行——

な行——

は行——

ま行——

や行——

ら行——

わ行——

Ⅲ　その他の事項

あ行——

か行——

さ行——

た行――

な行――

は行――